传统中国法本体研究

武夫波 著

法律出版社 LAW PRESS · CHINA

目　录

绪　论

传统中国法绵延数千年，虽然清末解体，但余韵不绝，影响至今；传统中国法哲学是中华民族在漫长的历史进程中发展起来的思考人与人、人与社会、人与自然相互关系的智慧成果，作为传统中国法的灵魂和深层表达，传统中国法哲学在一定程度上指引了传统中国法的发展和走向，并对近现代中国产生了深远影响。鸦片战争后，天朝美梦破碎，百年以降，迫于国外的船坚炮利，政法理论之强大，国民对传统中国法的态度亦是曲折反复。现今承平日久，重新发掘认识传统中国法背后之本体的存在样态、性状、运行逻辑等原理，一来可以改变法哲学领域西方理论一家独大的局面，为现代中国法哲学理论融入传统文化的因素；二来可以增强法哲学研究的主体性，通过继承传统进而发展中国人自己的法哲学，建立饱有真正中国问题意识、关注真正中国问题的中国法哲学。法哲学体系中，又以法本体为其根本，其他诸如法律方法、法律价值、法律运行等部分皆建基于法本体论之上，故而欲研究传统中国法哲学，当先从法本体入手。然而法本体隐约幽暗，不似一般法律规范、法律制度明白可见，唯有运用法哲学的思维方法，坚持法本体的“内部视角”，以“法是什么”“法的终极理据是什么”为问题的基源，条分缕析，以求对此问题的形而上的解答；此外，还需结合规范分析与社会分析的研究方法，将形而上的法本体之道与形而下的法律规定、法律运行互相参照，彼此印证，方能真正窥得传统中国法本体这一抽象玄妙问题的关键。

凡秉有严密、成熟思虑者，其法哲学必成一贯、圆融的逻辑体系，在此体系中，思想者对"法是什么""法为什么是法"的本体思考不纯粹停留在形而上的层面上，尤其在传统中国学而优则仕的文化传统下，思想者自会将其对法的本体思考付诸实践，孔孟周游列国以求仁义能行于天下，便是为谋求其法哲学的应用而奔波，商韩变法革新，以王霸之道游说诸国亦是秉此信念，更不用说后世董仲舒以经义决狱，康有为以公羊变法的史迹。这便意味着，形而上的法本体学说会经由人的努力推行而影响法制的实际运行，在此过程中，某一个人、某一派别、甚或诸多流派糅合的学说渐为官方所采纳，从而形成能代表一时官方立场和官方取向的法哲学，并在此背景下制定其法律。这看似是形而下的制度建构，其背后却处处不离形而上的法本体的作用。例如，唐律作为唐代成文法，其中所贯彻的精神原则、价值理念、天人关系等最能体现唐代官方和社会主流的法哲学思想，此种盛唐气魄泽被后世，逐渐成为中华文明整体性状的一部分。德国著名法学家萨维尼在19世纪德国受到法国法典文化威胁时，力陈民族精神之重要，昌言民族秉性潜移默化影响一国一族之民，直言民族精神隐约幽暗处亦有大文章。盛唐气象万千，最能体现其雍容气度者，并非某硕学大儒之哲意鸿词，亦非离经叛道与众不同之言，而恰恰是于哲学处最不起眼的唐律。鸿儒之见未免立意高远，常人难以企及，离经叛道者虽能开后世先风，却不能展现当时主流观念，唯有唐律，沿波讨源，裁成简久，秉持立法之稳定客观，职是之故，最能体现盛唐主流法哲学观念。然而当下学界对以唐律为代表的传统中国法文本背后最深层次的以法本体为根基的法哲学却鲜有人系统论及，唐律作为中华法系成熟之典型代表，唯有剖析其文本背后玄妙之理，方能摆脱名实之分，把握唐律背后所蕴含的对天、人、道以至万物之间关系的哲学化思考，借此一叶知秋，以法本体为切入把握传统中国法哲学的整体性状,此正是研究意义所在。与此同时,单纯的文本分析并不能真实反映律文在传统中国社会中的运行状况,还需结合社会的、实证的分析,借助传世的乡约、族规、家训、契约文书、劝谕榜文、官方司法判牍等文献资料,尝试理解运行中的传统中国法。在规范分析和社会分析的基础上,方能理解传统中国法本体存在及运行状况。

近代以降,种种内生和外发的原因促使传统中国的制度、思想、哲学发生变化,法哲学思想亦随之一变,开始学习西方并谋求转型,此种转型延续至今,余韵不绝。穷究此转型的本源,方能置身于古今中西的路口重新定位中国法治的现状及走向,亦是认识中国法必经之路。当下的中国,距离清末西法进入已逾一百五十年,西法本土化中的诸多矛盾并未能完全消解,精英阶层之外的普通国民对法治的信仰仍然未能成为"秉性"流淌在民族血液中,国民法律意识的增强固然是事实,但是法治信仰的"危机"亦不能忽视。司法判决屡遭质疑,诸多质疑背后并非是单纯的司法不公问题,而是对法律原则、理念、价值的认识差异,个中缘由,其实仍然逃不开古今中西法哲学的龃龉纷争。中西法文化各有传统,哲学、理念存在分野毋庸置疑,唯有站在价值中立的立场上,深刻解读古今中西之法哲学,方能为当下的法治发展指明出路。哲学家庞朴先生曾指出,历史是一种惰性的资源,无论落后与进步,都要认真分析研究。一叶知秋,以古代之法本体管窥中华文明之整体性状,方是此研究最终的目的和价值所在。

鸦片战争以降,身处内忧外患之中的清帝国开始谋求变革以适应时代发展,维系帝国统治。洋务运动、戊戌变法、清末新政陆续登场,改革的程度逐渐加深,法制的转型亦日益推进。从译介西方政治法律书籍到延请日本学者帮助编订民法、刑法、诉讼法等法律;从官方颁布《钦定宪法大纲》到仓皇公布《重大信条十九条》,都意味着清末法制的转轨。随后革命炮火震动清廷,很快席卷寰宇,新建立的中华民国推翻了延续数千年的专制帝制,并用法律形式确定了民主共和制,虽然后来又有袁世凯、张勋等复辟反复,但是已然不能撼动民主、权利在民众心中的地位,近代中国步履蹒跚地实现了法制近代化。近代中国法在改革、革命中不断转型,法本体的变化相比传统中国法更易知晓。传统中国法以伦理、道德立国,主张教化,推己及人,不讲求权利,近代法从《钦定宪法大纲》到《重大信条十九条》,再到《中华民国临时约法》,权利出现的频率越来越高,地位越来越高。从基本的生存权利到政治权利,再到推翻帝制建立的民主共和社会,以权利置换过去的道德,成为近代法的本体,此种本体论意义上的转型对近现代中国法的发展具有重大意义。

本体论的转型,反映了官方对"法是什么""法背后的理据是什么"这两个根本问题思考的转型,官方表达和官方思想虽然能够引导社会意识的发展,却不能完全代表社会意识,由此造成了官方与普通民众对法本体认识的龃龉与二元对立。此对立随着法制近代化、现代化进程的推进不断缩小,但是在传统氛围浓厚的乡土社会中,仍有顽强的生命力,从而造成了法治建设中存在的一系列问题。要解决这些问题就需要理解近代法转型背后的本体论意义,这正是此研究的关怀所在。清末以降,如今法治建设业已进行甚久,然而吾国法治建设发展之方向,却不能纯赖西方理论以蔽之,为什么传统中国遗留下来的"法理不外乎人情"的说法在普通民众中仍深得信赖,为何死刑废除在中国这样一个东方文明古国遭遇到了如此巨大的阻力,这都不是单纯的作为技术的法律所能解决的问题。技术上的不足、争论仅仅是问题的表象,背后深深蕴含的其实是传统中国法本体和舶来自西方的法本体之间的深刻龃龉和剧烈冲突。明智之举便是回溯传统,阐明传统中国法本体究竟为何,中国人缘何信赖天理才是法能够称为法的终极理据,对这些问题的探讨,远非还原历史、在历史中记录祖先文明的印记这么简单,这更是借由传统,从而认知当下的必由之径。

第一章　法本体释义

事实上，当我们引入传统中国法哲学这一研究视角的时候，我们已经不再是单纯地对传统中国法的一些固有研究范式如法律思想史的研究、法律制度史的研究、法律文化史的研究进行琐碎而又细密的小修小补；取而代之的，是我们更多的在对传统中国法进行一种全新的阐释。这种"新"，体现在视角上的新、方法上的新，甚至是整个观念上的新。诚如梁治平在引入"法律的文化解释"这一概念时所说："法律的文化解释并不简单就是传统意义上的法律史研究，毋宁说，它是对旧材料的重新安排和重新解释，为此，它不但引入了新的立场、观点和方法，而且揭出了新的主题，也确立了一个新的对象。"[①]与之类似，传统中国法哲学的解释亦是在固有法律史、法理学研究基础上生发出的新的研究范式。我们有必要将传统中国法的理论和实践视为圆融、动态的哲学体系，这个体系不仅是逻辑上的体系，更是实际运行中有关法的哲学化思考的体系。我们所要探讨的法本体其实是要求我们抛弃对"当

---

① 梁治平：《法律的文化解释》，载梁治平编：《法律的文化解释》，生活·读书·新知三联书店1998年版，第2页。

下对法是什么”的判断的基础上进行，这就要求我们要尽量不带任何“前见”地审视传统中国秩序规范的来源及其终极理据的问题。[①] 因此，传统中国法哲学的研究(其实现代法哲学研究亦如此)，要从法学基源问题出发，[②]围绕此基源问题不断延展深化，最终得以构建一套系统完善的体系，这是法学专业研究的必然要求，[③]此基源问题就是传统中国法哲学的逻辑基础，即本书所谓的

① 当然，必须要承认，我们不能从根本上抛弃一切“前见”而进行研究，无论“前见”“后见”，其本身都是人类认识的一部分，我们只能尽吾辈之能尽力避免这种“前见”在传统中国法本体研究中的出现和应用。

② 基源问题的表述取材于劳思光，劳思光在《论中国哲学史之方法——中国哲学史序言》一文中，把写作哲学的方法分为四种，分别是系统研究法、发生研究法、解析研究法、基源问题研究法，其中，劳氏将自己的研究方法归纳为基源问题研究法。劳氏称：“所谓‘基源问题研究法’，是以逻辑意义的理论还原为始点，而以史学考证工作为助力，以统摄个别哲学活动于一定设准之下为归宿。”逻辑意义的理论还原是最根本的切入点，在本书中我们以法是什么为起始点。劳氏进一步指出如何围绕基源问题展开逻辑：“一个基源问题引出许多次级的问题；每一问题皆有一解答，即形成理论的一部分。最后一层层的理论组成一整体，这就完成了个别理论的展示工作。这种工作分别地做若干次，我们即可将哲学史中各家各派的理论展示出来。”劳氏虽然是从哲学史研究的角度提出基源问题研究法，但这其实并非“原创”，而是各个专业都应具有的思维方式。参见劳思光：《新编中国哲学史》(第1卷)，生活·读书·新知三联书店2015年版，第11～12页。

③ 专业研究必然要有专业的问题意识、专业的研究方法和专业的研究态度。这里的“专业”一词是作为学科专业划分意义上的名词，即法学要有法学的问题意识和问题关怀，政治学要有政治学的关怀。专业的视野不在于大小，而在于是否切中本专业的根本问题。既有的法学研究中，尤其是法律史、法理学的研究中，存在着专业意识缺乏的问题，典型表现就是在梳理某位思想家的法律思想时，为求全面，往往笼统地将其思想熔于一炉，普遍做法是从经济思想到政治思想，再到哲学思想面面俱到，而很难让人区分这种法律思想史的研究和经济思想史、政治思想史、哲学史的研究有何区别。法学研究其根本出发点应该是“法”，法学研究应该在此基础上展开；当然，交叉学科、无学科的研究固然可以，但是丧失对“法”的关注的法理学、法律思想史的研究则万万不可。具体到法哲学而言，“对于法哲学来讲，首要的问题也是要找到为所有的法规范所共有的，使其区别于其他行为规范的特征。”参见[德]莱因荷德·齐佩利乌斯：《法哲学》(第6版)，金振豹译，北京大学出版社2013年版，第6页。事实上，这种问题不单纯出现在法律史的研究中，一般的思想史研究中也面对类似的问题，诚如葛兆光所言：“当然，也有一个看来相反实则同样的问题，使思想史也面临尴尬。正是由于这种包孕性，有时使得‘思想’成了漫无边际的一个名词，而‘思想史’也因此承担了过分沉重和庞大的责任，以至于连自己的范围和内容也搅得不清不楚。”葛兆光：《中国思想史导论：思想史的写法》，复旦大学出版社2004年版，第6页。

法本体。①

一、法本体释义

(一)什么是法本体

何为法本体？此前学界并未有人系统地使用这一概念，故而我们要先对什么是法本体进行界定。法本体本身是脱胎于西方哲学的概念，②就西方来看，“法哲学在康德、黑格尔以前是依附于普通哲学的，这是当时的人们对世界的认识所致。雅斯贝尔斯说过，哲学有三个主要来源：惊异、怀疑与震撼，相应地便产生了三种哲学：本体论、认识论和存在哲学”。③ 其实与其说本体论是一种独特的

---

① 徐复观在重印熊十力《名相通释》序言中对于研究思想史的逻辑问题有精妙之论。徐氏说：“故由体验之出之零章片语，相互间亦皆有内在之关联，亦即含有实质之逻辑性。今日治思想史者之责任，乃在显发古人思想中所潜在之逻辑性，使其具备与内容相适应之理论结构。而今日抱有阐扬文化，以达成己成物之宏愿者，尤须以思辨之力，推扩其体验之功，使二者能兼资互进。”徐复观：《重印〈名相通释〉序》，载徐复观：《无惭尺布裹头归·交往集》，九州出版社2014年版，第94～95页。

② 很明显，法本体的表述渊源自西方哲学，但是，西方哲学“本体论”却未必“希望”法学冠以本体论名号。例如，对本体论持狭义理解的学者认为：“近一二十年以来，本体论这个词被理论界广泛使用，出现了所谓文学本体论，戏剧本体论、翻译本体论等等。当然，每个人都有选择词汇来表达自己的学术观点的权利，但是，上述种种本体论显然不是西方哲学意义上的本体论。”本体论作为一种学术理论，的确产生于西方哲学，这一研究理论在后来的发展过程中不断被泛化或者说不断为各不同学科所吸收，形成了文学本体论、戏剧本体论等表达。我们不难看出，除却“最有发言权”的哲学界以外，其他学科对本体论的使用显然不是在所谓“是”以及“第一哲学”的语义下进行。参见俞宣孟：《本体论研究》，上海人民出版社2012年版，第3页。

事实上，现代学术的专业化倾向，已经使得语言使用呈现出明显的专业化和割裂性，很多日常词汇都被各学科赋予不同内涵。例如，“渊源”一词，在法学界作法律渊源之意使用时，就有自己专门的意涵。因此，说法本体是脱胎于西方哲学的概念，并不是说法本体中的“本体”就是西方哲学中的“本体”；但如若否认法本体三个字来源于西方哲学，似乎也多有不妥。

③ 郑永流：《法是一种实践智慧：法哲学和法律方法论文选》，法律出版社2010年版，第45页。

哲学形态，毋宁说是理解世界的认知方式。① 因此，本书所谓法本体，就是法的终极理据，法本体论就是研究关于法的终极理据的学问，具体关注作为终极理据的法本体的存在与生成、法本体与法之间的逻辑关系、作为法本体表现的法律渊源与法本体的关系等方面的内容。法本体论是法哲学体系中最根本的组成部分，法律价值论、法律方法论、法律运行论等都在本体论的基础上得以展开。

从最简单的意义上来讲，法本体就是法背后的终极理据。法本体关注的核心是"法是什么"的问题，这样一个问题本身又内含着法"为什么是什么"的问题。法是什么？是规则，是命令，还是天意？法为什么是规则、是命令、是天意？作为规则、命令、天意的法是如何成为法的？这一系列问题都是法本体论最关切的命题，其实也是法学最基本的命题。"在对这些问题的长期思考中形成了一系列法哲学的基本理论范畴与问题：法的概念、法的本质、法的起源、

---

① 关于什么是本体、本体论，本体、本体论的译名是否恰当，传统中国有没有本体、本体论等诸如此类的问题争论，在哲学界早已成为学术公案，论者各执一言，至今仍无确切定论。囿于行文所限，本书不再对此公案进行重复。可以明确的是，本书所谓的法本体，并不是研究西方哲学意义上的"是""所是""存在""存有"问题的"本体论"，而是研究作为法的根本的、抽象的终极理据的问题。本书使用本体论这一概念，更多的是要传播一种理解和认知法律、法、世界的方式和模式。具体而言，本书更希望研究者在关注传统中国法的时候，能够突破法律实证主义的藩篱，以一种超越性的立场去看待古代的"法"，摒弃前见而非以今日之观点比附传统。这种超越性的立场，笔者赞同德国法学界对法哲学的理解，超越性是法哲学有别于其他法律部门最主要的区别。正如新近的诠释学所指出的，"先见"或"前理解"是理解意义的先决条件，其之于语言学尤为重要（法学亦属语言学，因为它在本质上与语言文本有关）。但哲学绝不可停留在此种预设（Vorentwurf，有译为"先行筹划"）中，而是必须"通过进一步的意义之探究所产生的事物，去不断地修正预设"。在哲学中，同样，在法哲学中，不可能存在无疑的东西，它们自身的本质也概莫能外。原则上，哲学家不可毫无疑问地承认什么。在这点上，事实上可以说，哲学要比其他具体学科更"根本地"去研究问题。参见［德］阿图尔·考夫曼、温弗里德·哈斯默尔：《当代法哲学和法律导论》，郑永流译，法律出版社2013年版，第4～5页。哲学界对本体论相关问题的争论，比较有代表性的是俞宣孟在《本体论研究》一书中，专辟一章梳理有关本体论的概念、译名以及研究内容等多方面的问题，参见俞宣孟：《本体论研究》，上海人民出版社2012年版，第3～23页。另可参见孙周兴与王路针对"being"一词的翻译所进行的讨论，参见孙周兴：《存在与超越：西方哲学汉译的困境及其语言哲学意蕴》，载《中国社会科学》2012年第9期；王路：《西方哲学汉译的困境与超越——回应孙周兴教授的批评》，载《中国社会科学》2013年第4期。

法的作用、法律与道德、法律与科学技术……"[①]根据我们的经验我们会发现,往往越是基础、越是简单的概念,对其进行界定就愈发困难。因此对"法是什么"这一问题的探讨亦早已让法学家们头疼不已。著名法哲学家哈特认为,"关于人类社会的问题,极少像'什么是法律?'这个问题一样,持续不断地被问着,同时也由严肃的思想家以多元的、奇怪的,甚至是似是而非的方式作出解答"。[②] 对以法律的语言分析见长的法哲学家而言,法是什么的问题尚且如此难以回答,足见此问题的复杂性。[③] 在传统的西方本体哲学的体系内,对"法是什么""法为什么是什么"的追问就更加抽象、复杂。[④] 对法"为什么是什么"的探索的过程,其实就是追求法背后理据的过程,就是追问法据何种理据、何种缘由才能被认定为法的问题。事实上,某种规定之所以被认可为法,并由此具有法的效力,并非仅仅是由于"它是法"这么简单,在"它"被认可为法的背后蕴含着极其复杂的、隐约幽暗的、不易为人所察觉的为什么将其视为法的原因,这个原因我们将其称为理据,也就是本书所说的法本体。

---

① 郑永流:《法是一种实践智慧:法哲学和法律方法论文选》,法律出版社 2010 年版,第 41 页。

② [英]H. L. A. 哈特:《法律的概念》,许家馨、李冠宜译,法律出版社 2006 年版,第 1 页。

③ 其实问题还不只如此,哈特在作出这一论断的时候,是在分析哲学兴起之后,基于分析哲学的立场对法是什么这一问题进行的探讨,哈特并未将法本体置于西方传统本体哲学的思考框架内进行研究。分析哲学以前的西方哲学可以说是以本体论哲学为主干的哲学,亦可被称为第一哲学,从古希腊到近代的两千年间,西方哲学不断追问、不断探讨所谓的"ontology"的本体论问题,在这一背景下,对"是什么""为什么是什么"的思考则根本难逃"ontology"的藩篱,而分析哲学则拒斥讨论这些问题。"分析哲学和现象学内部都发展出许多有区别的学说,然而分析哲学的一个基本态度是,脱离经验的形而上学命题应当抛弃,但是他们却发展出一种纯粹形式化的符号逻辑。"具体可参见俞宣孟:《本体论研究》,上海人民出版社 2012 年版,第 347 ~ 348 页。

④ 当前学界通行的《法律的概念》一书的译本将哈特的话译为:"即使我们将焦点限缩在最近一百五十年的法理论,而忽略掉古典的与中世纪的关于法律'本质'的思辨,我们将发现一个任何其他独立学术专业、系统性研究的科目所无法比拟的状况。与'什么是法律?'这个问题不同的,并没有大量的文献致力于回答'什么是化学?'或'什么是医学?'这样的问题。"参见[英]H. L. A. 哈特:《法律的概念》,许家馨、李冠宜译,法律出版社 2006 年版,第 1 页。

其实,我们日常生活中所理解的法,并不是“不得故意伤害他人”“不得盗窃他人财物”的法条文字本身,而是法条背后的表意内容。而法条规定的内容之所以会被认可、被遵守并不是因为它被写在某某法的某一章、某一节就具有了法的效力,而是因为这些文字背后的表意内容符合国家、社会对法之所以能够成为法的理解和认识。

例如,假定我们将“任何个人可以不经允许,任意抢夺、占有他人财物,任意杀害他人”写入我国刑法典,那么这条规定是否就理所当然地变成了法律?很明显,会有人认为既然写入刑法,那么它就是法律,就应该被遵守。同样,亦会有人认为这种允许、鼓励个人肆意侵犯他人财产权利、生命健康权利的规定不应该被认定为是法律。两方观点之所以会有冲突,就是对法本体的理解不同所致。认为规定既然写入法典,就是法律的看法固然有其道理;认为明显违背所谓人道、人权甚至人性的规定不应该被视为法律,亦有其道理,这就是背后的法本体在发挥作用。因此,有论者认为从语义学上的规范概念来看,“法规范并不是文字、法条、裁判或公园湖畔写有禁止游泳的告示,而是这些媒介所表达的意义。也就是说法律并不是我们可经由肉眼、经由感官所直接感知的对象,而是一些意义,一些内容,一些存在于脑中之观念的集合。所以并不是只有文字可以表达法规范,手势、灯号或记号都可以表达法规范。……而所有这些文字符号都只是表达规范的媒介,规范则是借由这些媒介所表彰的意义与观念。”[①]论者进一步指出:“不论包括的范围多广,法律不是,或至少可以说不只是任何成文文件的集合,而毋宁是一种观念的丛结。即使法律就其表彰的媒介来看,绝大部分是以文字记载下来,但是我们仍然必须透过对这些文句的理解,最重要的是对这些文句的‘解释’,我们才能认识到这些法律。单纯的文字表彰并不是法律之为法律的必要条件。”[②]既然文字表达本身并不法律之所以能够成为法律的必要条

① 颜厥安:《法与实践理性》,中国政法大学出版社 2003 年版,第 76 ~ 77 页。
② 颜厥安:《法与实践理性》,中国政法大学出版社 2003 年版,第 77 页。

件,那么什么才是“法律之所以能够成为法律”的必要条件呢?答案就是法的终极理据,即只有合乎法的本体规定性才能被称为法律。

颜厥安在《中国法制史与其他法学课程的关系》一文中曾指出:“我个人认为在中国法制史的研究上,特别是中国法制史的研究‘对象’上需要做一些根本性的检讨。也就是中国法制史中所研究的这个‘法律’所指的范围到底是什么,亦即中国法制史中的‘法概念’(the Concept of Law;der Rechtsbegriff)问题。我们必须尝试为中国法制史的研究对象范围做一理论的界定,而不能想当然地认为某些材料是法律,某些不是。”①颜氏此言在很大程度上是对法制史研究中关于“法”的概念和研究对象的一种提醒。长期以来,我国学界关于法和礼、律和礼等问题的纠缠不清,或多或少都源于对法自身概念的理解和认知不足所致。颜氏此言可谓入木三分,切中既有法律史研究中的一大弊病。

我们无法厘清传统中国礼是不是法、刑是不是法的问题并不是因为我们对传统中国的礼、刑认识不够,而是我们不明白对如何认定“某事物是某事物”。或者说,我们没有系统、严密地从理性角度反思当我们探讨传统中国法的时候,“法”被我们放在何种位置、以何种面貌被认为是法而研究。其实,当我们在纠结传统中国的礼是不是法、传统中国有没有民法诸如此类的问题时,我们所用的法的概念,其实是现代人对法的理解。也就是说,我们所思考的问题其实是“传统中国的礼是不是现代人理解意义上的法”,或者说“传统中国社会有没有我们今天的民法”这样的问题,对此类问题进行探讨表面上看起来没有问题,亦有其价值。这就像考证“宋代人所饮用的茶是不是现代日本人所饮用的抹茶”一样。这是因为宋代的茶粉在宋代作为饮料被消费,现代的抹茶在日本亦是作为饮料被消费,这两者事实上在逻辑上是一致的。而“传统中国的礼是不是法”这一问题则不同,秦代的人、汉代的人、唐代的人他们所依据的行为准则,是他们各自所处时代的准则,

① 颜厥安:《法与实践理性》,中国政法大学出版社 2003 年版,第 73 页。

我们可以将其称为“法”。我们必须明白，他们活在他们的法律世界中，他们的行为是受到处罚还是受到奖励，都不会因为现代人的判断标准而有任何变化。如唐律十恶中的“不孝”条规定：“祖父母、父母在，子孙就养无方，出告、反面，无自专之道，而有异财、别籍，情无至孝之心，名、义以之俱沦，情、节于兹并弃，稽之典礼，罪恶难容。”①唐律讲得极其明白，“情无至孝之心，名、义以之俱沦”，就是说之所以将子孙分析家产的行为视为十恶，是因为子孙若有这种行为，从感情的角度出发，内心就已经没有孝敬之心了，表现出来就是别籍、异财这种违反礼、义的行为。我们分析唐律的规定，不能以现代法学的立场先入为主地认为父母子女都是平等的民事主体，进而质疑为何子女不能分析家产。而应该站在古人的立场上分析当时法律规定背后的缘由和哲学。因此，这些在现代民法看来应该平等的主体，在传统中国社会恰恰是最不平等的。所以费孝通认为：“在这种社会中，一切普遍的标准并不发生作用，一定要问清了，对象是谁，和自己是什么关系之后，才能决定拿出什么标准来。”②这也就说明，对于法是什么这类抽象的问题，就必须要对其进行基本的立场界定，明确我们所研究的传统中国法哲学到底是现代人所理解的法还是中国古人所理解的他们所处的时代的法。

既有的研究成果中，多以现代人的视角考察古人，进而用现代人的法律观念去评价古人的法律观念。以现代人判断法与非法的标准去判断古代的德、礼、政、刑是不是法，从而产生了许多困惑和疑难，久而久之，此类问题丛结一处，难以厘清。如仁井田陞认为：“我们研究的问题，是那些约束人们社会行为的全部规范，以及社会中实际的规范意识。由此，我们的研究视角，就必须对准与道德意识或者宗教意识不可分离的现存全部社会规范，以明了他们所具有的深远而强大的现实规制力。然而规范意识，则不仅仅限于其本身，还要包括使这些意识得以成立的基础，而这正

---

① 《唐律疏议·名例律》。

② 费孝通：《乡土中国》，人民出版社 2008 年版，第 42 页。

是问题之所在。”①

其实,以上一切问题的症结都在于没有弄清楚两个问题:第一,什么是法,法与非法的判断从根本上说是受不同的本体观决定的。第二,我们在判断法与非法的时候,究竟是用“谁”所理解的本体进行判断。

国内学界较少使用“法本体”一词,取而代之的是“法本质”“法的本质”等类似的称谓。国内学界使用“法本质”时,对问题的切入点实际上就是所谓法哲学本体论的思维方式。他们都宣称关于“法本质”的研究实际上是关注法背后的相关问题,这一点在国内各大高校法学专业所使用的教材中可见一斑。刘星认为法理学研究中所关注的法“背后”的问题则是:“为了深刻理解,我们需要走到法律的背后,我们需要知道,这些法律为什么是这样制定的,为什么是如此安排的,为什么要用特定颁布的形式,在什么历史条件下、什么社会背景中制定颁布的,在制定颁布的过程中,发生了哪些争议甚至斗争,当时的社会力量对比关系是怎样的,等等问题。”②刘星此处所讲的法的“背后”的相关问题实际上已经涵盖了法哲学中法本体所要关注的核心问题,并在此基础上加入了法理学研究的问题。③孙笑侠主编的《法理学导论》将法理学体系分为本体论、方法论、社会论和价值论四部分,孙笑侠版法理学教材认为本体论的研究内容“大致包括法的本质与特征、法的要素、法律渊源、法律效力、法律规

---

① [日]仁井田陞:《中国法制史》,牟发松译,上海古籍出版社 2011 年版,第 2 页。值得一提的是,在日本学界,有相当一批研究中国法制史的学者(虽然如今这个群体正在逐渐变小),但是在这些法制史的研究学者中,他们大多是走的考据的路子,较少有人对中国法的法哲学、法理学进行探讨,此为背景。即便如此,仁井田陞先生虽然没有用法哲学、法本体的概念,但是文中所谓“使这些意识得以成立的基础”则是确确实实的本体思维。这里举这个例子并非想通过前人的只言片语来证成自己观点的合法性,恰恰相反,笔者只是想说明,对法进行本体思考,不是西方学者专属,亦不是现代学者专属,而是对法的思考深入到一定程度之后的必然结果。

② 刘星:《法理学导论》,法律出版社 2005 年版,第 49 页。刘星认为,“背后”就是类似于一台戏剧的舞台、道具背后的东西,“‘法律的背后’,是个比喻的讲法。所谓‘背后’,意味着我们一般来说很难直接观察看到一个对象。当观看一台戏剧的时候,我们只能看到道具、舞台、灯光、人物、表演、剧情等外在的东西,不能看到这些东西的‘背后’”。参见刘星:《法理学导论》,法律出版社 2005 年版,第 47 ~ 48 页。

③ 国内学界普遍使用“法的本质”一词,而较少使用法本体,或许是由于国内学界对法的本质的看法呈现出“一致性”的缘故。即将“统治阶级的意志”和“生产力决定”视作法最根本的“本质”。

范、法律权利(权力)、法律义务、法律行为、法律关系、法律责任、法律程序等。”①舒国滢主编的《法理学导论》中,则认为“法理学的体系由以下部分构成:(1)法本体论(法概念论),研究法的概念、本质、作用、效力等;(2)法价值论,研究法的价值、价值冲突及其解决的原则等;(3)法认识论,研究法学知识形成的条件、法的主观性和客观性、法学认识的局限等;(4)法学方法论,重点研究法律适用中的技术和方法,如法律解释、法律推理、法律论证等。”②关于法的本质的规定,徐显明主编的《法理学原理》一书认为:“显然,本质决定现象,如果将这个原理适用于法律领域,那么作为现象的法律规范和法律条文将会受制于隐于其后的某种‘本质’。还可以换一种说法:如果与本质不符,那么即使某些行为准则具备法律规范或者法律条文的形式特征,它们依然无法获得法律应当具有的约束力。这表明,法律的约束力来自于‘本质’。”③该书认为法律规范的约束力并非来自法律条文本身,而是来自于法的本质,其实所谓法的本质就是指法的本体,是使法能够成为法的理据。

---

① 孙笑侠主编:《法理学导论》,高等教育出版社 2005 年版,第 14 ~ 15 页。但是在该书中,编者又将法的概念从本体论、本源论的角度进行了区分:“非马克思主义的法概念大致分三个角度,即法的本体、法的本源以及法的作用。(1)从法的本体下定义者,着重以简化或抽象化的形式揭示法是什么。其代表性的定义有:A. 规则说,认为法即规则。如管仲所言,‘法律政令者,吏民规矩绳墨也。’(《管子·七臣七主》)B. 命令说,认为法是国家的命令、主权者的命令;C. 判决说,认为法即判决。(2)从法的本源下定义,着重说明法的基础或法自何出。A. 神意论,认为法即神的意志。多流传于古代、中世纪社会以及宗教法系国家;B. 理性论,认为法是理性;C. 公意论,认为法是公共意志或共同意志;D. 权力论,认为法是权力的表现或派生物。(3)从法的作用或功能下定义,着重说明法的工具性,如 A. 正义论,认为法是正义的工具,如梁启超所言,‘法者,天下之公器也。’B. 社会控制说,认为法是社会控制的形式,其代表人物是庞德;C. 事业说,其代表人物富勒(L. Fuller)认为:‘法是使人们的行为服从规则治理的事业。’(*The Morality of Law*, Yale University Press,1969,p. 106.)”其实从本源出发对法概念进行界定,与其说是一种单独的概念界定方法,毋宁说是对“法是什么”这一问题思考抽象程度较低时所必经的阶段。按照人类认识事物的一般逻辑规律而言,人面对未知事物,首先考虑的问题是“它是什么”(是什么),“它是怎么来的”(起源),最终才会有人思考,“它为什么是它”(本体)诸如此类比较复杂的本体论问题,也就是说本源论的思考理所当然隶属于本体论界定之中。关于从法的本体和本源角度对法进行定义的论述,更为详细的内容可参考张文显:《法哲学范畴研究》,中国政法大学出版社 2001 年版,第 26 ~ 30 页。

② 舒国滢主编:《法理学导论》,北京大学出版社 2006 年版,第 13 ~ 14 页。

③ 徐显明主编:《法理学原理》,中国政法大学出版社 2009 年版,第 9 页。

综合来看,国内学界对法本体的理解和使用并未达成一致,并且更多的是以"法的本质"这一概念来指代法本体。但是,法的本质并不必然等同于法本体。根据笔者研究发现,采用法的本质的表述时,一般并未采取超越性的立场,他们更多是在法学体系内探讨法律问题本身。当然,以法本体为切入点,与其说是理解法律现象及其背后的原理的唯一方式,毋宁说是理解法律世界的诸多方式之一。①

当然,需要说明的是,很多时候,研究者并未使用法本体这一概念,但其研究逻辑却是本着本书所谓的法本体的进路而进行,这种研究亦应为法本体研究所关注。② 此类状况主要发生在研究法的依据、法的本质等方面。例如,"法理既为事物之当然道理,基于吾人之理性所共具之通念,则其除为裁判之基准,具有补充法律的功能外,亦具有衡量法律内容审查是否为'善法'之作用"。③ 并且,由于传统中国思维方式的体悟特性,表面呈现"非逻辑"的特点,所以法本体的哲学韵味并不似西方哲学那般抽象。④

引入法本体这一概念,更多的是为了解决当前法学领域对待传统中国法的研究所遇到的一些困境——我们总是很难找到恰当的

---

① 法是典型的具有多面性的存在,对法的理解古今中西表现出巨大的差异,我们在本书提出对传统中国法进行法哲学研究,引入传统中国法的法本体概念,也只是认识法律现象的途径之一而已。如法哲学研究者所言:"任何一种仅从某一个角度来理解法的努力从一开始就是值得怀疑的。……我们需要对法之要素概念的多元性加以充分地理解,而不是把法归结为某中某一要素。"[德]莱因荷德·齐佩利乌斯:《法哲学》(第6版),金振豹译,北京大学出版社2013年版,第2页。

② 比如江山在《中国法理念》一书中,对中国法的起源、演进、体系建构及本质特征进行了研究,并且把中国古代法体系划分为礼法、仁法、理法三重结构,江山对中国法的思考进路就是一种法理学、法哲学的进路。对礼法、仁法、理法的探讨中,大量涉及"法是什么"以及"法为什么是法"的分析,在本人看来,礼、仁、理本质上就是不同时期思想家对法本体的认识。关于礼法、仁法、理法的具体内容,参见江山:《中国法理念》(第4版),中国政法大学出版社2005年版,第203～379页。

③ 杨仁寿:《法学方法论》(第2版),中国政法大学出版社2013年版,第274页。《法学方法论》作者杨仁寿曾任我国台湾地区"最高法院"院长,作为实务部门负责人,杨氏使用之概念皆是最普通、广泛之概念;但不难看出,杨氏此处所说"法理"的功能,实际上就是本书所论法哲学中的法本体之功能。

④ 例如,梁漱溟认为中国哲学的形而上是靠直觉感受的:"我们认识这种抽象的意味或倾向,是用什么作用呢?这就是直觉。我们要认识这种抽象的意味或倾向,完全要用直觉去体会,才能得到所谓'阴'、'阳'、'乾'、'坤'。"参见梁漱溟:《东西文化及其哲学》,商务印书馆1999年版,第121～122页。

分析传统中国法的理论模型/工具。法本体研究作为法哲学研究的起点,为我们分析传统中国法提供了可能。如德国法哲学家卡尔·恩吉施所言:“法律史学家有责任通过他的研究,从法律渊源的直接的意义内容,推进到制定法和习惯的动机(动机理解),还可能要介绍在创制法律作品中的个性特征和精神力量,但最后,要揭示法律从中产生的整个历史情势。”①法律史学家对法的解读和阐释,不仅仅是罗列法律现象、法律思想本身,而是要呈现出其中的逻辑。这种呈现问题的思维方式无论是在法律史研究中,还是在当代法研究中都有其作用和价值:“基于相同的和相似的方式,现在对制定法的历史理解也走到前台,先是研究事实上所主张和意愿的意义,然后弄清最近的历史关联,探究其‘动机’,探询作者的看法,最后考虑制定法发展的整体的历史根基和精神范围。”②

法本体亦是对法理的进一步抽绎,或者说法本体是对法理的哲学思考与提升。法本体理论关注“法是什么”“法为什么是法”等相关问题,此类问题亦是法理研究无法逾越的内容。“所谓法理,系指法律之原理而言,亦即自法律根本精神演绎而得之法律一般的原则。”③据此来看,法理是自“法律根本精神”演绎而来,而法律的“根本精神”是什么,正是法本体论研究的内容。④

(二)传统中国有法本体

将法本体这样一种比较新的范畴和研究范式引入当下学术话

---

① [德]卡尔·恩吉施:《法律思维导论》(修订版),郑永流译,法律出版社2014年版,第104页。

② [德]卡尔·恩吉施:《法律思维导论》(修订版),郑永流译,法律出版社2014年版,第105~106页。

③ 杨仁寿:《法学方法论》(第2版),中国政法大学出版社2013年版,第192页。

④ 江山在其著《中国法理念》中解释其使用“理念”一词缘由时说:“这本书所力图表达的内容,很难在现成的汉语词汇中找到一个恰如其分的概念,如精神、观念、内涵、形态、内质等等,我认为都不合适。长时间的掂量、权衡、斟酌,最后我选用‘理念’。”江山书中要探讨的理念,即包含大量法本体论关注的内容。江氏认为:“理念即是内在精神,直至最高本体。……问题是,在我所表达的‘法理念’中,是否也有一种本体内在法的存在中呢?我以为是肯定的。……无论中国还是世界其他地方,都有各自不同的关于法所内蕴之本体的理解和认识。中国法理念,当然应该是中国文化、学术关于法之内涵本体的理解和认识(包括误解、歪曲)。”参见江山:《中国法理念》(第4版),中国政法大学出版社2005年版,第2~3页。

语中来，最为艰辛之处就在于它能否被理解、被认可，并且最终被接纳。虽然说传统中国也有“本体”连用的表达，[①]但是本书所使用的“本体”一词并非古义上的本体，而是指法之所以能够成为法的终极理据，这种新的研究范畴很容易被人质疑这是拿西方话语、标准、框架和逻辑去比附研究传统中国。在非西方的学术研究中，必然存在着这样一种困惑和矛盾，那就是诸如法学、哲学、经济学在其各自的文化传统中是否存在？[②] 具体到传统中国而言，这些问题再深入

① 关于中国古代有没有本体及本体意识，哲学界曾有过长时期的争论，一部分学者认为中国哲学没有本体论，本体论是西方哲学的核心，是中西方哲学差异根源所在，如俞宣孟认为：“在西方传统哲学中确实存在着两个世界，一个是我们可感的、经验的、现象的世界，另一个是不可感的、理性的、本质的世界。这种划分是由本体论造成的。”又如，“与西方传统哲学形态的两离性特点对照，中国传统哲学的形态明显地是一体性的。中国哲学中没有在我们生活在其中的世界之外再分离出另一个世界的观点，也没有一种存在于经验之外的独立的理论领域。中国哲学中倒是有一种普遍流行的观点，叫作‘道不离器’，或曰‘理在气中’，它鲜明地体现了中国哲学一体性的形态特征。”参见俞宣孟：《本体论研究》，上海人民出版社2012年版，第61、63页。

② 在清末以降的时局背景下，当时的学者往往是有着明确的求学目的，即救亡图存，可以确定的是，紧迫的时间、动乱的时局、强烈的救亡理想都使得当时的学人无力理性、冷静地分析大量援引西方话语将会造成什么样的后果，李泽厚曾指出五四运动前后是救亡压倒启蒙，正是此意。“国家独立富强，人民吃饱穿暖，不再受外国侵略者的欺压侮辱，这个头号主旋律总是那样地刺激人心，萦绕入耳，使五四前后所谓‘从宇宙观到人生观，从个人理想到人类的未来’这种种启蒙所特有的思索、困惑、烦恼，使所谓‘从孔教问题、妇女问题一直到劳动问题、社会改造问题；从文字上的文学问题一直到人生观的改造问题，都在这一时期兴起，萦绕着新时代的中国社会思想’，都很快地被搁置在一旁，已经没有闲暇没有工夫来仔细思考、研究、讨论它们了。”参见李泽厚：《中国现代思想史论》，生活·读书·新知三联书店2008年版，第30页。与之类似，有论者认为“哲学”引入中国，本身就是历史性的错误：“胡适所确立的这个经典范式本身或许即是一个历史性的‘错误’：中国有中国的传统学术和学术传统，西方有西方的传统学术和学术传统，为什么一定要用西方的传统学术和学术传统来重新规划（甚至取代）中国的传统学术和学术传统？从思想史看，这个问题身后的背景是近代以降中西古今之辨的一个结果。从东西文化的交流（这种交流在当时不如说是相遇）来看，是西方强势文化扩张的全球化以及东方弱势文化主动接受西方文化的全球化的一个后果。从当时学术界的心态来说，这是科学救国、教育救国、文化救国、学术救国等民族自强的一种反映。”彭永捷：《论中国哲学学科存在的合法性危机——关于中国哲学学科的知识社会学考察》，载《中国人民大学学报》2003年第2期。如论者所言，晚清以降的时局下，中西文明的交会已成定局，彼时学人于混乱、仓促的时局下引入西方话语，此种话语发展至今，早已融入百年学统，成为“新”中国传统中的一部分，哲学如此，法学如此，其他学科亦是如此，故称之为时局的“错误”，只是时至今日，对于这一“错误”本身对错的判断早已失去了意义，我们所要做的是如何在这百五十年以来的“新”传统基础上继续思考关切自身的真正的中国问题。

推究下去，更可细分为无数个小问题：从法学的视角来看，传统中国有没有宪法、民法？从经济学的视角来看，传统中国有没有经济学意义上的税收？从哲学的视角来看，传统中国有没有哲学中的伦理学、美学？这些问题看似滑稽，实则是清末以来就被不断追问、不断反思的问题。但是对传统中国法本体的探讨和传统中国社会有没有民法的追问，虽然看起来提问的方式类似，但是思考的根基和路径完全不一样。这是因为对于传统中国的某种法律是不是现代意义上宪法、民法的界定的确很难。但是古人要思考问题，那么就会有思考问题的逻辑，这种逻辑是古今都有，甚至古今通用的，面对未知的事物，对它的好奇和追问，我们的祖先和我们并没有太大的区别。[①]

质言之，传统中国的学术无论以何种面貌、何种方式存在，必然有其法本体的思考，因此我们引入法本体这一范畴，并不是引入了一个传统中国没有的逻辑，而是试图用法本体去梳理古人思考中与法相关的问题的逻辑。"法哲学"原为西方概念，这一点无可争议，但是作为思维抽象的产物，法哲学蕴含着人类社会的共性也是应然之义。既然中国古代有对世界存在根据的探索和追问，那么对世间存在的法的根据进行思考也是题中之义，而这种思考正是法哲学本体论研究的内容。恰如论者所言："法哲学的概念史远没有法哲学的历史那样久远，据现有的研究，法哲学的产生在西方至少可上溯

---

① 韦政通对中国哲学的逻辑性和理论性的理解和认识，很适合此处对传统中国法本体的论证。我们讨论传统中国法本体是否存在，核心就是探讨"传统中国有没有思考法是什么以及法为什么是法的逻辑"，这个"逻辑"，就是问题的关键所在。"中国哲学既能称之为哲学，当然有它的逻辑性和理论性。问题在中国的哲人，他们奋斗的目标并不在使自己成为一个什么哲学家，因此他们并不自觉地要求在这方面表现自己，所以我们说他们有逻辑和理论性，是隐藏在简略的文字之间，现代治思想史的人，必须把它发现并表达出来，难处就在这里。首先，你自己必须有理论架构的能力，这是从西方哲学可以学到的，真正之难，在你的理论架构，还得要和中国哲学的内容相应。中国哲学家纯由理论层面去发展思想的，毕竟很少，多半他们的理论或思想，是发之于反躬自得的体验或觉悟的基础之上。如果这方面没有一点体验，有时候就很难深刻地了解他们的理论或思想。"参见韦政通：《我对中国思想史的几点认识》，载韦政通编：《中国思想史方法论文选集》，上海人民出版社 2009 年版，第 160 页。

至古希腊，在中国也可追溯至春秋时代”，[①]“无独有偶，在中国，所谓法哲学问题直至19世纪末也是被放在哲学，即玄学、道学、理学中来展开的。在这一点上，中西可谓异曲同工”。[②]

虽然目前学界对法哲学本体论的研究没有达成一致意见，但是对于本体论研究的内容是法背后的理据这一根本问题尚无较大分歧。例如，有研究者认为：“法哲学本体论的研究对象是法的现象存在之意义，亦即‘法的现象是什么’这样一个古老而常新的基本问题。”[③]所谓“法的现象是什么”的问题就是探讨应然意义和实然意义上的法究竟是什么的问题，实然意义上的法是什么这一问题着力于对社会中存在的法进行界定，而应然意义上的法是什么则力图剖析法背后的理据是什么的问题，不论是应然的法或是实然的法，对于法是什么的追问终究会走到对法的终极理据的探寻上来。因此从法哲学对法本体的一般理解来看，我们认为法本体论主要研究法是什么、法的起源、法背后的理据是什么等问题。对于法本体的不同理解和回答会影响对法律价值、法律方法的理解和认识，不同法学流派对于法的认识差异即根源于此。虽然传统中国学术史中并未有如同西方哲人一样对法本体进行单独论证，甚至许多思想家本人并未有所谓法本体之说，但是只要沿袭董仲舒提出的研读《春秋》的方法：“论《春秋》者，合而通之，缘而求之，伍其比，偶其类，览其绪，屠其赘”，[④]就不难发现其思想中所蕴含的对法本体的认识与理解。

---

① 郑永流：《法是一种实践智慧：法哲学和法律方法论文选》，法律出版社2010年版，第51页。

② 郑永流：《法是一种实践智慧：法哲学和法律方法论文选》，法律出版社2010年版，第52页。

③ 公丕祥：《关于法哲学本体论的思考》，载《中外法学》1992年第1期。

④ 《春秋繁露·玉杯》。董仲舒对《春秋》的解读与其说是“还原”，毋宁说是在时代背景下的新创作，关于董仲舒解读《春秋》的方法，余敦康认为：“董仲舒认为，‘《诗》无达诂，《易》无达占，《春秋》无达辞，从变从义，而一以奉天’，这是他的解释学的基本原则，不承认经典原文有固定不变的解释，而是强调解释是随着人们对意义的理解而不断变化的，但也不是任意理解，必须服从天的支配。由于确立了这个原则，董仲舒就获得了极大的自由，可以不必像其他的经学大师那样墨守训诂，拘泥古义，而能高度地发挥自己的创造性了。”参见余敦康：《魏晋玄学史》（第2版），北京大学出版社2016年版，第121～122页。

想要证成传统中国有法本体，其实是一件比较简单的事，我们可以从纯粹逻辑的角度和学术史的角度对传统中国存在法本体这一论断进行验证。从逻辑的角度来看，首先，法本体决定法能否成为法，如果没有本体，相当于失去了判断什么是法、什么不是法的标准，那么法如何存在？在逻辑上看，法本体是要先于法存在的，试举一例就会很容易理解这一问题。传统中国哲学没有美学这一学科，更没有严格意义上的今天美学所讲的美的本体概念，但是古人有对于某某辞章华美、某某山水画意境优美的判断，如果没有了判断美丑的标准，古人是如何区分美丑的呢？这里判断美丑的标准就是美的本体。同样的道理，传统中国判断法与非法的标准，就是法的本体，[①]依此来看，传统中国有没有法本体呢？答案显然是肯定的。我们经常自豪于我们数千年悠久历史，我们又时常自信于自己辉煌的古代文明，我们称赞庄子文章之逍遥、孟子言辞之大气、李白诗歌之俊逸，这一切背后都有吾辈祖先对何者是美，对庄子文章逍遥之美、孟子言辞大气之美、李白诗歌俊逸之美能否被称之为美的深邃思考和热烈探求，职是之故，我们才产生了如此众多的文学、艺术巨匠。他们的创作或辞藻华丽、或格局宏大、或立意深远、或境界空灵，这诸多“美”的背后，都蕴含着深深的“美学”“美的哲学”思考，难道我们还能以中国古代根本没有“美学”这一学科，就认为讲中国古代的美学是用西方比附东方吗？[②] 回到法学研究中来，自从法系概念

---

① 此处所谓“法与非法”不是在法律运行过程中判断某一行为是否合法，而是对某种规范、意志、情感是否具有法的效力进行判断，是在这一意义上的“法与非法”。

② 关于美的本体问题，冯友兰在《贞元六书》中亦曾对此问题进行探讨，冯氏观点概括起来有以下几点：哲学史道，艺术是技，高级的艺术又技而入道；艺术之所以有高下之分，是因为各种类型的艺术与其“本然艺术”的相似程度不同；“本然艺术”与艺术是一与多的关系。“若在艺术之外讲艺术，则艺术亦是一类物，亦有其理，此理可称为本然艺术……即对于每一题材之各种艺术作品，亦各有其本然样子。……所谓本然样子者，即‘不是作品底作品’。……实际底命题，如合乎本然命题即是是底。在艺术方面，我们可以说，对于每一个艺术作品之题材，在一种工具及一种风格之下，都有一个本然底艺术作品，与之相应。每一个艺术家对于每一个题材之作品，都是以我们所谓本然底艺术作品作为其创作的标准。”通过冯文不难看出，冯氏所理解的“本然艺术”并非本书所说美的本体，笔者认为，《贞元六书》中冯氏对“本然艺术”的界定更类似于柏拉图理念论的理解，即存在一个完美的理念的“本然艺术”，现实中的艺术无非是对“本然艺术”的分享和摩写，参见冯友兰：《贞元六书》，中华书局2014年版，第187页。

被提出，无论以何种方式划分，以唐律为代表的传统中华法系始终被认为是世界法系中极其重要的一支，我们也承认中华古国有过辉煌的法制文明以及成熟、完善的立法技术，没有古人对法本体的思考，能够成就这样的法制文明吗？或许会有学者认为传统中国根本没有“法本体”这样的表达，引入这种研究范畴会影响对传统中国法理性、客观的认识，但是殊不知人类社会不断发展、进步，语言、制度、思想都在历史的滚滚洪流下推动前进。且不说当下的制度设计、思想理念都与传统社会产生了天翻地覆的变化，便单就语言而论，自夏商周以至明清，传统中国语言文字历经沧桑变化，执着于追求复古，究竟何为古？是上古三代，还是汉宋，抑或是明清？[①]

其次，本书所称本体思维，其实是人类认识世界的必经环节，这是人类思维所共有的模式。我们承认中西文明的巨大差异，但是也必须清楚地认识到，既然大家同样被称为“人”，同样作为人类族群的一部分，我们的思维就必然存在着某些共通之处。此亦是中西文明以至于整个人类文明今时今日能够交流、融合的根本原因。人类文明的发展与作为自然人的个人的生命历程颇为相似，初生之婴儿，面对一无所知的全新世界，由其好奇推动，不断地探索一切未知世界。首先他们会追问“这是什么”“那是什么”，得知“这”“那”是什么之后，他们就会好奇它们是从何处而来。例如，婴儿知道这是苹果之后，就会好奇苹果是从哪里来的，进而追问“为什么这种圆形、红色的东西是苹果，而那种圆形、红色的东西（如说番茄）不是苹果呢？”这种好奇在成人看来简直不能成为问题，但是它对婴幼儿而言，却是切切实实的“人生”困惑。经过锻炼之后，婴幼儿慢慢掌

---

① 单就语言的基本要素——词汇来看，现代汉语词汇的发展在历史上就曾融合了西域诸语言、佛教语言以及西方词汇，现在看来，佛教宗教用语如菩提、摩诃、伽蓝等词缘于印度显而易见，“但是，还有一类的佛教用语，它们深入汉语的血液里，令人不能再意识到他们的来源”，这种词汇在日常生活中很常见，例如世界、现在、结果、魔鬼等词，皆来源于佛教用语。普通民众对这些词的使用，充分证明了语言的发展和可塑性，当然，语言的发展变化并非仅体现为词汇的变化，诸如语音、语法亦须网罗其中。王力曾指出，“佛教词汇的输入中国，在历史上算一件大事，但是，比起西洋词汇的输入，那就要差千百倍”。参见王力：《汉语史稿》，中华书局 2004 年版，第 587 ~ 597 页。

握了判断什么是苹果的标准。而整个人类社会亦是在不断经历此过程,从最初不知道法是什么,到好奇法是怎么来的。由此各家学说拟设了不同的法律起源论,有人认为法是圣人制定,有人认为法是天道在人世的体现,有人认为法是神意,有人认为法是理性。随着对法是怎么产生的、怎么起源的不断追问,人们发现,有些东西仅仅了解其怎么产生并不能解决问题的根本(何况在很多时候,人类并不能清楚地明白法、善、恶是怎么产生的),还要弄明白法为什么是法,善为什么是善,这就是法哲学、伦理学问题意识的起源。这种不断追问"为什么"的思考,古代希腊罗马有,古代中国有,这就是人类思维的共性。各大文明体系的差异在于回答"法为什么是法"的答案差异,而不在于对这些问题本身追问的差异。只是古希腊文明中,哲学家辈出,将这种本体思考详尽论述,加以纂集,留下了辉煌的哲学篇章。因此,与其说我们的传统中没有对法本体的思考,毋宁说我们的学术传统中不擅长将这些抽象的逻辑内容加以表达。[①] 而今天本书引入法本体这一概念,就是为回溯到法哲学问题意识的起源处而做之努力。

从学术史的角度来看,法本体这一范畴毕竟是哲学研究中本体论在法学中的体现,因此,法本体之于哲学本体,更有一种依附的特性,如此来看,问题的关键就转化成了传统中国哲学有没有本体。本体论(ontology)原为西方哲学中一极其重要的范畴,19 世纪经由日本传入我国,遂在中国学界生根发芽。如今本体论一词的使用已呈日益泛化的趋势,从哲学到法学、文学、艺术理论等诸多学科都有本体之说。然而在哲学界有关本体论的译名、含义以及中国古代有

---

① 徐复观在《研究中国思想史的方法与态度问题》一文中,对中国思想家的表达习惯有很精到的论述,徐氏指出:"但中国的思想家,很少是有意识地以有组织的文章结构来表达他们的思想结构,而常是把他们的中心论点,分散在许多文字单元中去;同时,在同一篇文字中又常关涉到许多观念、许多问题。即使在一篇文章,或一段语录中是专谈某一观念、某一问题,但也只谈到某一观念、某一问题、对某一特定的人或事所需要说明的某一侧面,而很少下一种抽象的可以概括全般的定义或界说。"徐氏又说:"西方的思想家是以思辨为主;思辨的本身必定形成一逻辑的结构。中国的思想家系出自内外生活的体验,因而具体性多于抽象性。"徐复观:《研究中国思想史的方法与态度问题》,载徐复观:《中国思想史论集》,九州出版社 2014 年版,第 2 ~3 页。

无本体论等问题的争议一直存在。[1] 争论并不能停止学术探索的道路，本书所谓本体论即是对世界根本理据的探讨，从这一意义上来说，本书所使用的本体论一词与称为"ontology"的本体论并非一回事。

如张岱年所说："本体指天地万物的内在基础，在天地形成之后，作为天地基础的本体，并不消失，而继续作为天地万物的内在依据永恒存在着。这是所谓的本体。"[2]本体关乎思想所本，据张岱年所言可知，中国哲学中的本体论与西方哲学中的"ontology"并不相同，我们亦无须强求比附西方以寻求与"ontology"的貌合神离之处。又如，陈来认为："然而 Being 本来是西方语言和西方哲学特有的问题，而今天中国的中西哲学若都要事事从存在 Being 开始，这是根本不合理的。Being 作为系动词应译为是，此种系动词的用法是汉语中本来所没有的。把是系动词带来的西方特殊问题当做哲学最基本的问题，这至少对中国哲学来说，是迷失了方向。"[3]这就说明，西方哲学中的"ontology"作为纯粹思辨的问题而存在，是探讨关于

---

① 比较有代表性的是俞宣孟在《本体论研究》一书中，专辟一章梳理有关本体论的概念、译名以及研究内容等多方面的问题，参见俞宣孟：《本体论研究》，上海人民出版社 2012 年版，第 3～23 页。另可参见孙周兴与王路针对"being"一词的翻译所进行的讨论，参见孙周兴：《存在与超越：西方哲学汉译的困境及其语言哲学意蕴》，载《中国社会科学》2012 年第 9 期；王路：《西方哲学汉译的困境与超越——回应孙周兴教授的批评》，载《中国社会科学》2013 年第 4 期。

② 张岱年：《论老子的本体论》，载张岱年：《张岱年全集》（第 7 卷），河北人民出版社 1996 年版，第 283 页。

③ 陈来：《仁学本体论》，生活・读书・新知三联书店 2014 年版，第 5 页。陈氏所称的"being"，就是现在中文所说的"存在"，亦有学者认为"being"不应该被译为"存在"，而应该被译为"是"等。例如，"在 Ontology 中，Being 是一个最高、最普遍的范畴，在它可以译作'存在'和'是'这两个情况下，取哪一个更符合其作为'最高、最普遍的范畴'的品性呢？显然当取'是'而非'存在'。因为在中文里面，'是'能包含'存在'的意思，而反之却不能。例如，'苦海无边，回头是岸'，这个'是'即'存在'、'有'的意思。陈康先生早就肯定过'是'的意思比'存在'广得多，他曾举例说，依据人们对'存在'概念的理解，我们讲善人、善事存在，善不存在，但我们却不能由'善'的'不存在'推论他不是'善'。况且，Ontology 中另有一个表示'存在'的词，记作 existence，它也是'诸是者'之一，逻辑地从属于'是'，是可以从'是'中推论出来的，如果 Being 和 existence 都译作'存在'，中文又怎样表达它们之间的推论关系呢？"参见俞宣孟：《本体论研究》，上海人民出版社 2012 年版，第 13 页。

“是”和“所是”的学问，如论者所言：“所谓本体论就是运用以‘是’为核心的范畴、逻辑地构造出来的哲学原理系统。”[①]有学者将“ontology”的特点概括为三点：从实质上讲，本体论先于经验世界而独立存在；从方法论上讲，本体论采用逻辑的方法；从形式上来讲，本体论是关于最高、最普遍的逻辑规定性的学问。[②] 而中国哲学所讲的本体论，或者说本书所讲的本体论则是从事物“内在理据”立场上出发而进行的探讨。

质言之，在中国哲学中，对本体体悟推演的过程自然涵摄着万物根本理据生发、流变的过程。今天法哲学本体论所欲阐明的法是什么、法的起源、法背后的理据等问题，亦可在此进路下探究。[③] 因此，本书先阐明古代诸家学说的本体论，体悟推演万物运化的流程，在此过程中关于法本体的问题也迎刃而解。唯有洞悉诸子各家法本体的本来面貌，才能摆脱以西方实证法为绳墨的“填充式”认识。因为诸子从最根本的法本体到法的外在表现形式自有其逻辑，这一展开过程应当是依逻辑渐次铺开，而非先依据实证法观念界定何为法、何为礼，进而遍寻古籍之后再与之一一对应所进行的比附研究。[④] 只有这样才能完整地展现出传统中国思想家对法的理解。

---

① 俞宣孟：《本体论研究》，上海人民出版社 2012 年版，第 20 页。

② 当然，对于本体论的核心研究范畴、ontology 的译名问题，哲学界至今仍未达成一致意见，前述俞宣孟的立论目前来看也只能算是一家之言。“它有三个基本的特征：(1)从实质上讲，本体论是与经验世界相分离或先于经验而独立存在的原理系统，这种哲学当然应归入客观唯心主义之列；(2)从方法论上来讲，本体论采用的是逻辑的方法，主要是形式逻辑的方法，到了黑格尔发展为辩证逻辑的方法；(3)从形式上来讲，本体论是关于‘是’的哲学，‘是’是经过哲学家改造以后而成为的一个具有最高、最普遍的逻辑规定性的概念，它包容其余种种作为‘所是’的逻辑规定性。Ontology 因而得以命名，即它是一门关于‘是’的学问，其较适当的译名应为‘是论’。”俞宣孟：《本体论研究》，上海人民出版社 2012 年版，第 20 页。

③ 因为传统中国哲学的重要特点之一就是讲求天人合一，即天事和人事、天道和人道是相通、相影响的系统，具体参见本书第五章《传统中国法的天本体研究》。

④ 当下法学界对有关什么是“传统中国法”的研究，有相当多的是“以今释古”，即用今天国人判断法与非法的标准(如法是不是由国家制定或认可的，由国家强制力保证实施的行为规范)去圭臬古人。这实际上并不符合逻辑，因为古人在创设他们关于法的观念、理论时，并不会受到我们现代研究者的影响。

事实上,在哲学界,学者普遍认为传统中国有自己的本体观和本体论。张岱年亦曾经连续撰写多篇关于传统中国哲学中有本体论的文章,例如,在《中国哲学中的本体观念》一文中指出:“老子的‘道’,既是‘天地之始’,有天地起源论的含义;又是天地万物依赖的根据,有本体论的含义。讲本体论,应从老子开始。”①又指出:“老子讲宇宙有个开始,这个开始就是‘道’;但是道在生出天地万物之后,并不消灭,它又作为天地万物的基础而存在。前者就是宇宙论,后者就是本体论。”②这就说明在一定程度上中国古代的本体论和宇宙论在论证过程中存在着互相包容之处。持有类似观点的学者大有人在。③ 方东美认为:“我以‘超越形上学’(transcendental metaphysics)一辞,来形容典型的中国本体论,其理论特色有二:一方面深植根基于现实世界;另一方面又腾冲超拔,趋入崇高理想的胜境而点化现实。它摒弃了单纯二分法,更否认‘二元论’为真理。从此派形上学之眼光看来,宇宙与生活于其间之个人,雍容洽化,可视为一大完整立体式之统一结构。”④方氏此处以 transcendental

① 张岱年:《中国哲学中的本体观念》,载张岱年:《张岱年全集》(第5卷),河北人民出版社1996年版,第493页。

② 张岱年:《中国哲学中的本体观念》,载张岱年:《张岱年全集》(第5卷),河北人民出版社1996年版,第488页。

③ 有论者认为:“在中国哲学论域中,‘本体’一词的使用相当广泛。作为基本的哲学概念,‘本体’不是舶来品。‘打破砂锅(纹)问到底’的一般思维特性,使中国人考虑事物也想知道它‘是什么’和‘为什么’——这包括它产生的来源、本性和存在的根据等。但是,由于他们属于本初、抽象和常住不灭的存在,超出了直接经验的范围,于是就需要某种能反映和表达它们的认识手段,‘本’、‘体’及其合成名词‘本体’概念也就应运而生。”参见向世陵:《中国哲学的“本体”概念与“本体论”》,载《哲学研究》2010年第9期。又如:“在中国哲学史上,第一个接触到本体论问题的哲学家是老子。老子用道表示哲学本体,把道看成人和天共同的终极根据。在老子哲学中,道既是一个宇宙论范畴,也是一个本体论范畴。”“中国哲学家是运用天人合一的哲学思维模式研究本体论问题的,同西方哲学家运用主客二分的哲学思维模式和印度佛教真俗二谛的哲学思维模式研究本体论问题有明显的不同。”由此所带来的结果就是:“中国哲学家不像西方哲学家那样重视本体的存在意义,而特别重视本体的价值意义,试图用本体论为价值观奠立哲学基础。在中国哲学的本体论学说中,包含着认识自己与认识世界相统一的合理内核,包含着肯定价值理性的合理内核,对于现代哲学的发展仍有积极意义。”宋志明:《中国哲学的本体论思路》,载《船山学刊》2004年第1期。

④ 方东美:《中国形上学中之宇宙与个人》,载方东美:《生生之德:哲学论文集》,中华书局2013年版,第235页。

metaphysics指称其所为超形上学,要指出的是,以形上学翻译的metaphysics是包括本体论、宇宙论等内容的总称。这都是从整体上对传统中国有本体论的论证。至于具体到某个思想家的本体论、本体观,则哲学界的论证更多、更丰富。例如,韦政通在论董仲舒的思想时曾指出:“董仲舒的天人关系论,是一个极为庞杂的系统,因为其中混合的因素十分复杂,单就天的方面看,作为群物之祖的天,有宇宙论的意义,联上阴阳、五行、四时、方位等理论,足可以组成一套相当完整的自然哲学的系统。作为道之大原的天,有本体论的意义,这方面的发展远不及宇宙论。……仲舒不愧为前汉思想的中心人物,他充分表现出汉人那种混化、凝重、朴实的气质。他的确意图建立一个无所不包的大系统,希望把自然界和人文界作统一的解释。”①

从逻辑和学术史两个方面进行分析,我们都会得出一致的结论,那就是传统中国有自己的关于法本体的理解和认识,尽管这种理解和认识并未直接以现代哲学话语表达出来,但是它却真真切切地存在于中国的历史文化传统之中,并且这种深蕴于中国传统中的法本体有其自有的基本原理。

二、法本体基本原理

(一)原理之一

法本体先于法本身存在。

我们将建基于法本体基础上的抽象的类概念称为法本身,以区别于当下法学研究中直接以“法”作为对象的称呼。因为在中国当下的国情下,在法理学、法律史的研究中,法往往被视为实存的某种规范,而传统中国法真正的表现形式并非全部都以实存规范的形式表现,故而引入“法本身”一词,以示区别,亦图有利于理解传统中国法。法本身在实际生活中的表现即是各种形式的法律渊源——礼、法、刑、律、天理等,都是法本身的表现形式,称为法律渊源。

① 韦政通:《中国思想史》,水牛出版社1986年版,第466页。

法本体是法的内在规定性，是研究法律现象及其规律的逻辑起点。换句话说，法本体先于法本身存在，是指在逻辑上法本体先于法本身存在，并非指时间上的先后。逻辑之先和时间之先并没有必然的联系，逻辑先后所涉及的是本体论问题，而时间先后涉及的是宇宙论问题。在法哲学研究中，宇宙论问题只具有一定程度上的意义和合理性。法本体决定了法能否成为法，质言之，只有通过某种形式内涵、体现了法本体的某种存在方能被称为法本身，法本体对法本身以及各种法现象的影响是决定性的。法本体的逻辑先在性亦决定了法本体对法本身的意义。

由于法本体的逻辑先在性，所以对传统中国法哲学中的法本身回溯其法本体就是可行的。但凡合乎逻辑的法哲学学说都会有其法本体，尽管可能各种学说各不相同。同时，法本体的逻辑先在性亦决定了现有的法学研究中存在的以现代法模型强行比附传统中国法的方法会导致一定程度上的偏差，因为在逻辑上，是法为什么是法本身在先，而非法本身是什么在先。现有的对传统中国法的研究，表面上看是将法本身限定在“国家制定或认可的，由国家强制力保证实施的行为规范”的框架内，其实质是对法本体的先行限定，即法本质上是权力控制下的规范。

从逻辑上来看，法理据必然先于法本身而存在，没有理据的法不能称其为法，因为其没有内在规定性，没有内在规定性的事物可以被认为是任何事物。所以说法本体对法本身的影响是根本性的，法本体赋予法本身以意义和存在可能，没有本体的法是不存在的。由于法皆有本体，那么对法本身、法理念、法运行的探讨回溯到法本体就是可行的，亦是“内部视角”研究的逻辑起点。本书以本体为逻辑起点，故本体之外则称为“后”，由法运行、法本身到法本体的过程称为“向前”的运动，或曰“回溯”“追本溯源”等，“前”“后”在本书中的使用不一定是单指时间上的前、后，有时候纯粹指逻辑上的先后。

（二）原理之二

没有法本体，任何存在皆可是法；但法不是任何存在，甚至不是任何一存在，即法不存在。

本条基本原理可以分解为两部分：a 没有法本体，任何存在皆可是法；b 但法不可能是任何存在，甚至不能是任何一存在，即法不存在。只有在法本体存在的前提下，作为抽象概念的法才有意义，这是因为法本体赋予法以内在规定性。例如，我们可以将“杀人偿命，天经地义”视为法律规范，这是因为这一规范本身符合某种法本体理论，在这种法本体的意义下，杀人偿命获得其终极合理性。同样，在某种法本体下，“杀人不偿命，天经地义”也可能出现，它赖以成为法律的理据亦是其本体。“杀人偿命，天经地义”和“杀人不偿命，天经地义”的论证逻辑进路是一致的，其冲突龃龉的根源就在本体理论的差别。无论杀人是否需要偿命，这样的规范背后都应该有其本体理据，没有本体理据的所谓的“规范”充其量只是语言符号而已。在此情况下，作为抽象概念的法其实质就只是一个符号，这一符号本身并无意义，更无所指。因此任何事物都可以被冠以法的名义，这就如同作为名字的“张三”可以被用于自然人 A、B、C，亦可以用于动物、植物甚至任何存在，因为它只是一个没有实际所指的符号。因此我们说，如果没有法本体，任何存在皆可是法，这时候的法只能指向所指的对象，并不具有意义上的内涵。

反过来看的话，没有本体规定性的法，无论其名为刑法、民法、诉讼法，其实质上仅仅是符号而已，该“法”本身没有意义。既然法没有意义，那么它就不能被随便地认为是任何存在，因为它本身的意义要依赖于有意义的存在才能尤其发生。在这种情况下，法甚至不可能是任何存在，因为存在都有其意义。前文 a 之所以成立，是因为将任何存在放在主体位置的话，是将法依附于存在，无意义的法就因为有意义的存在而变得有存在的意义；相反，b 之所以不成立是因为不能将任何事物，甚至任何一事物依附于无意义的法。由 a、b 结合可以得出结论，没有法本体的法是不存在的。

（三）原理之三

人类最初在时间维度内认识法本身，但法本体和法本身的关系则在逻辑维度内展开。

据第一条基本原理可知，法本体先于法存在，不可能先有法再有法本体。法本体在前，法产生于后，法是其本体逻辑的产物，本体是因，法是果，二者的逻辑顺序不可颠倒。需要指出的是，这里所谓的法本体先于法存在，是逻辑意义上而言的先，并非时间意义上的先。逻辑之先从时间上看可以是“先”，也可以是“同时”，甚或是在时间维度内无法表达的“先后”状态。①

人类最初接触到的法现象、认识到的法现象在时间意义上都先于法本体。目前学界的普遍观点是，作为规范意义上的法，最初是由早期的宗教禁忌、原始习惯演变而成，这实际上是一种自发的认知过程。人类祖先在选择遵循这些原始规范之时，并未能理性地认知此类规范，而是凭借与生俱来的对生存的本能追寻。随着人类认知水平的提升以及这一对“规范”的遵循行为所带来的益处逐渐明显，人类才开始自觉地认识到“规范”的真正含义，各种有目的的创制法、解释法的行为亦应运而生。世界人类文明初期对天意、灾异变化的解读正是这一环节的表现。这样一来，就给很多人理解法本体和法的起源等问题带来了困惑，很多人将本体的逻辑存在和法的起源相提并论，总是试图将法本体放置于法的起源之时进行讨论，②进而产生疑惑：法起源之初没看到有什么法本体存在并且发挥作用，法有本体吗？如果有那是谁规定的呢？圣人、帝王还是神？其实这一系列类似疑问都是混淆本体和起源所致。法本体在逻辑内展开，法的起源、发展、消亡在时间维度内延续。

对法本体理解的不同，必然导致法律思维的差异，使得不同时空背景下，不同主体对于法律的认识和理解颇多龃龉，这些差异在最表层表现为对法律技术理解的差异，③在更深层面表现为法律思维的差异。谈到思维必然涉及心理、精神、哲学等相关问题，千头万绪互相牵连杂糅，实难阐明，但这确实是由现象观到本体观所不得

---

① 这里的“先”并非针对日夜流动不止的时间概念而言的“先”，而是从逻辑层面所讲的“先”，就是说在逻辑上是先有法本体才能有法的概念，没有对法本体的理解和认识，对于“法是什么”的探讨就无从开始。但是逻辑在先和时间上的先后并不是一回事，有些论题无法用时间的先后来描述，只能从逻辑的角度加以界定。

② 实际上人类最初注意到的法亦早已不是起源之初的法，而是经过漫长发展历史之后的法。

③ 如判例法国家和制定法国家对编纂法典的不同理解。

不经历的过程。

德国著名政治哲学家卡尔·施密特认为法学思维的差别取决于“法”被如何理解，换句话说，取决于“法”凭借何种原因被认为是法。[①] “在特定时间内盛行于特定民族之中的法学思维，类型千差万别。不同的民族和种族服膺于不同的法学类型思维；而特定法学思维类型的支配力，也可连接到对该民族在精神及政治上的统治权利。”[②]施密特的意思就是说不同的思维模式下，对于什么是法的理解是不同的，所谓法和规范、法和决定或法和秩序之间的对立都只是表面现象，真正的深层原因是法律思维模式的区别。这种区别事实上就是法本体观的区别，“不论是规范、决断或秩序，每一种思维模式都宣称它才是组成法律的固有意涵和核心；也都试着去贯彻其思维，并从本身的思维出发，在法学上决定其他两种概念”。[③] 施密特所谓的思维模式的区分必然会强化对法的理解的差异，不同思维模式的持有者必然站在自己思维的立场上，尽可能以己方的思维为问题论证的合理甚至是唯一的出发点，试图解释并包容其他论证模式。事实上，这种思维模式的区分是无法被弥合的，在一个严谨的逻辑体系中，这将成为理论区分的根本差异点所在，任何试图摧毁他人论证的努力，都应该从这里入手，而不是从后续的逻辑入手。

---

① 在施密特的观念中，有三种模式影响着法能否成为法，即规范、决断或秩序。“法学思维模式的区分，取决于‘法’究竟是被理解为规则、决定、或秩序而定。当然，每一种模式都会将它特有的概念——规范、决断或具体秩序——与‘法’的概念本身等量齐观，并去抨击其他模式根本不是‘严格法学’意义下的思维模式。因此，我们最好不要以两相对立的命题——如法与决定、法与制定法，法与秩序——等等为出发点，因为这些对立命题本身就涵盖了各个各样的预设立场。”施密特之所以反对将法与决定、法与制定法等并提，因为这类命题本身内部已经蕴含了对“法”为什么是法的论断。施密特论述道：“出于相同的理由，法规范（Rechtsnormen）、法决定（Rechtsentscheidungen）以及法秩序（Rechtsordnungen）等字眼的贸然使用也应小心避免，因为关键并不在于‘法’与规范、法与决定或法与秩序之间的对立，而是在于规范思维、决定思维和秩序思维三者之间有所差异，且又各自宣称自己才是‘法’。”参见［德］卡尔·施密特：《论法学思维的三种模式》，苏慧婕译，中国法制出版社 2012 年版，第 49 页。

② ［德］卡尔·施密特：《论法学思维的三种模式》，苏慧婕译，中国法制出版社 2012 年版，第 47～48 页。

③ ［德］卡尔·施密特：《论法学思维的三种模式》，苏慧婕译，中国法制出版社 2012 年版，第 49～50 页。

三、"谁"的法本体

前述对什么是法本体以及法本体的基本原理进行了论证，接下来我们不得不考虑这样一个问题，即什么才是"传统中国的"法本体？从最简单的意义上来说，所谓"传统中国"是一个时间概念，在"传统中国"这一时间段所涵盖的历史时空中产生、存在的法本体就是"传统中国的"法本体。这一判断毫无疑问是正确的，但这只是从时间意义上对法本体所处时空的界定，那么，从主体意义上来说，"谁"的法本体观念才能被称得上是"传统中国的"法本体？是历代君主帝王，还是圣哲精英，抑或是芸芸众生中最平凡普通之百姓？这是治思想之学的学人必须要面对的问题。① 长期以来，法律思想史的编写都仅仅是梳理精英的法律思想，平民大众的法律思想被悄无声息地从漫长的历史岁月中抹去，仿佛这些平民大众从未发出过对法律的思考，此亦是一直以来思想史、哲学史撰写的弊端。②

---

① 关于思想史是精英的思想史还是普通民众的思想史，这一问题争论已久。比较持平之论是，思想史不是，也不应该是精英的思想史，但是由于材料所限，研究者能力有限，普通民众的思想研究起来相对困难得多。再者，无数个普通民众的思想最终汇聚成为一时之"主要思想"。王汎森对历史思想的界定值得借鉴："每一段历史都不是单线的，其中都有各种力量同时在竞合着，但并不表示当时没有主旋律及次旋律之分，也不是没有大论述与小论述之分。"参见王汎森：《思想是生活的一种方式：中国近代思想史的再思考》，北京大学出版社 2018 年版，第 3 页。

② 当然，在我们批评思想史、哲学史写作忽略普罗大众的同时，也必须承认不同主体的话语影响力是不同的，思想、理论及其认可问题，不是简单地数学计算问题，也无法通过明确的加权计算得出最终数据。"人们也不能直接把统计学上的多数作为某种观念占主导地位的标准，因为在每个社会中，不同人们的观点在权威性上是一样的。……研究这一问题，人们需要先了解一个社会的社会学结构，才能对其中各种意见的重要性做出判断。"[德]莱因荷德·齐佩利乌斯：《法哲学》(第 6 版)，金振豹译，北京大学出版社 2013 年版，第 33 页。除却不同主体话语影响力不同之外，不同主体对事件、问题、观念、思想的理解也不一致，并不见得影响力大的主体，其对待事件的问题和态度以及其据此形成的观念、思想就是"有代表性的"。例如，1789 年 7 月 14 日，在有一定知识水平的当代人眼中，是非常有代表性的日子——这一天，巴士底狱被攻占，法国大革命爆发，至于法国大革命对世界文明的影响，毋庸赘述。然而，我们看路易十六在日记中对当天的记载："今日，无事"。攻占巴士底狱这一事件，对于作为当事人的路易十六而言，他的判断是否可信？我们认为，"可信"自然是可信的，只是是否具有代表性？对于参与攻占巴士底狱的人来说，他们是否如同今人一般意识到了这项行为背后的深远影响？我认为，大概率没有。这就说明对于抽象问题的理解和分析绝非易事。参见金观涛、刘青峰：《观念史研究：中国现代重要政治术语的形成》，法律出版社 2009 年版，第 436 页。

葛兆光在《中国思想史》的导论部分曾经开篇就讲到既有思想史写法中的不足:"翻开叫做'思想史'或'哲学史'的著作,接踵排衙而来的,是睿智的哲人系列和经典系列,从孔子到康有为,从《诗经》到《大同书》,天才似乎每个时代都成群结队地来,经典也似乎每个时代都连篇累牍地出,我们的思想史家按照时间的顺序安排着他们的章节,大的思想家一章,小的思想家一节,仍不够等级的话可以几个人合伙占上一节,再不济的话也可以占上一段,只要在那上面留下了文字的就算'永垂不朽'。经典、经典的征引、注释与解说、精英的文字述论,则把思想史的线索连缀起来,只要被采撷在书中,经典就真的'名垂青史'。而思想的历史也就自然成了思想家的博物馆,陈列着他们的照片。"①在葛兆光看来,这种思想史的写作实际上是将历史上精英的思想史等同于历史上的思想史,"人们一般会认定,真实的思想史历程就是由这些精英与经典构成的,他们的思想是思想世界的精华,思想的精华进入了社会,不仅支配着政治,而且实实在在地支配着生活,他们的信奉者不仅是上层知识阶层,而且包括各种贵族、平民阶层,于是,描述那个世界上存在的精英与经典就描述了思想的世界。"②我们都很清楚,精英们、思想家们的思想的确宏大精深,但平民百姓对于法的理解和认识亦至关重要,法及其哲学毕竟不同于纯粹的哲学,其根本意旨仍在于其实在品格,故已有的法律思想史著作中都有意无意地忽略了对平民百姓的法律思想的考察。当然,这里存在一个至关重要的问题,即平民百姓由于其在历史长河中的星光过于黯淡,能够留给后人借以考察其思想的材料稀少,这无疑给研究带来了极大的难度。纵然如此,我们仍然可以通过历史上的普遍的知识背景、思想信仰来推知非精英者对法及其本体的理解,葛兆光将其称为"一般知识、思想与信仰的世界"。③ 故而考察传统中国的法本体,那便不

① 葛兆光:《中国思想史导论:思想史的写法》,复旦大学出版社2001年版,第9页。

② 葛兆光:《中国思想史导论:思想史的写法》,复旦大学出版社2001年版,第10页。

③ 葛兆光:《中国思想史导论:思想史的写法》,复旦大学出版社2001年版,第9~13页。

能单纯是精英所理解的法本体，还需考察平民大众所理解的法本体。

即便是历史记载下来的精英的言语、事迹、思想，也不必然因此就形成彼此融洽的理论。站在历史当事人所处的时期，主流思想并不能统一一切；站在历史书写人的立场上所撰写的历史，也因此具有相当的“价值偏颇”。例如，鲁迅在《论魏晋风度及文章与药及酒之关系》一文中，就对历史正统书写者进行了批判。①

知识也好，思想也罢，在民间或曰一般平民阶层之中往往体现为具象或抽象程度较低的存在，并以谚语、俗语、歌诀等通俗易懂或朗朗上口的民间形式为载体。试举一例便可发现，古人对法的根本理据的寻求往往从天、地、神祇入手，例如，在古人观念中人生在世的行为最终极判断依据则以“举头三尺有神明”“天经地义”等形式表现。对于大多数平民百姓而言，接受礼法乃天经地义，合乎礼法

---

① 对鲁迅这篇文章的解读，杜赞奇的观点很有借鉴价值。杜赞奇在《从民族国家拯救历史：民族主义话语与中国现代史研究》一书中对鲁迅此文大加赞赏，“据我研究，在其论著中向历史的极权倾向提出最大挑战的历史人物是伟大的作家、一度是文学史家的鲁迅。”杜氏对鲁迅在《论魏晋风度及文章与药及酒之关系》一文中表现出来的史观分析如下：“鲁迅与其他学者不同之处不在于他是否向民族主义历史工程提出了挑战，而在于他不断地质询其叙述形式。鲁迅的论文从三个方面表现出上述特点。一是他认为传统儒家所写的历史具有压抑性，因而有必要恢复被压抑的历史。当然这不是鲁迅的一家之见；胡适、顾颉刚等一代学者都视中国的全部过去为一丰富的考古学场所，他们可以从中挖掘出深埋于儒家制度的历史经典之下的非正统的历史材料。鲁迅比他们高明之处在于，他承认历史的当代性，视历史学为谱系学。把历史视为谱系学要求我们不仅从历史的横断面看其‘适当的散失’（参见第二章），而且把历史看成是我们目前的位置向过去的纵向投射。因此，魏晋和民国的反复比较强调了两者同为无政府、竞争与创造性的历史时期。鲁迅还明确比较了在道德成了不可告人的政治罪行的令箭的时代，专断的政治权力与知识分子的反道德之间的关系。他认为，如果让号称反道德或不道德的魏晋文人当众宣布其道德观点，那将同当今某位高风亮节的知识分子受军阀之邀而讲解三民主义的虔诚并无二致。两者无论过去与现在都是对道德的滥用（鲁迅，1927：502～503）。正是这种阅读过去时对语境的自觉意识，使鲁迅与顾颉刚、雷海宗有了根本的区别。后者的著作以相当的才识揭示了别人是怎样利用过去的，但却同时坚信自己的研究代表了客观、公正的历史。最后，鲁迅的与众不同之处还表现在他运用文学写作的手法来戏仿历史封闭叙述的微观技巧。”参见［美］杜赞奇：《从民族国家拯救历史：民族主义话语与中国现代史研究》，王宪明、高继美等译，江苏人民出版社2009年版，第43～47页。

就是合乎天之经、地之义,这是不证自明的,①这都是借助了天在传统中国思想史、学术史中的重要地位而言。无怪乎太史公曰“夫天者,人之始也;父母者,人之本也。人穷则返本,故劳苦倦极,未尝不呼天也;疾痛惨怛,未尝不呼父母也”。② 此类表达传至民间,逐渐形成了所谓“痛极呼天”的文化传统。所谓不证自明是指普通民众无须费力思考个中缘由,昧于智识等诸多原因,普通民众无暇、无能力甚至无意识思考这些问题,在传统社会来看,制礼作法由圣人、精英完成,民众只需尽力服从即可。这一点似乎是儒法诸家共有之观念。《论语》记载孔子说:“子为政,焉用杀?子欲善而民善矣。君子之德风,小人之德草,草上之风必偃。”③儒家认为圣人居高位是理想的政制形态,进而以德感化民众,引导民众,故而有“民可使由之,不可使知之”的观点。④ 孔子的观点为孟子所继承,孟子讲得更加直白“惟仁者宜在高位。不仁而在高位,是播其恶于众也”。⑤ 法家对儒家此主张亦处相同态度,⑥商鞅认为“愚者闇于成事。知者见于未萌。民不可与虑始,而可与乐成”。⑦ 建基于这样的认识论基础上,传统中国诸家学说多采取以上导下的论证思路,以圣人、智者引导民众。据此可知,所谓传统中国的法哲学,至少有相当大的部分是作为社会阶层划分中属于上层的圣人、明君、智者的法哲学,但又不完

---

① 普通民众对于礼法、天地的观念基本上是不言自明的;这种“自明”源自于精英对理论的创设、宣传。美国学者赫伯特·芬格莱特评价孔子的思想说:“孔子假定,这个‘礼’及其所根植于其中的宇宙之道是内在一贯、全然自足的;并且,道德与社会的唯一必要性,就最终是要在‘礼’中去塑造自我以及一个人的品行。”参见[美]赫伯特·芬格莱特:《孔子:即凡而圣》,彭国翔、张华译,江苏人民出版社 2010 年版,第 51 页。

② 《史记·屈原贾生列传》。

③ 《论语·颜渊》。

④ 《论语·泰伯》。

⑤ 《孟子·离娄上》。

⑥ 当然,必须要承认,儒法两家虽然对“民”需要在高位者引导没有疑义,但是对何人应居高位其实龃龉差异甚多。儒家所崇尚者如孟子所言,惟仁者宜在高位,法家如商鞅所崇尚者实为“知者”“能者”“贤者”,“知者”“能者”,甚至“贤者”的评判并非以德行为标准。如《商君书·更法》:“公孙鞅曰:‘子之所言,世俗之言也。夫常人安于故习,学者溺于所闻。此两者所以居官而守法,非所与论于法之外也。三代不同礼而王;五霸不同法而霸。故知者作法,而愚者制焉。贤者更礼,而不肖者拘焉。拘礼之人不足与言事,制法之人不足与论变,君无疑矣。’”

⑦ 《商君书·更法》。

全是精英阶层的法哲学，精英的法哲学还需借助多种形式的转化，才能最终真正对广大民众产生影响。因此，传统中国的法哲学研究必须是包含以上两个层面的内容，即精英和民众，在此之间，还需加上从精英阐述到民众接受的转化，如此一来才能形成系统的逻辑链条。

法本体实乃对“法是什么”“法为什么是法”的一系列追问所产生，本体观念的差异决定了对法的理解和认识的根本不同。因此，对于法本体究竟是什么的理解和认识则人与人之间、学派与学派之间、国族与国族之间差异颇多，此即是古今中西法哲学的差异由来。再具体到同一时空背景下，官方之法本体观念、不同精英思想家之法本体观念、普通民众的法本体观念并存于时代大潮下，倘若有人直接发问曰：“春秋战国时期中国的法本体是什么？”诸如此类问题实难泛泛回答。考春秋战国之时，从官方角度而言，礼崩乐坏，旧有的礼乐贵族制已经崩溃、名存实亡。新的政制尚未建立，周天子自顾不暇尚无能力自保，安有时间、精力和条件思考此类问题。要说春秋战国的官方法本体观念仍承袭西周，此话倒也不假，但若说完全一致，却又不对，这便是法本体的复杂之处。再说到彼时的精英阶层，儒墨道法诸家蜂拥并起，彼此之间或相批评、或相承袭，立论、主张各有不同，又有谁的法哲学能代表春秋战国的法本体观念？道家学说抽象高渺，讲求无为处世；儒家学说求仁求义，为后世继承颇多；法家学说明刑必罚，为当时成效最著，三家之间，孰优孰劣，今人尚难明判。何况彼时身在时代大潮中人，更难讲得此三家虽对后世影响最大，但谁又能代表春秋战国时代的法本体思想？更何况还有千千万万没有传承下来的普通民众对法是什么的理解，这样官方法哲学、精英法哲学、普通民众的“法哲学”彼此杂糅、互相吸收、互相遮蔽形成了今人所看到的历史面貌。① 在此背景下，我们还会认为

① 所谓“法哲学”之“学”，即便在传统中国没有形成如同今时今日一般的严格的学科划分，至少也应该有对相关问题的严密、系统地思考，方可称为“某某学”，而普通大众与知识精英最大的区别便在于，普通大众对知识、思想的理解和认识呈现明显的碎片化、非系统化的特点，他们或许会知道如蒙学读物《三字经》中就有“三纲者：君臣义，父子亲，夫妇顺”“曰仁义，理智信，此五常，不容紊”。《千字文》亦有诸如“乐殊贵贱，礼别尊卑。上和下睦，夫唱妇随”等类似的表达，但是他们无力、无暇、无意识去主动地思考三纲、五常背后更深层次的问题，因此要将普通民众对法本体的理解称为“法哲学”多少有些不妥当，本书此处用“法哲学”只是借此指代普通民众对法本体的理解和认识。

所谓法本体就是唯一的、永恒的、独立的存在吗？当然，对于这样一个问题，有一种理解就是，认为世间存在着一个普遍的、永恒的法本体甚至本体，道术为天下裂的局面只是知识真伪杂糅的结果。譬如说儒墨道法诸家，或许只有其中一家的理解和认识方是真知，其他尽皆为伪知识，持有此类理解者在传统中西方哲学中大有人在。但是这也仅仅只是一家之言，我们所处的时空之内，是否存在永恒、不变，同样的道理，我们所处时空之外，是否存在着永恒，这是中西方哲学两千多年来一直探讨的问题。至少从这类问题的形式上，我们可以这样认为：传统中国有多少思想家、多少朝代、多少普通民众，就会有多少法本体观念，所谓法本体观，无非就是对法是什么、法为什么是什么的理解和认识，这种本体观的多样性和审美的多样性并无二致。一千个读者心中自然有一千个哈姆雷特，但是，我们也要看到，在这样个体性的背后，人类社会或许还存在着某种共性。即出于特定时空背景下的人类群体，对某一问题的看法存在着一个、几个或可数的几种主流认识，这样的一种主流，就是我们所要着力研究的对象。它们或表现为官方的宣示、或表现为时代精英的构想、又或表现为普罗大众的无意识的倾向，我们正是在这样的立场和背景下研究传统中国法本体。

如论者所言："一个哲学是要提出一种世界观，一个哲学体系并不是要提出一套由经验加以论证确定的科学式的体系，哲学与科学不同，其功能和要义是提出对世界的了解，每一种了解可构成一个系统，哲学史就是这些不同的了解的系统互相作用的历史。"①哲学史所能够提供给后人的材料和经验其实便是无数古代哲学家对世界的各种各样的理解，这些理解之间或者相矛盾、或相承袭，因缘际会，异同皆有，我们的世界以及我们的世界观就在这样的百家学说中存在、发展，这样一种根本的哲学世界观决定了每个人、每个哲学家对待世界、对待人生、对待法律的不同态度。好像我们据此就得出一个看似矛盾的结论：传统中国有千千万万种法本体论，我们根本无法穷尽各种可能性，更无力一一阐明。但是在这千千万万的法

---

① 陈来：《仁学本体论》，生活·读书·新知三联书店2014年版，第4页。

本体观念中，总有为官方所改造、采纳的能代表一时国家立场的法本体论，亦有蔚为一时风潮能引领民众倾向的法本体论，甚或说还有潜存于国族文化、心理、精神隐约幽暗处，往往潜移默化影响国族政治、法制发展的法本体论。唯有相信此千千万万背后有着某些共性的、主导性的本体观存在，我们的研究才有进行下去的可能。当然，我们也不能将这种个体和共性的问题无限放大，这是整个人类人文社会科学最终都要面临的问题。关于世界是不是存在一个永恒、普遍的真理，古今中西哲学家众说纷纭，至今也难以达成一致，对此问题的深究至少在本书中不可能得到有意义的结论。但我们也不应该将对人类历史、社会的认知予以僵化。有人认为既然说秦帝国是以法为教，以吏为师，那么他们找到某个学者、某位儒生非议秦帝国政治的言论便能作出一番文章，或言秦帝国不是纯任法治、或言秦帝国对儒生态度如何如何。这背后的根源就在于将人类社会僵化地理解为同质体，认为在一个所谓某某思想、某某思潮影响的时代背景下，便不会、不能有不同于时代主流取向的观念存在；更想试图以某些存在的孤证，甚至是个例对主流的时代趋势加以否定，这都从逻辑上很难站住脚。引入这样一个理论，并非说星星之火不能燎原，本书的意思是关于个体和共性的复杂关系，必须尽可能的进行综合判断。理解了这一点，我们或许就会明白，有学者认为诸学出于“王官”，可谓同源，那么在此前提下，我们看既有的研究，儒法之间的差异被人为扩大，与其说是互不往来的学派，倒不如说是儒法各家不过是各执一端而已。春秋战国诸子共同生活在礼崩乐坏的时代背景下，彼此又互相继承、或相攻讦，彼此思想学说互通之处颇多，须知批判也是一种变相的吸纳和了解。

综上所述，本书所谓法本体就是指法为什么是法的终极理据。用劳思光的话说：“礼取‘秩序义’者，主要自是指制度而言；此固已与仪文有本末之分。但再进一步看，则以秩序或制度释‘礼’时，秩序制度之根据何在，始是基本问题。”①劳思光所谓“秩序制度之根

---

①　劳思光：《新编中国哲学史》（第1卷），生活·读书·新知三联书店2015年版，第85页。

据”的问题，同样也可以用来解释本书所谓法本体的问题，这是一个脱胎于哲学中的本体但又与哲学本体相区别的概念，法学家如仁井田陞认为：“我们研究的问题，是那些约束人们社会行为的全部规范，以及社会中实际的规范意识。由此，我们的研究视角，就必须对准与道德意识或者宗教意识不可分离的现存全部社会规范，以明了他们所具有的深远而强大的现实规制力。然而规范意识，则不仅仅限于其本身，还要包括使这些意识得以成立的基础，而这正是问题之所在。”[①]文中所谓“使这些意识得以成立的基础”，就是本书所谓的法本体。我们试图引入这一概念研究传统中国对法是什么、法为什么能够成为法等一系列相关问题。

① ［日］仁井田陞：《中国法制史》，牟发松译，上海古籍出版社2011年版，第2页。

第二章　道家法本体

道家学派肇端自老子，老子《道德经》一书中体道、自然、无为的思想对中华文化影响之深，实不亚于儒家一脉。千百年来，每逢乱世，国家初定，执政者往往采纳无为之策，与民休息，即是对道家学说所适用之明证。传统社会思想不断演进的过程，历来就是吸收、融合、对抗其他思想的过程。同一时期，儒道诸家学说互相争鸣，思想中也难保无多家思想糅合的情况，故而后世常言儒道杂糅，实难一一细分。

一、老子哲学中的“道”

老子哲学体系中最根本、最重要的概念和范畴非“道”莫属。在五千余字的《道德经》中，“道”字出现了七十三次之多。[①] 可以这么说，道为老子哲学的起点，亦是老子哲学的最终依归。老子哲学是先秦哲学中抽象程度最高的哲学，老子亦是中国哲学史上第一次系统提出“道”这一哲学范畴的思想家。因此，研究老子的法本体思想，应当首先从其

---

① 陈鼓应考证之后认为：“‘道’这个字，在《老子》书上前后出现了七十三次，这七十三个‘道’字，符号形式虽然一样，但是意义内容却不尽相同。”参见陈鼓应：《老子注译及评介》，中华书局 1984 年版，第 13 页。

关于道的哲学论证入手。之所以说老子哲学在先秦哲学中抽象程度最高,实则是由于老子比较早地涉及宇宙论和本体论问题的缘故,张岱年认为:“老子的‘道’,既是‘天地之始’,有天地起源论的含义;又是天地万物依赖的根据,有本体论的含义。讲本体论,应从老子开始。”[①]张岱年又指出:“老子讲宇宙有个开始,这个开始就是‘道’;但是道在生出天地万物之后,并不消灭,它又作为天地万物的基础而存在。前者就是宇宙论,后者就是本体论。”[②]这说明在一定程度上老子哲学的本体论和宇宙论在论证过程中存在互相包容之处。质言之,无论本体论与宇宙论是分还是合,道始终在老子哲学中居于核心地位,是老子哲学中最重要的范畴。欲了解老子哲学,首先就要了解何为老子哲学中的道。

道是什么?道如何而来?这是我们首先要思考的问题。老子认为“有物混成,先天地生。寂兮寥兮,独立而不改,周行而不殆,可以为天地母。吾不知其名,强字之曰‘道’”。[③] 在天地初生之前就有一混成之物存在,它的出现比天地还要早,因此被称为“先天地生”。它是天地之母,即天地由其所产生,人们无法知道它的名字,勉强为其命名曰“道”。这其实是很直接明了的宇宙论论证,既指出了道怎么产生,又从天地起源的角度证成道的创生者地位。人类实际上有着十分强烈的创生崇拜情结,此崇拜的核心就是对创世“神”、创生者的崇拜。老子这里讲道“先天地生”,就是将道置于创世者的位置,借此树立道的至高无上地位。这种对道的赞赏在整个道德经中表现为道生天地,道为天地万物之母,进而衍生出对阴阳生物的论证。作为天地之母的道如何创生万物?老子认为:“道生一,一生二,二生三,三生万物。万物负阴而抱阳,冲气以为和。”[④]关于这一句,历来对道生“一、二、三”解释甚多,陈鼓应认为“本章

---

① 张岱年:《中国哲学中的本体观念》,载张岱年:《张岱年全集》(第5卷),河北人民出版社1996年版,第493页。

② 张岱年:《中国哲学中的本体观念》,载张岱年:《张岱年全集》(第5卷),河北人民出版社1996年版,第488页。

③ 《道德经·第二十五章》。

④ 《道德经·第四十二章》。

为老子宇宙生成论，这里所说的'一''二''三'乃是指'道'创生万物时的活动历程。"[①]此处的"一"实际上是指道的"混成"状态，是一种无偶的、绝对的状态。[②] 道自身内涵阴阳，阴阳存于道本身，此谓之道生一；道生一之后阴阳各自显现，在宇宙论上成为生发万物的基质和动力，在哲学上则成为相反相成的一对逻辑范畴，称为一生二；阴阳互相作用从而达到万物和谐的状态，是为道生三，至此万物生成。[③] 道生万物的表达在《道德经》其他章节中亦可一窥其径，如第四章论道，老子感叹说："吾不知谁之子，象帝之先，"[④]王弼、王安石都认为此处之"帝"即为天帝，质言之，老子认为道早在天帝之前既已存在，而万物则是由道所生成。

传统中国哲学讲究体悟，即从事物的自然属性出发，开发出相比之下较为抽象的精神范畴和哲学范畴。但是这种相对的抽象不同于西方哲学纯粹理念、逻辑的抽象，中国哲学的抽象仍然可以通过经验的感觉加以感知，而不是完全依靠逻辑的推演。例如，从太阳这个具象的发光、发热的实体开发出阴阳之中阳的存在，开发出阳的明、暖特性，再通过太阳照耀万物、促成万物生长开发出阳生化万物、重生轻杀的特性。运用同样的道理，阴阳之中代表肃杀、克制的阴亦是脱胎于可感知的事物。其实这便是张岱年先生所谓中国哲学宇宙论和本体论混同的必然结果，亦可以说是由于中国人这种体悟式思维，导致了传统中国哲学宇宙论和本体论不加区分的存在，这是传统中国哲学不同于西方哲学的重要分别之一。

具体到老子哲学而言，老子从一开始的出发点就是比较抽象的道，而不是具象的存在。老子从道可感知的属性入手，开发出道作为万物存在的"基础"产生的依据以及合理性问题，这是从宇宙论向本体论的过渡。老子认为"道冲，而用之或不盈。渊兮，似万物之

---

① 陈鼓应：《老子注译及评介》，中华书局1984年版，第235页。

② 陈鼓应：《老子注译及评介》，中华书局1984年版，第235页。

③ 对于《道德经》此章所讲"道生一，一生二，二生三"历来解读版本较多，未有明确一致之说法。但是将本章视为老子对宇宙生成的论证应该没问题。

④ 《道德经·第四章》。

宗;湛兮,似或存。”[①]“冲”即“盅”,意谓道体就像中空的杯子一样,此言道体为虚。在《道德经》中老子提出了一个在当时颇有创见的观点:普通人只看到了能盛水的杯子和能住人的房屋,却没有意识到,杯子之所以能够盛水,房屋之所以能够住人,不是因为作为实体的杯子和房屋的作用,恰恰是由于他们内部中空,是“虚”促成了他们功能的发挥。老子说:“埏埴以为器,当其无,有器之用。凿户牖以为室,当其无,有室之用。”[②]但老子所谓的“虚”并不等于无,而是一种“似或存”的若隐若现的存在。对此老子有更细致的论证:“视之不见,名曰夷;听之不闻,名曰希;搏之不得,名曰微。此三者不可致诘,故混而为一。”[③]所谓若隐若现就是看不到、听不到、触摸不到,即道本身的属性早已超越了我们感官所能直接感受的范围。讲到这里,老子生怕普通人无法理解这种希、夷、微是什么样的状态,因此又说:“其上不皦,其下不昧,绳绳兮不可名,复归于无物。是谓无状之状,无象之象,是谓惚恍。迎之不见其首;随之不见其后。”[④]老子运用更加具象的描述举例说:假设道能够用上下前后此类经验的概念加以形容的话,那么它上面不会过于明亮,下面亦不会因居于下就变得昏暗。这种特性不同于生活中的一般经验认知,就生活经验而言,一个东西上面明亮则光源在上,下面就会相应黯淡,反之亦然。而道是其上不明亮,其下也不黯淡的,用实际生活中的事物比喻道虽然未必恰当,但老子试图借此证成道和日常经验中可以感知的存在不同,因此它无所谓上和下的属性,只有桌子、椅子这种经验世界的存在才能讲有其上下,道并不可以。同样的道理,老子说“迎之不见其首;随之不见其后。”[⑤]面向道你无法找到它的头,跟着它亦无法找到它的尾,也就是说道没有前后之分。

综合起来看,道没有上下前后的区分,再深推一步,就会明白,道并不以具象形式而存在。道这种非经验生活中所能视、听、搏之

① 《道德经·第四章》。
② 《道德经·第十一章》。
③ 《道德经·第十四章》。
④ 《道德经·第十四章》。
⑤ 《道德经·第十四章》。

的状态,老子将其称为“绳绳兮”,“绳绳兮”就是“纷芸不绝”。[①] 纷芸不绝之道本身其实并不能够用上下、前后形容,老子此处用其上、其下、其首、其后的表述,实为有助于读者理解而为之,此类表达在《道德经》全书亦多次出现。[②] 道的纷芸不绝,最终表现为“无物”的状态,“‘无物’不是一无所有,它是指不具任何形象的实存体。‘无’是相对于我们的感官来说的;任何感官都不能知觉它(‘道’),所以用个‘无’字加以形容它的不可见。”[③]至此可见,道体为冲虚、惚恍之存在,这亦是创生万物的宇宙本原的属性。又如张岱年所说,“老子讲宇宙有个开始,这个开始就是‘道’;但是道在生出天地万物之后,并不消灭,它又作为天地万物的基础而存在。前者就是宇宙论,后者就是本体论”。[④] 作为宇宙本原的道同时亦是作为万物存在根据的本体之道,因此万物存在的理据便要向道处寻求。

老子认为“道大,天大,地大,人亦大。域中有四大,而人居其一焉。人法地,地法天,天法道,道法自然”。[⑤] 宇宙中有四大,人位居其一,人要效法地,地要效法天,天最终要效法道,这是老子的理论设定。为什么会出现这种由人到地,再到天,最后到道的逐层效法?我们考之《道德经》之后出现的其他典籍则不难发现,在传统中国哲学中,这种“法”天、“法”道的表述俯拾皆是。道之所以要被效法,根源就在于前文所述道创生宇宙万物的“功业”,人类本性中固有创生崇拜,崇拜生成万物的道是十分自然而然的事。由于道本身纯任自然,推而广之,人最终亦需要纯任自然,纯任自然才能复归于道最本原、初始的状态。老子这种从宇宙论出发,借宇宙本原创生

---

① 陈鼓应:《老子注译及评介》,中华书局 1984 年版,第 115 页。

② 这一点陈鼓应讲得非常好,陈鼓应认为:“‘道’是个超验的存在体,老子用了一种特殊的方法去描述它。他将经验世界的许多概念用上,然后一一否定它们的适当性,并将经验世界的种种界限都加以突破,由此反显出‘道’的深微诡秘之存在。”参见陈鼓应:《老子注译及评介》,中华书局 1984 年版,第 116 页。

③ 陈鼓应:《老子注译及评介》,中华书局 1984 年版,第 115 页。

④ 张岱年:《中国哲学中的本体观念》,载张岱年:《张岱年全集》(第 5 卷),河北人民出版社 1996 年版,第 488 页。

⑤ 《道德经·第二十五章》。

万物之功,论证世间之道需要效仿本原之道的论证模式对后世影响甚大。也正是在此基础上,老子将宇宙论中的本原,转化为本体论哲学中的本体。“老子的‘道’,既是‘天地之始’,有天地起源论的含义;又是天地万物依赖的根据,有本体论的含义。讲本体论,应从老子开始。”[①]老子多次指出要效法“道”,遵守“道”,如:“是以圣人抱一为天下式”,[②]“执大象,天下往”,[③]“抱一”之“一”即为道,[④]“执大象”之“象”亦是指道。也就是说,道为老子学说的本体,为老子所理解的世间存在的终极理据,道统一一切,因此我们亦可说,道亦是老子法哲学的本体。“哲学史上,许多思想家把终极关怀与世界本原联系起来。老子提出道的学说,以道为天地万物的本原,而认为人生的准则就是‘从道’,‘孔德之容,惟道是从。’(《老子》二十一章)‘故从事于道者同于道。’(二十三章)”[⑤]

二、本体之道

老子虽言宇宙生成,亦有确然明了的宇宙论证成逻辑,但其关注重点则不在于抽象宇宙本身,而是现实生活,此亦是老子颇不同于其后继者庄子之处。“老子一书可以说是以政治思想为主体的,和庄子之基本上为一部人生哲学的作品截然异致。”[⑥]老子言道,根本上是为了论证生活、政治的合理性而设立。[⑦] 在此背景下,老子所崇尚的本原之道实际上是对人生、对政治最终极之追求。我们虽然

---

① 张岱年:《中国哲学中的本体观念》,载张岱年:《张岱年全集》(第5卷),河北人民出版社1996年版,第493页。

② 《道德经·第二十二章》。

③ 《道德经·第三十五章》。

④ 陈鼓应认为“抱一”中的“一”即是指道,“严灵峰说:‘一者,道之数;犹不二也,言其绝于对待也。’”参见陈鼓应:《老子注译及评介》,中华书局1984年版,第155页。

⑤ 张岱年:《中国哲学关于终极关怀的思考》,载张岱年:《张岱年全集》(第7卷),河北人民出版社1996年版,第267页。

⑥ 余英时:《反智论与中国政治传统》,载余英时:《中国思想传统的现代诠释》,江苏人民出版社2003年版,第77页。

⑦ 如陈鼓应认为:“老子的整个哲学系统的发展,可以说是由宇宙论伸展到人生论,再由人生论延伸到政治论。然而,如果我们了解老子思想形成的真正动机,我们当可知道他的形上学只是为了应合人生与政治的要求而建立。”参见陈鼓应:《老子哲学系统的形成》,载陈鼓应:《老子注译及评介》,中华书局1984年版,第1页。

讲老子追求的终极境界是体道的境界，但并不意味着老子从根本上否定了道在较低层次的展开和表达。质言之，老子的法学学说，[①]以至于整个思想体系的最终落脚点在道，而这种体道、悟道的过程需要一步步从形而下的实际生活体验向抽象程度较高的虚静之道逐级攀升。这个过程并非佛教禅宗所言拈花微笑的顿悟之道那么简单，其间蕴含了更为深刻的法哲学、政治哲学的证成和说明，此亦是老子的避世和佛家出世的重要区别。如此理解，则会发现，老子对法的态度，并不能以单纯的法律虚无主义加以描述。老子的确有法不如道的表述，但并不能直接推论出老子彻底否定礼法仁义，其实这背后蕴含着老子更为复杂的政治构想，此政治构想就体现在老子从本体之道到规范之道的逐层展开之中。

（一）道体之道

在老子哲学体系中，作为本原、本体的道体本身性状既虚且静，道也因此无为而纯任自然，老子将道体的原本状态视为道的最佳状态。《道德经》中称："夫物芸芸，各复归其根。归根曰静，静曰复命。复命曰常，知常曰明。不知常，妄作凶。"[②]劳思光认为老子哲学的思想根基即为"常、道、反"这一组概念，[③]老子从纷繁万象出发，认为变动背后蕴含一般人所无法理解之"常"，因此要跳出变而求其"常"；倘若万物皆能归根，继而便能"复命"，"复命"即复归各自本性，归根、复命的过程就是体道的过程。"天下有始，以为天下母。既得其母，以知其子；既知其子，复守其母，没身不殆。"[④]万物皆本于道而生，道为万物之母，万物为道之子。体道便能知万物，这

---

① 这里直接说老子的法学观点似乎颇显突兀，但是事实上，老子作为一个现实社会和现实政治的关注者，其对礼法、政制的关怀恰恰是其道家哲学的重要出发点之一。返璞归真、小国寡民的构想或许老子本人亦知不可能实现，这更多的是一个士人在政制崩坏时所刻意为之的"矫枉过正"诠释。

② 《道德经·第十六章》。

③ "老子之主要观念可分为三组：（一）常、道、反。（二）无为、无不为。（三）守柔、不争、小国寡民——无为观念之展开。此中，（一）组观念为其思想之根基，（二）组则为其思想之中心，（三）组表此中心思想在人事上之应用。"参见劳思光：《新编中国哲学史》（第1卷），生活·读书·新知三联书店2015年版，第176页。

④ 《道德经·第五十二章》。

一逻辑来源于知母即能知其子的生活经验；反之，知其子，亦能自下而上地推知道体性状。老子“母子之喻”逻辑可以自上而下，亦可自下而上，这是老子认为个人可以通过体道、悟道进而知大道的前提。又如《道德经》中说：“不出户，知天下；不窥牖，见天道。其出弥远，其知弥少。是以圣人不行而知，不见而明，不为而成。”恰如论者所言：“老子不重外在经验知识而重内在直观自省。他认为我们的心智活动如果向外驰求将会使思虑纷杂，精神散乱。”[①]质言之，可以通过体道的方式向下知万物，亦可以通过知万物的方式向上了解大道，这是此类通过内在观照的方式即能体道的基本前提和预设。

如此说来，知“常”其实就是知“道”，因此老子说“知常容，容乃公，公乃全，全乃天，天乃道，道乃久，没身不殆”。[②] 可见，老子认为道才是保证人能够“没身不殆”的终极理据和规定，这是老子哲学体系中最高、最根本的规定。要符合这种规定，就要体道、法道，体道、法道的方式就是归根、复命，更直观的方式就是无为。萧公权认为“有无之理既明，老子乃进而断定后起之有，应以先存之无为法则，夫令后起者法先存，实不异使已往者复返。故此法先之事老子称之为‘观复’，为‘复命’，为‘守母’，为‘执古之道’”。[③] 复命的方法就是“非舍今存之万物以重归于混成，而欲于万物之中保虚静之德，勿更揠苗助长，以违自然之根本”。[④] 再简单说来就是“致虚极，守静笃”。[⑤] 这便是老子归根、复命的目的，仔细推知不难发现，这种致虚守静的功夫目的便是为了实现天地之间的大德。

归根、复命以致虚守静为目的，这亦是老子所谓“孔德”。老子说：“孔德之容，唯道是从。”[⑥]“孔德”即大德，容即是样态之意，陈鼓应认为“一、‘道’是无形的，它必须作用于物，透过物的媒介，而得

---

① 陈鼓应：《老子注译及评介》，中华书局 1984 年版，第 249 页。

② 《道德经·第十六章》。

③ 萧公权：《中国政治思想史》，辽宁教育出版社 1998 年版，第 161 页。

④ 萧公权：《中国政治思想史》，辽宁教育出版社 1998 年版，第 161 页。

⑤ 《道德经·第十六章》。

⑥ 《道德经·第二十一章》。

以显现它的功能。‘道’所显现于物的功能,称为‘德’。二、一切物都由‘道’所形成,内在于万物的‘道’,在一切事物中表现它的属性,亦即表现它的‘德’。三、形而上的‘道’落实到人生层面时,称之为‘德’。即:‘道’本是幽隐而未形的,它的显现,就是‘德’。”[①]质言之,能够致虚守静者即为秉有孔德者,即为能体道、法道者,这是老子所推崇的最高行为准则。“上德不德,是以有德”,[②]以归根、复命的方式追求本性的虚静,实际是万物对其本性的自然回归,这里没有任何刻意追求的成分存在,故老子认为:“上德无为而无以为”,“以”是故意、刻意之意,能够不刻意追求无为而自然而然地无为,这种德性才能被称为“上德”,正是老子所追求的体道中的最高层次。老子所追求的上德,实际上是不需要借助任何外在条件的自我修养、自我体道,这一活动纯任自然并得以复归本性。上德对人的行为要求就是归根、复命,排除一切外在追求,不然只会“其出弥远,其知弥少”。老子认为“上德为无为而无以为”,原因在于通过归根、致虚、守静可以达到万物的原初状态,正如老子所说“专气致柔,能如婴儿乎?”[③]对人而言,守静的最终状态就像回归到婴儿时期一样。就人之一生而言,婴儿期为人最柔弱、原始时期,最能代表人的本性。依老子之见,守静便能复命,这一点在婴儿身上又一次统一。“‘专气致柔’是集气到最柔和的境地,即所谓‘心平气和’。‘气柔’是心境极其静定的一种状态。”[④]正因如此,有论者在这种情况下说老子是法律虚无主义者。实际上认为老子是法律虚无主义者的观点并不妥当,因为老子所虚无的并非仅仅是法律这么简单,老子消解了一切世间生存本能之外的需求。“小国寡民。使有什伯之器而不用;使民重死而不远徙。虽有舟舆,无所乘之,虽有甲兵,无所陈之。使民复结绳而用之。甘其服,美其食,安其居,乐其俗。

---

① 又如,陈鼓应认为:“无形无迹的‘道’显现于物或作用于物是为‘德’(‘道’是体,‘德’是用,这两者的关系其实是不能分离的)。”参见陈鼓应:《老子注译及评介》,中华书局1984年版,第152页、第217页。

② 《道德经·第三十八章》。

③ 《道德经·第十章》。又如,“知其雄,守其雌,为天下谿。为天下谿,常德不离,复归于婴儿。”《道德经·第二十八章》。

④ 陈鼓应:《老子注译及评介》,中华书局1984年版,第101页。

邻国相望，鸡犬之声相闻，民至老死，不相往来。”[①]这是老子最理想境界之追求，在此状况下，已难将其称为是政治追求、法律追求还是人生追求，个中缘由在于，诸如此类外在约束已经尽皆被消解，留存的仅仅是“无知无欲”的原初状态。

（二）政教之道

与上德相比，“下德无为而有以为”，[②]“上德”和“下德”的区分就在于“上德”是“无以为”，而“下德”是“有以为”。老子常以水譬喻理想中的道，“上善若水。水善利万物而不争，居众人之所恶，故几于道”，[③]在老子看来，水具有道的很多特性：柔、弱、静、不争，水本身没有形状，它的形状根据外物而变化。所以它一直都是无心无为的，一旦有心朝着无为的目标而用力，则会向自身本性之外用力寻求，反而违背了道的真谛。人性之中有着秉受于道的“德”，这种德只需要内在观照即能达到，刻意追求反而会“持而盈之，不如其已；揣而锐之，不可长保。”[④]在老子看来，虽然人们的初衷是为了追求盈、锐此类看似美好的价值，最终却难以长久。是否刻意地追求，是老子区分德之上下的根本原则，对此王弼的评述十分精到：“下德求而得之，为而成之，则立善以治物，故德有名焉。求而得之，必有失焉；为而成之，必有败焉。善名生，则有不善应焉。故下德为之而有以为也。”[⑤]但凡有其求，就必然会有其失；有其成，相应的也就有其败，这是老子认为万物对立转化的道理。所以靠求来的成，虽然能享一时之名，但也内含着失败的风险，王弼评论说：“凡不能无为而为之者，皆下德也，仁义礼节是也。”[⑥]这些需要依靠外在之力而求的便都是下德，上德不需要刻意追求，因此上德一旦实现，则不会有其败。老子将“下德”分为仁和义两种，“上仁为之而无以为，上

---

① 《道德经·第八十章》。

② 《道德经·第三十八章》。

③ 《道德经·第八章》。

④ 《道德经·第九章》。

⑤ （魏）《老子道德经注校释》，王弼注、楼宇烈校释，中华书局 2008 年版，第 93～94 页。

⑥ （魏）《老子道德经注校释》，王弼注、楼宇烈校释，中华书局 2008 年版，第 93～94 页。

义为之而有以为”。[①] 承前所述，仁之所以比义层次更高在于仁仍不是刻意为之的结果。而作为仁之外化的礼，[②]在老子哲学中的地位更是一落千丈，“上礼为之而莫之应，则攘臂而扔之”。[③] 在老子看来，仁、义之治无论是否刻意追求，尚能“为之”，而礼在老子所处的时代已经到了想要推行却无人回应，只得迫人强从的境地，这实际上是当时以礼为核心的周王朝礼乐政制崩溃在老子学说中的反映，[④]故此，老子毫不客气地说：“夫礼者，忠信之薄，而乱之首。”[⑤]很多人据此认为老子反对当时以礼为核心的国家建制，其实并不妥当，老子反对的是“莫之应，则攘臂而扔之”的礼，换句话说是一种在崩坏状态下无人服膺的礼。众所周知，礼起源于祭，仁是其内精神内核，老子所反对的礼其实和孔子所反对的徒讲外在形式的礼并无二致。

既然仁义都是“下德”，而礼更已经连“下德”都称不上，那么老子认为最理想的排列顺序是：“故失道而后德，失德而后仁，失仁而后义，失义而后礼。”[⑥]劳思光对《道德经》中这段话的评价是：“此段语意甚欠精严。但其显然无疑之义则有二：其一是：‘道、德、仁、义、礼’五者为一步步下降之系列，而下降至‘礼’时则为堕落之极致——观以‘忠信之薄而乱之首’释‘礼’之地位，即可见。其二是：‘大丈夫’应反此下降之序而上归于道，即‘不居其薄’及下文‘去彼取此’之意。如此，则‘仁、义、礼’等，在老子眼中皆为守道者所不取。其否定态度已极明显。”[⑦]这里的德应当指“无以为”的“上德”，

---

① 《道德经·第三十八章》。

② 礼是仁的外在仪式，应该体现仁的价值，而不应该是毫无意义的繁文缛节，这一点在孔子学说中就已经表现得非常明显，《论语·阳货》有云：“子曰：礼云礼云，玉帛云乎哉？乐云乐云，钟鼓云乎哉？”

③ 《道德经·第三十八章》。

④ 此处之所以不使用“礼治”“礼制”的概念，是为了避免礼治的概念对理解法之治产生影响，一些学者认为传统中国社会是礼治社会，并试图找出礼治和法治的区别，并找出礼制之外的法制，其实这都是徒劳而无功的做法。

⑤ 《道德经·第三十八章》。

⑥ 《道德经·第三十八章》。

⑦ 劳思光：《新编中国哲学史》（第1卷），生活·读书·新知三联书店2015年版，第186页。

"上德"其实就是道的表现,因为"孔德之容,唯道是从"。[①] 在老子哲学中,德就是道在万物本性中的体现,万物本性所蕴含的道即为德,众德的统称,即为道。倘若我们将老子所理解的体道状态视为一种原初的婴儿状态的话,那么对于老子道、德、仁、义、礼的等级序列将会理解得更为轻松。"大道废,有仁义;智慧出,有大伪;六亲不和,有孝慈;国家昏乱,有忠臣。"[②]在体道状态下,老子消解了一切外在的非生存需要,我们试想,一个无知无欲的婴儿定然不会对声色犬马、货殖、权力感兴趣,倘若民众都能如同婴儿一般不追求这些外在事物,自然不会因此而争斗冲突,社会就进入和谐、安定、有序的理想状态。而当有人追求外在事物,即便是追求美好德性时,[③]这都说明最理想的无知无欲的状态已经被打破,既然有所追求,即有所用力,那么就存在有所失败、有所不能达到的可能,这本身就违背了老子致虚、守静的哲学。这种用力稍一不慎,更会导致对外在名利、权力的畸形追求,最终的表现就是礼乐尽废,天下征伐无休,百姓成为权力追逐者的政治牺牲品。"民之饥,以其上食税之多,是以饥。民之难治,以其上之有为,是以难治。民之轻死,以其上求生之厚,是以难死。夫唯无以生为者,是贤于贵生。"[④]百姓之所以饥饿、难治、轻死,原因在于统治者为自身欲望而不断恣意妄为,老子进而认为最理想的状态就是"无以生为",清净自正的状态。

老子哲学尽管讲形而上之道,但是不能否认,老子哲学的出发点仍然是基于其所处时代的政治生活境遇:礼乐遍废,战乱频仍,诸子并起,皆提出其解决乱世困境之道。老子哲学亦即是这众多学说中之一种,故而想要理解老子哲学,就不能忽视这一点。乱世逐利的境遇中,如何才能使百姓得以保全?在老子看来,劝人为腹不为目,放弃一切基本生存需求以外的欲望,是最能力矫时弊的方法。

---

① 《道德经·第二十一章》。

② 《道德经·第十八章》。

③ 此处德性,并非老子所专指的"德",而是人类所禀赋的仁、义之德。

④ 《道德经·第七十五章》。

三、道：法的根本理据

所谓法本体即是法背后的终极理据，它关注法为什么是法的问题，质言之，只有在理解法本体的前提下，才能对什么是法，什么不是法进行判断，如若不然，则将陷入本末倒置的泥淖之中。旧有研究，多取逆推方法，先入为主地以“法令滋彰，盗贼多有”中的“法令”作为老子所理解的法，①进而认为老子排斥法律，称其是典型的法律虚无主义者。此种对传统中国法的认知方法是中国在清末以降的国破家亡境遇中不得已而选择的研究方法。彼时的中国，军事上尚且无暇自保，遑论学术上独立、理性地自我反思。故而在千年变局下引进西学，以西学圭臬传统中国，以求快速挽救吾国于水火，蔚为一时风气。斗转星移，百五十年已过，吾辈置身事外地批判当时学人研究的局限性，自是不负责任、以今非古之举。然则承平日久境遇下的当下学人，仍不能独立、理性地反思既往研究，似亦非至当之举。更为妥善的办法是从老子的本体学说入手，探讨老子哲学中形而上的道一步步向形而下落实的过程。我们会发现，老子认为万物生长化育皆顺从道，纵使人世规则，亦难脱此藩篱。如此便可理解在老子观念中，我们为何要遵守仁义和礼法，而仁义和礼法为何又不如道那样具有最高、最终极效力的原因所在。

在老子的哲学体系中，从最根源意义上来讲，道为宇宙万物最终极的准则，这一点早为学界所认可。老子本人也说：“故道大，天大，地大，人亦大。域中有四大，而人居其一焉。人法地，地法天，天法道，道法自然。”②在人人都能法道的情况下，“孔德”肯定能实现，致虚守静亦能实现，人人都可复命至婴儿状态。“含德之厚，比于赤子”，③作为老子哲学的理想图景，体道的婴儿状态定然祥和之至，“毒虫不蜇，猛兽不据，攫鸟不搏”。④ 这种近乎神化的表达在老子哲学中出现，亦足以证明老子对此理想状态的憧憬。在此状态下，

---

① 《道德经·第七十五章》。
② 《道德经·第二十五章》。
③ 《道德经·第五十五章》。
④ 《道德经·第五十五章》。

一切外在的规则、束缚都没有意义，因为万物本性即是如此，法自然便是最佳的境界。这是最理想的境界，至于能不能实现，老子没有做出评论。那么假如实现后，在这种状态下有没有法的一席之地？这是法哲学所要关注的问题。事实上这个问题在这里根本不重要，因为实现此状态的前提是人人皆能体道，道为宇宙最终极、最根本的准则，法之理、道德之理、政治之理、人生之理、宇宙之理都统一为一体，无须区分，亦无法区分。

无为、不争、无私都是虚静道体所自然延伸出的特性，以其虚，故不能主动谋求，是为不争；以其虚故不求其盈，是为无私。以上两点结合起来，最终要遵循道体虚静之性，不得妄为，是为老子所推崇的无为。世间一切行为规范都要合乎道之无为，方能称为有德，才应该被遵守、被适用。只是这种"无为"有时候并不是真正自然而然的无为，而是刻意的"无为"。如前所述，"上德"无为而无不为，是为最高境界；"下德"无为而有以为，即刻意追求无为，其境界已不及"上德"自然而然的无为。"下德"虽然不及"上德"完美，但仍可称为"德"，仁与义都是如此。而脱离"下德"的礼已经到了无人响应，统治者不得不强迫民众服从的地步。

老子所处的时代，礼崩乐坏，礼已不为民众所遵从，因为礼已经丧失其内在的"德"，沦为形式上的规范。想必老子定是基于此，才痛斥"夫礼者，忠信之薄，而乱之首"。[①] 老子也很清楚礼内在之德就是仁义，倘若礼能贯彻仁义精神，以体现仁义的礼为治亦算是仅次于无为的治道模式。但当时的礼已经变成徒有其表、文胜其质的繁文缛节，所以老子才将其加以排斥。如《道德经》第十七章："太上，不知有之；其次，亲而誉之；其次，畏之；其次，侮之。"[②]这句话很值得品味，陈鼓应认为："本章所说的'太上'、'其次'，是价值等级的排列，并不是一般旧注所谓的以时代先后为序的排列。"[③]倘若此言非虚的话，那么最理想的境界显然是无为之境，仅次于无为的治

---

① 《道德经·第三十八章》。

② 《道德经·第十七章》。

③ 陈鼓应：《老子注译及评介》，中华书局1984年版，第130页。

道就是“亲而誉之”之治。这其实就是崇尚仁义之治，民众不知统治者施加仁义已经是“大道废”后的治术，希冀统治者贤能、仁义，因此一旦统治者仁爱百姓，百姓自然“亲而誉之”。对此，王弼的解释是“不能以无为居事，不言为教，立善行施，使下得亲而誉之也”，[①]王弼接下来继续论道：“不复能以恩仁令物，而赖权威也。”[②]礼丧失其仁义之德的内核，则沦为徒有其表的治具，此时仍一味地任用而不加修正，百姓初则畏之，最终将走上反抗的道路，此即是老子法哲学、政治哲学的论证理路。

行文至此，我们不难发现，老子以无为之道为终极理据，对世间规范进行了三个层次划分：首先是价值上的太上之道，中间是体现仁义的礼，最低层级的是徒有其表的礼，三者以价值序列高低排布。诛心而论，老子本人或许未尝不知复归婴儿的理想图景其实根本不可行，然则乱世之中，覆巢之下，岂有完卵？不矫枉过正地力陈其学说，如何能正乱世？仁爱百姓的君主确然能带给民众生存之利，但是老子也清晰地认识到了任何事情都有两面性，君主一旦对仁爱过分追求，则难免走上追名逐利之途。故而，《道德经》中不断出现提示“不如其已”的表述，以遏制此状况的发生：“持而盈之，不如其已；揣而锐之，不可长保。金玉满堂，莫之能守。富贵而骄，自遗其咎。功遂身退，天之道也。”[③]老子认为最理想的君主便是能够修礼而不居的君主，即遵守礼却不以自己守礼而引以为傲，则民众观念中根本就没有礼，大家遵守礼却不刻意讲礼，这种状态远胜过强调礼制的治道。毕竟按照老子的逻辑，只有在国家昏乱之时，忠臣才会显露，倘若国家承平，政治清明，便没有哪些人臣更“忠”过他人。继续推而广之，无礼则无仁义，无仁义则无下德，无下德则最终便能体道无为。

老子法本体学说的根本逻辑与其他学派如儒家并无根本不同，从效力位阶来看都是坚持由高到低的本体展开逻辑。最大的差异

---

① （魏）《老子道德经注校释》，王弼注、楼宇烈校释，中华书局 2008 年版，第 40 页。

② （魏）《老子道德经注校释》，王弼注、楼宇烈校释，中华书局 2008 年版，第 40 页。

③ 《道德经 · 第九章》。

在于儒家的仁本体从外在礼仪形式→礼的规范→仁义→仁,是明显的由外而内的过程,这种体认过程更合乎人类认识事物的一般规律,更易于理解。而老子的道本体学说却是从抽象到具象发展。在其理论中,作为终极理据的道的规定是无为,即干涉越少,反而其地位更高,最终趋于无为。所以这其中蕴含着民众由外在强力驱使到自愿赞誉(归顺)统治者,再到最终自化的过程,这就是《道德经》中所说的:"太上,不知有之;其次,亲而誉之;其次,畏之;其次,侮之。信不足焉,有不信焉。悠兮其贵言。功成事遂,百姓皆谓:'我自然。'"[①]百姓畏之、侮之的态度都是由外在强力所施加的统治下的必然结果,只有到了较高层次民众才会亲而誉之,在老子看来,这是一般政道所推崇的最高境界。但老子并不满足于此,老子要追求"自然""自化"的最高境界,"道常无为而无不为。侯王若能守之,万物将自化"。[②]"自然""自化"是对治道而言的最终追求。

理解了老子的法本体理论,那么老子对法律价值和法律方法的认识等一系列问题亦迎刃而解。正因为道本体的决定作用,无为才作为最终极的价值追求和"法律方法"而存在。在老子哲学中,无为早已超越仁义等德性而存在,依常人来看,君主仁民爱物,已然是治世之道,老子却将其视为次于无为而治的第二重境界。"大道废,有仁义;智慧出,有大伪;六亲不和,有孝慈;国家昏乱,有忠臣。"[③]想要理解这一点,则非明晰老子法本体之说不可。无为的价值追求最终要靠复命、自化实现,这是对法律存在意义的消解。但是在大道不能实现,进而退而求其次的状态下,体现仁义的礼仍然不失为一种可以使民"亲而誉之"的良好规则。这也说明老子的法哲学逐层递进,并非天马行空的妄想。

立足于老子法哲学中的道本体思想,才能真正理解老子对礼、仁义、无为之道的真正态度,如此才能一矫过去将"法令"先入为主地视为老子学说中的"法"的错误做法。延此思路爬梳,老子思想

① 《道德经·第十七章》。
② 《道德经·第三十七章》。
③ 《道德经·第十八章》。

体系中,什么是法本体、什么是法,自已明了于眼前。我们辨章旧文,并非为证明西方所有,吾国自已有之,而是尝试为理解老子的法律思想、法哲学思想提供一个新的切入点。以本体推知,道、内涵仁义价值之礼、徒有其表之礼皆是我们现代意义上的法。就价值而言,亦复如是由高到低排列,这便是引入法本体这一研究范畴,据老子法哲学中的道本体所得出的结论。

第三章　儒家法本体

论及传统中国哲学，最无法绕过的便是儒家，这已成学界定论。如劳思光说："若就学说内容与哲学史实际发展情况说，则儒学虽只是各家哲学中之一家，但汉代以降，直至明清，中国哲学思想以及文化活动之方向，皆以儒学精神为主流。此一主流之成就如何，或得失如何，是另一问题；无可疑的是，实际上此一主流存在。就此而论，儒学有代表中国文化传统之地位，而孔子作为儒学之创建人，自然亦有为中国文化传统奠立基石之地位。"[①]传统中国法绵延数千年，期间各种学说理论层出不穷，你方唱罢我登场，彼此之间或相龃龉，或继承递进。在此前提下，我们可以尝试用勾勒主线的方法对传统中国法哲学进行一个大致梳理，进而把握其内核，再对传统中国法哲学进行探讨。儒家学说为传统中国影响最大的学术流派，儒家学说从起源到兴盛、衰落，中间经历了漫长的历史时期。儒学之发展可依时间段简要划分为先秦儒学、汉儒学和宋儒

---

① 劳思光：《新编中国哲学史》（第1卷），生活·读书·新知三联书店2015年版，第77页。

学三阶段。[1] 三期儒学,虽然都讲求仁为其学说内核,但是各自的逻辑体系、论证理路已大不相同。如果对传统中国法哲学史进行一个粗略划分的话,分成以下三期大约比较恰当:先秦百家争鸣期,秦汉由法入儒期,隋唐以后的儒家主导期,在这三个阶段当中,儒家法哲学都贯穿其中。儒家法哲学自汉代开始逐渐与官方倾向一致,可以说儒家哲学是传统中国法哲学的核心,这一点当无疑议。本章主要从此儒学发展的三期中搓其大要,对儒家不同时期的法本体进行探究。

一、天下归仁

儒家以仁为其立论之本,以仁道发扬为其价值追求,这一观念始于孔子。孔子为儒家哲学之奠基者,据韩非所传,孔子死后,儒分为八,"自孔子之死也,有子张之儒,有子思之儒,有颜氏之儒,有孟氏之儒,有漆雕氏之儒,有仲良氏之儒,有孙氏之儒,有乐正氏之儒"。[2] 此八派之中,对孔子学说的理解各有不同,但是无论如何,儒家学说之本——仁道从未被抛弃。后又有孟荀、董仲舒、二程、朱熹等,遂将儒家经义不断推陈传承,故儒家一脉,实为传统中国法哲学中最重要的一派。儒家学说的发展变化为传统中国最复杂、绵延时间最长、变动最大之学说体系。其间虽为应对时势、政治、学术各方面的冲击与融合,儒家学术本身不断糅合、变化,但是其仁本体的内涵并未有大改变。

要论孔子的法哲学、法本体,其基本概念则不外乎仁、礼二字。后世论孔,仁、礼之说多难绕过,此仁、礼两者之中,又要首先看礼。劳思光说:"孔子之学,由'礼'观念开始,进至'仁''义'诸观念。"

---

① 李泽厚反对牟宗三、杜维明等人的儒学三期说,并提出了儒学四期说,三期说与四期说最大的区别就在于李泽厚将以董仲舒为代表的汉儒置于重要地位。参见李泽厚:《说儒学四期》,上海译文出版社 2012 年版,第 6 页。张君劢将中国儒学的发展分为四个阶段,"儒家不但不是宗教,甚至当做伦理或哲学体系来看,在历史过程中也经过很多变化。儒家在中国历史上的发展全貌可以分为四个时期:(一)'百家'时期与各家并立的儒家;(二)前汉罢黜百家独尊儒术时期的儒家;(三)为佛道两家势力掩盖时期的儒家;(四)再生的儒家或儒家的文艺复兴"。参见张君劢:《新儒家思想史》,中国人民大学出版社 2006 年版,第 3 页。此处三阶段并非针对张君劢、李泽厚等人的儒学三期、四期而言,而是就清末以前中国儒学发展的一般面貌而做的粗略划分。

② 《韩非子·显学》。

春秋时期礼乐仍为周朝政制主干,论礼为一时常见之事。据杨伯峻考证,“春秋时代重视‘礼’,‘礼’包括礼仪、礼制、礼器等……我把左传‘礼’字统计一下,一共讲了462次;另外还有‘礼食’一次,‘礼书’、‘礼经’各一次,‘礼秩’一次,‘礼义’三次。”[①]礼的出现频率不可谓不高,按杨伯峻的理解,礼在春秋时代的重要地位,不仅仅体现在被提及的次数很多这一方面,更体现在对礼地位的认识方面。杨伯峻认为《左传》一书中“把礼提高到最高地位。左传昭公二十六年晏婴对齐景公说;‘礼之可以为国也久矣,与天地并。’”意指春秋时期,已有士人将礼视为与天地等高的地位,足可见礼之重要。

既然礼如此重要,那么礼是什么?这是理解孔子学说首先要明确的问题。目前学界对礼的研究成果十分丰富,虽然对礼的理解各有千秋,各有不同,但是基本上都将春秋时代的礼视为一套完整的仪式、制度,这套仪式、制度在周朝具有规范意义,民众必须依礼行事。[②]“夫礼,天之经也,地之义也,民之行也。天地之经,而民实则之。”[③]因此,冯友兰认为:“古时所谓礼之义极广,除现在礼字所有之意义外,古时所谓礼,兼指一切风俗习惯,政治社会制度。……盖凡关于人之行为之规范,皆所谓礼也。”[④]劳思光认为:“所谓‘礼’,

---

① 杨伯峻:《论语译注》,中华书局2009年版,第16页。

② “至少在西周后期及春秋,‘礼’虽然包含基于天地鬼神信仰的祭祀,但礼之体系的功能更主要是人间的、社会的、文化的。……《礼运》甚至把礼视为‘君之大柄’,一种治理尘世国家和人间社会的根本工具,这种工具就是用一套以等级性为内容,以形式性为特征的制——文化体系去组织一个严密有序的文明社会。由此可见,周礼的现世性格不仅因为其中包含了国家政治法典的内容,而且因为其发展取向皆在社会的文明与秩序。”陈来:《古代宗教与伦理:儒家思想的根源》,生活·读书·新知三联书店2009年版,第292~293页。

③ 《左传·昭公二十五年》。

④ 冯友兰:《中国哲学史》(上),重庆出版社2009年版,第63页。周公制礼作乐,只是儒家托古的说法而已,倒不是说周公没有制礼,只是如此繁复的礼仪定然不是一时就能完成的。“周公‘制礼作乐’的说法最早见于《礼记》的《明堂位》,亦见于汉儒的《书传》。若从《仪礼》或《周礼》的成书角度来看,此说之真实性自然可疑。但若说周公为周代的礼乐文化制定了大法和方向,应无问题。”参见陈来:《古代宗教与伦理:儒家思想的根源》,生活·读书·新知三联书店2009年版,第246页。冯友兰在《贞元六书》中,对礼的界定更加透彻,“圣人将人在社会中所常有之各种事之至当处置底办法,定为规则,使人遵行。此即是礼。……究竟事实上有如此之圣人否,有如此之合理底礼否,乃另一问题,而事实上各种社会内之‘制礼作乐’者,其所希望达到之标准,则固皆系如此。”参见冯友兰:《贞元六书》,中华书局2014年版,第146页。

原有广狭二义。狭义之礼，即指仪文而言；广义之礼，则指节度秩序。”[①]劳氏又说：“周人建国，礼制始备；此种礼制决定一‘生活秩序’，大至政府组织，小至日常行动，均包于一‘礼’中。”[②]李泽厚认为：“‘礼’由‘巫’而来，结合日常生活，构建了一整套行为规范和社会秩序（包括官制）。……这整套的礼仪制度和规范秩序并不认为乃世间人际的约定，而被强调是天地宇宙的普遍法规。……‘礼’上通天地鬼神，下开人世秩序、政治体系，从而要求人们在此世的从政居家、待人接物、揖让进退、行为举止、语言容貌的现实生活中，来展现这天地的神圣。”[③]礼为当时一切行为之规范，论“规范”则成为任何关注社会、关注政治的思想家所要探讨的重点，孔子也不例外。《论语·为政》载：“子张问：‘十世可知也？’子曰：‘殷因于夏礼，所损益，可知也；周因于殷礼，所损益，可知也。其或继周者，虽百世，可知也。’”意思是说子张问十世之后的礼乐制度是否可以得知，[④]孔子认为周朝之礼是从夏商世代传袭更替而来，质言之，在孔子观念中以礼为行为规范已经是有夏以来便已存在的事了。孔子所处时代的礼，就是他们的行为规范，亦可被认为是现代的法，至此便已经解决了什么是孔子所理解的法的问题。但是更为复杂的问题是，礼为什么应该被遵守，或者说礼是凭借什么理据而具有约束力？

孔子认为，礼的约束力并非来自礼仪本身，“礼云礼云，玉帛云乎哉？乐云乐云，钟鼓云乎哉？”[⑤]这句话的意思是所谓礼乐（制度）并非指作为器物的礼乐本身，这言甚是清晰明了地指出

---

① 劳思光：《新编中国哲学史》（第1卷），生活·读书·新知三联书店2015年版，第84页。

② 劳思光：《新编中国哲学史》（第1卷），生活·读书·新知三联书店2015年版，第82页。

③ 李泽厚：《由巫到礼　释礼归仁》，生活·读书·新知三联书店2015年版，第51～52页。

④ 原文仅有“子张问”三字，具体问的内容是什么，并没有提出，杨伯峻先生认为根据孔子下文的回答来看，子张问的问题与今后十代的礼仪制度有关。参见杨伯峻：《论语译注》，中华书局2009年版，第21页。

⑤ 《论语·阳货》。

了礼乐背后的理据问题。礼也好，乐也罢，其本身仅仅是一仪式而已，最重要且最值得关注的是礼乐所彰显者为何物。劳思光说："礼取'秩序义'者，主要是指制度而言，此固已与仪文有本末之分。但再进一步看，则以秩序或制度释'礼'时，秩序制度之根据何在，始是基本问题。"①这个基本问题，实际上是一直关注世俗政治、道德的儒家最为关心的问题，其实亦就是儒家的法本体问题。

孔子所处时代，礼崩乐坏，僭越礼制的情况时有发生，孔子也已经意识到礼的约束力不应该来自礼仪、礼制本身，礼背后应该有更为重要的原因促使礼有规范效力。既然礼制不应该是玉帛、钟鼓，那么其内核究竟应该是什么呢？孔子认为"人而不仁，如礼何？人而不仁，如乐何？"②这就说明，在孔子看来，人如果不能坚持"仁"，便很难称为守礼。孔子弟子颜渊问孔子什么叫"仁"，孔子说："克己复礼为仁。一日克己复礼，天下归仁焉。"③在这里，孔子明确地将仁放在了比礼更高的地位。所谓仁，就是能遵循礼制，倘若世人都能遵循礼制，那么天下便都能实现仁，也就是说仁是礼的内在根据。④ 劳思光因此认为："'仁'为'礼'之基础，盖若无公心，则不能建立秩序；因秩序依于正当性，求正当则依于公心。"⑤礼一旦失去作为内核的仁，就失去了其作为规范世人行为准则的效果和能力。孔子有此感慨，则多是由于时代大局所决定。孔子所处时代，已经礼崩乐坏，诸侯僭制的情况时有发生，《论语》记载："孔子谓季氏，'八佾舞于庭，是可忍也，孰不可忍也？'"⑥"古代舞蹈

① 劳思光：《新编中国哲学史》（第1卷），生活·读书·新知三联书店2015年版，第85页。

② 《论语·八佾》。

③ 《论语·颜渊》。

④ "孔子以仁释礼，即试图在礼乐崩坏的情境中，通过'仁'这一范畴重新赋予礼以内在的、实质性的内容（以仁作为礼乐的核心，又以礼乐为天，从而仁既为天之本质，又为人之本质）。"参见汪晖：《现代中国思想的兴起　理与物》，生活·读书·新知三联书店2015年版，第114页。

⑤ 劳思光：《新编中国哲学史》（第1卷），生活·读书·新知三联书店2015年版，第92页。

⑥ 《论语·八佾》。

奏乐，八个人为一行，这一行叫一佾。八佾是八行，八八六十四人，只有天子才能用。诸侯用六佾，即六行，四十八人。大夫用四佾，三十二人。四佾才是季氏所应该用的。"[①]孔子对于季氏僭越礼制的行为非常反对，但是此种僭越行为在当时却已非常普遍，"但孔子出生时，周室已衰。周天子徒拥虚名，既不能制诸侯；列国诸侯，亦常受制于有实力之贵族。列国彼此相争，各国贵族亦常作乱。于是礼制急遽崩解；由传统习俗所形成之规范力量既日渐消失，天下进入一无秩序状态。"[②]孔子深刻地意识到无法再借由礼的外在形式对世人行为加以规范，可行之道，唯有取其内核——仁来推而广之。所以说仁这个字虽然不是孔子所创，对仁的积极发扬确实要以孔子为最先。如劳思光所言："孔子面对如此严重的时代问题，遂以重建一普遍秩序为己任。"[③]劳氏此言，甚能切中孔子之道的命脉，孔子所最关切的问题，实际上就是重建天下秩序的问题。[④] 由此，则对孔子所谓法（礼）本体的问题则需转向仁，也就是说无论对仁作何理解，孔子学说中仁才是决定礼究竟只是礼仪还是礼制的根本原因。

孔子学说的根本在于仁，这一点学界并无争议，问题是孔子所谓的仁究竟是什么？由于《论语》是一部语录体著作，加上孔子本人因材施教的教学特色，导致孔子在不同情况下对不同弟子所问"什么是仁"这一问题的答复并不一致，这就为我们理解什么是仁带来了一定难度。李泽厚称："论语讲'仁'超过百次，每次都不

---

① 杨伯峻：《论语译注》，中华书局2009年版，第23页。

② 劳思光：《新编中国哲学史》（第1卷），生活·读书·新知三联书店2015年版，第82~83页。

③ 劳思光：《新编中国哲学史》（第1卷），生活·读书·新知三联书店2015年版，第83页。

④ 春秋战国礼崩乐坏背景下诸子百家的尝试，从总体上看就是一种寻求"合法性"和"正当性"的过程。"自春秋战国开始，中国文化将道德视为终极关怀，道德逐渐成为判断别人的行为和社会行动是否正当的根据。道德规范的建立有利于形成社会秩序，这就使得代表秩序的'理'很容易和道德建立联系；但当时政治秩序尚没有被普遍认为是道德的延伸，用道德来论证政治权力正当性只限于儒家哲学家。"参见金观涛、刘青峰：《观念史研究：中国现代重要政治术语的形成》，法律出版社2010年版，第32页。

同。‘仁’并无概念规定，视具体情境、对象而参差出入。‘仁’既远（‘若圣与仁，则吾岂敢’）又近（‘仁远乎哉。我欲仁，斯仁至矣’）；既易（‘有一日用力于仁者乎，我未见力不足者’）又难（‘回也其心三月不违仁，其余则日月至焉而已矣’）；既单纯（‘仁者爱人’）又复杂（‘未知，焉得仁’等等）；既不是某种特定的形态，非常灵活，又与各种心态、才能（如达、果、清等）坚决区分，相当确定。它究竟是什么，似从无达诂。”①李泽厚从其情本体立场出发，认为：“它乃是以亲子情（孝慈）为主轴，辐射开来却具有神圣性质的爱的人际心理的概括总称。……它既世俗又神圣，既平凡又崇高‘仁’因之成了人所以为人的内在根据。”②李氏将“仁”视为人之所以为人的内在根据，此言甚是。虽云孔子讲君臣父子之情，但孔子最重视的感情，其实是人的父子之情。《论语》中记载了宰我问三年之丧的事，颇能看出孔子对父子之情（孝慈）的重视：“宰我问：‘三年之丧，期已久矣。君子三年不为礼，礼必坏；三年不为乐，乐必崩。旧谷既没，新谷既升，钻燧改火，期可已矣。’子曰：‘食夫稻，衣夫锦，于女安乎？’曰：‘安’。‘女安，则为之。夫君子之居丧，食旨不甘，闻乐不乐，居处不安，故不为也。今女安，则为之！’宰我出。子曰：‘予之不仁也！子生三年，然后免于父母之怀。夫三年之丧，天下之通丧也。予也有三年之爱于其父母乎？’”③

根据杨伯峻的解释，“‘己所不欲，勿施于人’这是仁的消极面。另一面是积极面，‘己欲立而立人，己欲达而达人。’”④实际上在孔子的观念里外推的仁和自我克制的仁相互配合的观念就已经萌发，表现为仁和恕的配合。劳思光认为在孔子观念中，仁和义就已经成为一对基础——表现的关系，“从私念则求‘利’，从公心则求‘义’；

---

① 李泽厚：《由巫到礼　释礼归仁》，生活·读书·新知三联书店2015年版，第30～31页。

② 李泽厚：《由巫到礼　释礼归仁》，生活·读书·新知三联书店2015年版，第31页。

③ 《论语·阳货》。

④ 杨伯峻：《论语译注》，中华书局2009年版，第16页。

'仁'既指公心,则'仁'为'义'本。就理论意义讲,此理甚为明显。盖'义'指'正当性',而人之所以能求'正当',则在于人能立'公心'。'公心'不立,则必溺于利欲;'公心'既立,自能循乎理分。立公心是'仁',循理事'义'。日后孟子言'居仁由义',又以'仁'为'人心','义'为'人路',最能阐发孔子之仁义观念。"[①]此言仁为人之所以能求善、求正当的内在"德性自觉",而义则是表现于外部的人所求的"正当性",质言之,仁决定义。劳思光总结说:"盖'仁'是自觉之境界,'义'则是此自觉之发用。能立公心者,在实践中必求正当。此所以'仁'是义之基础,'义'是仁之显现。'义'之依于'仁',犹'礼'之依于'义'。"[②]

孔子仁义观念发展至后世孟子处得到集中阐扬。孟子对儒家之贡献,远非传述孔子思想这么简单,孟子对义的宣扬其实是对孔子仁之思想的巨大增益和补充。[③] 我们从《孟子》开宗第一篇就可以看到对义的阐发,"孟子见梁惠王。王曰:'叟!不远千里而来,亦将有以利吾国乎?'孟子对曰:'王!何必曰利?亦有仁义而已矣。'"[④]如果说仁是孔子学说核心的话,那么到了孟子那里,仁义对举,就成为孟子学说中的常态。孟子曰:"自暴者,不可与有言也;自弃者,不可与有为也。言非礼义,谓之自暴也;吾身不能居仁由义,谓之自弃也。仁,人之安宅也;义,人之正路也。旷安宅而弗居,舍正路而不由,哀哉!"[⑤]孟子此言,自暴自弃者不能有所言,亦不能有所作为,而自暴自弃的典型表现就是认为自己不能以仁居心,不能根据义去行事。孟子之所以反对此种自暴自弃之举,主要就是因为

---

① 劳思光:《新编中国哲学史》(第1卷),生活·读书·新知三联书店2015年版,第91页。

② 劳思光:《新编中国哲学史》(第1卷),生活·读书·新知三联书店2015年版,第91页。

③ 孟子对儒家之贡献,除却将仁义对举之外,更在言说、论证上推进儒家传承,梁启超说:"孟子以为人类本来是好的,本着良知良能,往前作去,不必用人家帮忙,不必寻章摘句、繁文缛节的讨麻烦,自己认清,便是对的。这种学说,可谓对于孔子学说的一种补充,扫除章句小儒的陋习,高视阔步的来讲微言大义,我们可以说儒家至孟子,起一大变。"参见梁启超:《儒家哲学》,岳麓书社2010年版,第31页。

④ 杨伯峻:《孟子译注》,中华书局2010年版,第1页。

⑤ 杨伯峻:《孟子译注》,中华书局2010年版,第157页。

孟子将仁视为人所居住之地，义为人所行之正路。住在自己的广厦美宅之中，是人之本性，且并非难事，同理，出行走大路亦是折枝小事，没有任何缘由认为做不到。所以孟子理想的个人境界就是“居仁由义”，以仁居心，以义行事。再参以孔子对仁义的论述，则不难理解孟子所谓“居仁由义”之道其实就是仁为主、义为辅之道。

义的地位在孔子学说中尚未被提升到如此高度，因此一般论孔子思想，多从仁、礼入手，虽说孔子未将仁义并举，但并非说孔子不讨论仁义。孔子不仅探讨仁义，更探讨了忠、恕、智、勇等诸多人固有之美德。① 但是这诸多德性之中，孔子以仁为众德之本，众德性单独来看，仁与义、智、勇可以并列，统一来看，仁又可包含其他。

孔子关于仁与其他德性的思想为孟子所承袭，孟子将其扩充、系统化，形成其著名的四端说。孟子说：“无恻隐之心，非人也；无羞恶之心，非人也；无辞让之心，非人也；无是非之心，非人也。恻隐之心，仁之端也；羞恶之心，义之端也；辞让之心，礼之端也；是非之心，智之端也。人之有是四端也，犹其有四体也。有是四端而自谓不能者，自贼者也；谓其君不能者，贼其君者也。”②孟子认为，恻隐之心、羞恶之心、辞让之心、是非之心是人所共有，倘若有人称其无此四心，则必是“非人”者，这四心分别是仁、义、礼、智四端。孟子的四端说，便已经将仁、义、礼、智并列，将其视为一体，由此形成了后世五常、五伦——仁、义、礼、智、信的雏形。在此四端之中，仍以仁为首、以仁为本，当是毫无疑问的。由孔子所开创的儒家一脉，经由孟子阐发，遂形成仁义之道，此道后经汉儒、宋儒发扬，形成各有特色的儒学分支。

二、汉、宋儒家的两条道路

（一）汉儒的宇宙论路径

秦任用法家之术统一六国，以法家学术为官方指导思想，儒家

---

① 孔子对仁之外的义、恕等都有论述，如《论语·里仁》篇论义，“君子喻于义，小人喻于利”；《论语·卫灵公》篇论“恕”，“子贡问曰：‘有一言而可以终身行之者乎？’子曰：‘其恕乎！己所不欲，勿施于人’”。

② 《孟子·公孙丑上》。

之学遂被打压、埋没。然秦二世而亡，此种法家一家独大的局面并未持续甚久。及至汉初，以黄老无为之策治世，国力渐强，武帝即位，汉隆兴之势渐起，黄老之道亦不堪任用，于是积极谋求治道之改变。素有“汉代孔子”之称的西汉名儒董仲舒以天人三策应召，董氏一生沉潜儒术，致力于树立儒家的正统地位，其思想对西汉当朝以致整个中国传统社会都产生了非常重要的影响。以董仲舒为代表的汉儒在中国正统学术发展史中居于重要地位，其重要性并不亚于孔孟和后世的宋明儒学；更为重要的是，董仲舒糅合阴阳五行所构建的天人感应理论，对普通民众心理产生了极其重要的影响，李泽厚曾指出董仲舒的理论“在创设制度层面和作用于中国人的公私生活上，它更长期支配了中国社会及广大民众，至今仍有残留和影响。”①

董仲舒对本体的推演论述采用了一种经验的、体悟式的路径，②

---

① 李泽厚反对牟宗三、杜维明等人的儒学三期说，并提出了儒学四期说，三期说与四期说最大的区别就在于李泽厚将以董仲舒为代表的汉儒置于重要地位。参见李泽厚：《说儒学四期》，上海译文出版社 2012 年版，第 6 页。张君劢亦将董仲舒时期的前汉儒学作为儒学一期单独列出，参见张君劢：《新儒家思想史》，中国人民大学出版社 2006 年版，第 3 页。又如：“阴阳与五行观念，自古及今一直以不同的形态存活于中国人生活的方方面面。从普通中国百姓的许多言行方式到国家社稷的若干重大决策，几乎都能暴露出根植于心灵深处的阴阳五行思想。阴阳意大，五行道深。阴阳五行几乎涵盖着整个中国人实在化的生活世界和精神性的意义世界。”参见余治平：《唯天为大——建基于信念本体的董仲舒哲学研究》，商务印书馆 2003 年版，第 123 ~ 124 页。

② 所谓体悟，意思是人、万物、天地自然同源而出，其生化之机、运行之理乃经验可感知，并且此经验与古人的天地、阴阳、五行观念合辙，无须再行引入纯粹逻辑的概念，由身之所处、所感可以体验得知，称为体悟式的；这种体悟式的理解世界的方式与西方理性和经验二分的世界是不一样的，体悟式的中国认知模式无须穷尽理性的力量，于进退揖让、洒扫应对之中自能体会人伦日用之大道。就本书而言这种体悟式的思维模式主要表现为本体论对宇宙论的依附。董仲舒对终极理据的探讨、对终极理据展开的论证完全依靠天创生万物宇宙论进路展开，这是由于汉代时期的哲学尚未形成系统的本体论思维所致。又如论者指出：“当然，董仲舒对阴阳五行所实行的所谓‘形而上学化’改造，并不能完全等同于西方哲学式的思维对具体事物的一般化、抽象化、概念化和逻辑化。董仲舒的阴阳五行，其实并不存在对具象的绝对超越，也不是现象背后的纯粹本质，而毋宁是始终与感性世界不相分离的意象。这是中国哲学概念的共同特色。”参见余治平：《唯天为大——建基于信念本体的董仲舒哲学研究》，商务印书馆 2003 年版，第 124 页。

这一点与西方早期纯粹逻辑的本体思维方式差异较大。① 具体来说，董仲舒身为汉代群儒之首，极力倡言天人合一，认为人与万物、自然处于运化的同一路向，董氏对本体的探讨相当大程度上与宇宙论存在重叠之处。质言之，董仲舒本人并未将经验世界与本体世界人为分离，而是坚信天人相通、天人感应，从而在根本上否定了有独立于现实世界的纯粹理念的可能。有论者将中国哲学的这一特性归纳为经验与理念的“一体性”以区别于西方哲学的“两离性”。② 张岱年也曾指出中国哲学本体论的特点之一就是“天地起源论与本

---

① 西方本体论，即 ontology，本身就是非经验的，其论证方式也是纯粹逻辑的，这种纯逻辑的思想进路本身就否定了本体论与宇宙论可以同道而论的可能性，经验和逻辑的两分在本体论这里表现极为明显。“本体论就是这样与经验世界隔绝或者先于经验世界的理念世界、绝对精神、纯粹理性的领域，它是纯粹的原理，‘第一哲学’。”参见俞宣孟：《本体论研究》（第 3 版），上海人民出版社 2012 年版，第 18 ~ 23 页。西方理念与经验的两分在一定程度上也影响了西方法哲学的走向和思维方式，如西方文明中的二元论等；这与中国文化，尤其是儒家文化所宣讲的人与天地合德相差甚远，如《易经》有云：“大人者，与天地合其德，与日月合其明，与四时合其序，与鬼神合其吉凶，先天而天弗为，后天而奉天时。”中国人参天地化育之的思想观念促成了传统中国以天理、国法、人情并举的法律观念。

② “以本体论和关于道的论述（我们姑且称之为‘道论’）分别作为西方和中国传统哲学的典型或代表，我们可以看出中西哲学在形态上的一个根本区别：一体和两离。一体是中国哲学的特点，它是指，中国哲学并不把世界描述为分离的两个，哲学的精神——道也不游离于我们唯一的现实世界之外。两离是西方哲学的特点，这里，有一个可感的世界以及另一个与之分离存在的不可感的世界，后者是哲学的精神——即本体论所表达的那些纯粹原理所栖身的地方。”［俞宣孟：《本体论研究》（第 3 版），上海人民出版社 2012 年版，第 61 页。］俞氏全书的一个基本立论点是本体论（ontology）是西方哲学所独有的，中国哲学并没有西方所谓 ontology 的本体论，因此作者专辟一节讲中西哲学的一体与两离。在作者看来，既然中国没有所谓世界的两离区分，那么必然不会存在所谓本体论。与之类似的观点亦有，例如方东美认为：“我以‘超越形上学’（transcendental metaphysics）一词，来形容典型的中国本体论，其理论特色有二：一方面深植根基于现实世界；另一方面又腾冲超拔，趋入崇高理想的胜境而点化现实。它摒弃了单纯二分法，更否认‘二元论’为真理。从此派形上学之眼光看来，宇宙与生活于其间之个人，雍容洽化，可视为一大完整立体式之统一结构。”参见方东美：《中国形上学中之宇宙与个人》，载方东美：《生生之德：哲学论文集》，中华书局 2013 年版，第 235 页。方氏此处以 transcendental metaphysics 指称其所为超形上学，要指出的是，以形上学翻译的 metaphysics 是包括本体论、宇宙论等内容的总称。

体论既相区别,又相联系”。[1] 对于董仲舒本体论和宇宙论之间的关系,牟宗三讲得非常精妙:“董仲舒是宇宙论中心,就是把道德基于宇宙论,要先建立宇宙论才能讲道德。”[2]因此我们推演董仲舒的本体论,就要先从董氏的宇宙论入手,其对本体的思考过程在一定程度上正是依附了宇宙论。董仲舒本体论与宇宙论的混同在一定程度上为我们理解其学说的本体提供了捷径,因为论述万物生成的宇宙论逻辑往往易于知晓。

综观董仲舒《春秋繁露》全书,单就出现频率而言,能称为统率生化之意者非“天”莫属。在现存的十七卷、七十九篇篇目中,“天”在《春秋繁露》篇目中出现了十一次之多,这足以说明天的重要地位。董仲舒论万物生成仍沿袭先民“天生烝民”的观念,[3]董仲舒指出:“天地者,万物之本、先祖之所出也。”[4]所谓“本”就是本原、根本,万物(包括人类先祖)从根本上说源于天地,天地在万物存在之前就已经存在。“无天而生,未之有也。天者,万物之祖,万物非天不生。”[5]可见董仲舒宇宙论的起点就是天生万物,万物脱离了天都无法产生,因为天是万物之祖。“所谓‘祖’无疑就是最早、最古老的根源,没有比天更早更高的本原了。由此表明,天为宇宙之本原是不成问题的了。”[6]需要说明的是,此处的天生万物与

---

① 张岱年先生指出:“老子的‘道’,既是‘天地之始’,有天地起源论的含义;又是天地万物依赖的根据,有本体论的含义。讲本体论,应从老子开始。”又指出:“老子讲宇宙有个开始,这个开始就是‘道’;但是道在生出天地万物之后,并不消灭,它又作为天地万物的基础而存在。前者就是宇宙论,后者就是本体论。”这就说明在一定程度上中国古代的本体论和宇宙论在论证过程中存在着互相包容之处。参见张岱年:《中国哲学中的本体观念》,载张岱年:《张岱年全集》(第5卷),河北人民出版社1996年版,第493页、第488页。

② 牟宗三先生讲董仲舒是将其道德基于宇宙论,可谓是一语中的,对我们探究董仲舒的本体论大有裨益;但是牟先生继续指出董仲舒此举不行,因为董氏之路与《中庸》《易传》都不同,实际上是将人作为主体对自我德性的体认转移给了外在的天,这里我们暂且对此存而不论。参见牟宗三:《中国哲学十九讲》,吉林出版集团有限责任公司2010年版,第98~99页。

③ 《诗经·大雅·烝民》。

④ 《春秋繁露·观德》。

⑤ 《春秋繁露·顺命》。

⑥ 王永祥:《董仲舒评传》,南京大学出版社2002年版,第98页。

“天地为先祖之所出”并不矛盾,都是指天为万物、先祖之本原。原因有二:其一,董仲舒认为天、地、人同是万物之本,[①]在这三本之中,天又是地、人之祖,最为尊贵。因此三者分开来看,可以天、地、人并称,三者统一起来看,便只有天能当此名。其二,董氏认为根据阴阳之义,阳尊阴卑,阴在阳前要“昌力而辞功”,[②]“地不敢有其功名,必上之于天……故下事上,如地事天也”。[③] 意思是说天地的关系与阴阳的关系一致,地在天面前就如同阴在阳前,地要努力行事,如果出现过错则归地,而功劳则归天,所以天地为本最终仍然是以天为本。故而可知,董仲舒虽然时言天是万物之祖,时言天地同是万物之本,但是归根到底,董仲舒宇宙论中最早发生、地位最高者非天莫属。

在董仲舒学说中,作为宇宙本原的天,借由阴阳二气化生万物。董氏认为天地之间有阴阳二气,天为阳,属性是上、是大、是强、是经;[④]地为阴,属性是下、是小、是弱、是权。[⑤] 天创生万物的总体模式是:阴阳鼓荡而生四时,四时之化是为五行。具体而言,阴阳二气自东而始行,阳出东北南行,化为春夏,西转而北,是为秋冬;阴出东南北行,西转而南,阴阳二气合别于北,天道终始于斯,阴阳位,四时具,五行生。[⑥] 按照阳气运行的轨迹,自(正)东依次成为五行:木、火、土、金、水,五行比相生而间相胜,即木、火、土、金、水五行之中相邻的两者后者为前者所生,相间隔的后者为前者所克,万物至此得以生化。“天地之气,合而为一,分为阴阳,判为四时,列为五行。”[⑦]万物生成之道至此完整地展现在眼前,完整地看就是天生其气,为阴阳,为四时,为五行,再行推演,有五官、五音、五事,天道、自

---

① 董仲舒曾论到:“何谓本? 曰:天地人,万物之本也。”参见《春秋繁露·立元神》。

② 《春秋繁露·阳尊阴卑》。

③ 《春秋繁露·五行对》。

④ 所谓“经”,即是“常”,后文所谓“权”,即是“变”,董仲舒认为天道有常亦有变,并非僵化不变;与之同理,董氏认为孔子所著《春秋》中亦有经礼和变礼之分,世间之道也同样有经、权之分。参见《春秋繁露·玉英》。

⑤ 参见《春秋繁露·阳尊阴卑》。

⑥ 参见《春秋繁露·阴阳位》《春秋繁露·阴阳终始》。

⑦ 《春秋繁露·五行相生》。

然、人道建立，最终有万物。这就是所谓“天者，群物之祖也，故遍覆包函而无所殊”。[①] 职是之故，周桂钿认为“在董仲舒的哲学体系中，天是最高的范畴，天既是整个宇宙，又是宇宙中一切事物的主宰者”。[②]

作为万物本原的天，借由阴阳二气的运动化生整个宇宙，这就是董仲舒的宇宙论。天凭借其创生宇宙万物之功，得居至高之位，为民崇拜之本，因此董仲舒赋予天无尚之美，称天是“广大无极，其德昭明，历年众多，永永无疆”。[③] 在董氏看来，天有至大无外之性，有历年长久之资，故其德昭明。此时董仲舒已然赋予作为宇宙论本原的天以德性品质，董仲舒开始依据宇宙论寻求万物遵循的终极法则。

董氏认为天地相位，判为阴阳，进而发展出传统中国哲学最基本的一对关系——阴阳关系，[④]尔后“天出至明，众知类也，其伏无不炤也；地出至晦，星日为明，不敢闇，君臣、父子、夫妇之道取之此。”[⑤]天地的阴阳之性化为人伦日常的根据，人道本身即取法于天地，因此君臣、父子、夫妇之道都要效仿天地的关系，抽象来说就是要符合阴阳的关系。天地之间有所谓三才、十端者，三才者，天、地、人；十端者，天、地、阴、阳、火、金、木、水、土、人；[⑥]三才、十端皆有与阴阳鼓荡化生万物之功，人贵为其一，天之性与道如何能够规定万物之根据，董氏于斯可谓苦心孤诣。阴阳二气，历来被视为天之本性，生发于天，无天即无此阴阳二气。在汉代以前的著述中虽有此阴阳贯通宇宙，但阴阳本身是纯自然的，无非能体现动静等基本运动、变化之理，不曾被称为万物内在理据所本，所以董仲舒开始对原本纯为自然的天、阴阳进行改造。故董仲舒探求本体的路向至此转移，天作为宇宙创生者的性质亦为之一

---

① 《汉书·卷五十六·董仲舒传》。

② 周桂钿：《董学探微》，北京师范大学出版社2008年版，第48页。

③ 《春秋繁露·观德》。

④ 此处所讲发展出最基本的阴阳关系，仅指在董仲舒学说中阴阳关系至此才产生，并非针对中国哲学中的阴阳关系而言。

⑤ 《春秋繁露·观德》。

⑥ 《春秋繁露·官制象天》。

变,趋向神灵之天,董氏宇宙论与本体论混同之路从此处开始分道。

董仲舒推阴阳,指出"天道之大者在阴阳",[①]阴阳作为宇宙本原——天的基本属性或曰运动形式在中国传统哲学中具有重要地位。[②] 顾颉刚认为"汉代人的思想骨干,是阴阳五行。无论在宗教上,在政治上,在学术上,没有不用这套方式的"。[③] 但是董仲舒对阴阳进行了改造,赋予阴阳以道德、情感的色彩。董仲舒认为"阴阳之气,在上天,亦在人",[④]阴阳二气的属性既存在于天地,同时亦存在于人身。"在人者为好恶喜怒,在天者为暖清寒暑",[⑤]阴阳二气彰显于天人之间,成为天人共同秉性,人之情与天之气对应,天有冷暖寒暑,人因此有好恶喜怒,这样的结合使天人之间多了经验层面的对应。但是如果天和人只是在阴阳方面相通,那么天道与人伦之间的联系就只能是纯粹的自然哲学上的对应,在普遍的统一的文化背景下,董仲舒很难做出不同于其他诸家学说的解释,董氏便不能据此把儒家的政道理想融入其中。因此董氏杂糅诸家学说,创立天人感应理论以阐发儒学根本意旨,借助天人感应理论,为天地阴阳赋予儒家义理色彩。故而钱穆认为董仲舒为纠正荀子过分抑低人性、邹衍过分强调天意的极端而糅合两家,将天改造成为非自然、非法象的具有人格的上帝。[⑥] 所谓非自然是指董仲舒学说下的天具有神灵的特质,例如天乃人之祖、天有天心等;所谓非法象是指天又依

---

① 《汉书·卷五十六·董仲舒传》。

② 所不同者在于以阴阳论道者居多,董仲舒学说中的阴阳二气来自于天,道的地位在董氏学说里尚未居于最高之位,董仲舒所言之道,其意蕴内涵都和老子以及《易经》所讨论的道不尽相同,可以这么说,董仲舒所谓之道并未抽象到老子和《易经》的程度,这也在一定程度上保证其仁本体的达成。

③ 顾颉刚:《秦汉的方士与儒生》,上海古籍出版社 2007 年版,第 1 页。

④ 《春秋繁露·如天之为》。

⑤ 《春秋繁露·如天之为》。

⑥ "荀卿是儒家之逆转。儒家所重在人之情性,荀卿则抑低人性,来尊圣法王。邹衍是道家之逆转。道家所重在天地自然之法象,邹衍则在自然法象之后面寻出五位有意志有人格之天帝。荀卿邹衍各走极端,而董仲舒则想综合此两家。于是天并非自然,并非法象,而确然为有人格有意志的天帝。"参见钱穆:《中国思想史》,台北,学生书局 1988 年版,第 113 页。

据当时公认的阴阳五行创生万物,有着自然哲学基础,并非纯粹的神灵,钱氏这一论断着实精辟。

董仲舒的天人感应理论包含三个逻辑层面,即人副天数、天人相类;同类相动;天人相通。天化生万物,万物中"唯人独能偶天地",[①]表现为骨节、形体、骨肉与天地日月相类。质言之,"天地之符,阴阳之副,常设于身。身犹天也,数与之相参,故命与之相连也"。[②] 这是天人感应的第一层次,所以冯友兰认为:"无论在肉体或精神方面,人都是天的副本。"[③]天人之所以能够相副,原因在于同类相动,"百物去其所与异,而从其所与同。故同气则会,声比则应,其验皦然也"。[④] 万物都有靠近相同事物而远离不同事物的天性,并且美可召美、恶可召恶、即:"美事召美类,恶事召恶类,类之相应而弃也,如马鸣则马应之,牛鸣则牛应之。"[⑤]如此一来,就形成了完整的逻辑体系:人副天数,天人相动、互相影响,最终天人得以相通。

天人相通体现在作为三才之一的人,与创生万物的天具有亲缘关系。董仲舒指出:"为人者,天也",[⑥]"人之为人本于天,天亦人之曾祖父也,此人之所以乃上类天也"。[⑦] 因为人由天创造,天亦是人的曾祖父,所以人才跟天很类似。那么天既然是人的曾祖父,在中国传统的宗法社会中,人的行为理所当然需要遵从曾祖父——天的意志,这一点连君主帝王都不能例外,"受命之君,天意之所予也。故号为天子者,宜视天如父,事天以孝道也"。[⑧] 君主必须以孝道事天,如若不然的话,"国家将有失道之败,而天乃先出灾害以谴告之;不知自省,又出怪异以警惧之;尚不知变,而伤败乃至"。[⑨] 此即后

---

① 《春秋繁露·人副天数》。
② 《春秋繁露·人副天数》。
③ 冯友兰:《中国哲学简史》,北京大学出版社2010年版,第164页。
④ 《春秋繁露·同类相动》。
⑤ 《春秋繁露·同类相动》。
⑥ 《春秋繁露·为人者天》。
⑦ 《春秋繁露·为人者天》。
⑧ 《春秋繁露·深察名号》。
⑨ 《汉书·卷五十六·董仲舒传》。

世所谓的灾异遣告说，董氏就是希望借灾异遣告对帝王权力加以约束，试图使其同样能受制于天。

作为宇宙本原的天此时一变而为天子之父，人之曾祖父。既然天与人一样，有喜怒哀乐之情，那么作为人类祖先的天之意志归于何处，成为董仲舒所要论证的落脚点，亦是董氏所理解的终极依据所在。“是故王者唯天之施，施其时而成之，法其命而循之诸人，法其数而已起事，治其道而以出法，治其志而归之于仁。”①王者循天则时，法天立道，借此制定世间各项法则，治道法则最终则“归之于仁”。为何最终要以仁为依归呢？董仲舒解释为：“天，仁也。……人之受命于天也，取仁于天而仁也。”②因为天本身即是仁，人受命于天，所以能够从天那里获得仁（的德性），使得人具有了坚持仁道的基础和可能。单纯具有行仁的可能尚不能推出人必须以仁为处事理据的结论。董氏继而指出，作为人之曾祖父的天，其行为处事同样受内心的指引，而天之心就是仁，“霸王之道，皆本于仁。仁，天心”，③这是董仲舒研读《春秋》所作的序言，董氏解读《春秋》中的王霸之道，认为仁才是王霸之本，是天心所在，所以爱人者莫贵于生百姓。董仲舒据此斥责楚灵王和晋厉公被杀于位上皆是不能生民所致，“不爱民之渐，乃至于死亡，故言楚灵王、晋厉公生弑于位，不仁之所致也”。④

董氏治公羊学出身，对《春秋》经义之解释尤能明其志，董氏将仁作为天心，视为宇宙创生者的心意所在，作为天之心的仁是天行事最后的依据，那么仁自然亦是终极理据所在。因此有论者认为“仁学本体论”到了“汉唐时代则把仁在人世的显现扩大到了宇宙，建立了天心为仁的观念”。⑤ 据此推演就会发现原来天道、人道最终纯本乎仁，董仲舒也得以重拾儒家仁学核心。简而言之，从宇宙论角度而言，天化生万物；从本体论角度而言，天即仁，仁于天处发挥

① 《春秋繁露·王道通三》。
② 《春秋繁露·王道通三》。
③ 《春秋繁露·俞序》。
④ 《春秋繁露·俞序》。
⑤ 陈来：《仁学本体论》，生活·读书·新知三联书店2014年版，第75页。

心思之功,成为人伦日常的终极理据。[①] 劳思光因此说“董仲舒所倡天人相应之说,实此一普遍风气之特殊表现,并非董氏之独创。天人相应之说既兴,价值根源遂归一于‘天’。德行标准不在于自觉内部,而寄于天道,以人合天,乃为有德。于是,儒学被改塑为一‘宇宙论中心之哲学’”。[②] 冯契说得更明白:“他以为五常的中心是‘仁’,而仁本来就是天的属性。”[③]试举一例就能明白仁在董氏学说中的根本性地位:在论证刑、德关系时董仲舒指出“为政而任刑,谓之逆天,非王道也”。[④] 为政任刑是逆天而行,逆天就是违背天意(天心),就是违仁而行,所以董仲舒认为这一举动不合王道。王道终极理据或曰评判标准仍然是儒家一脉相承的仁本体。可见孔孟道统传至董仲舒,亦不过是经由董氏杂糅阴阳五行进行改造,儒家本意未尝抛弃,因此有论者认为董仲舒为汉之醇儒,北宋名臣司马光亦有“吾爱董仲舒”之诗传世。[⑤]

董仲舒先从天创生宇宙万物入手,树立天至高无上的宇宙本原地位;继而为天立心,将天心归为仁。经过改造,仁成功地借助阴阳五行等论证成为董氏学说中最根本的理据,儒家政道理想得以借此证明。仁既然是董氏全部学说的本体,董氏自然亦将仁作为法之终极理据,唯有合乎仁的规范才能被视为法。董仲舒以体悟之法先推万物所生之宇宙本原,再将生养万物之心归为儒家之仁,借助天创生万物这一宇宙论图示推演其本体依据。以经验的宇宙生成来看,天以阴阳之气化生万物;以其理据、价值意指来

---

① 如韦政通曾指出:“董仲舒的天人关系论,是一个极为庞杂的系统,因为其中混合的因素十分复杂,单就天的方面看,作为群物之祖的天,有宇宙论的意义,联上阴阳、五行、四时、方位等理论,足可以组成一套相当完整的自然哲学的系统。作为道之大原的天,有本体论的意义,这方面的发展远不及宇宙论。……仲舒不愧为前汉思想的中心人物,他充分表现出汉人那种混化、凝重、朴实的气质。他的确意图建立一个无所不包的大系统,希望把自然界和人文界作统一的解释。”参见韦政通:《中国思想史》,水牛出版社1986年版,第466页。

② 劳思光:《新编中国哲学史》(第2卷),生活·读书·新知三联书店2015年版,第15页。

③ 冯契:《中国古代哲学的逻辑发展》(中),东方出版中心2009年版,第285页。

④ 《春秋繁露·阳尊阴卑》。

⑤ (宋)司马光:《独乐园诗》。

看，天则以仁为心，为万物终极之理。董仲舒对本体的思考依附于其宇宙论思维，本体作为终极理据，其自身的展开并不能脱离宇宙论，所以呈现出含混性的特点，这一点与西方迥异颇多。诚如论者所言："由于仁体有宇宙论的基础，故仁的关系不需要用西方哲学式的逻辑上的先后去论证。"董仲舒学说中仁本体不断展开的过程，即是其内在德性不断展开以"合天"的过程，实际上亦是其政道伦理逐渐明晰的过程，仁本体作为正当性与价值渊源推动诸多外在仪式与规范的产生，法就在这一过程中逐渐显现。故而有论者指出"'天人相应'即以'天'之规律及意志作为价值根源……天人相应之说，则半涉及'天'之意志，半涉及'天'之规律。以此作为价值德性之根源，孔孟原意湮没不见。而混杂宇宙论上学观点之德性理论，遂渐渐出现。"[①]董仲舒即在此天人感应背景下重新思考儒家之仁德的存在，进而以体悟式方法推演内在德性展开之道。[②] 作为内在价值渊源之德性，即仁，以生生之意借助阴阳二气得以展开，成为人世所遵行之仁义法。

从宇宙本原来看，天为万物之祖，居于最高地位；从本体论角度来看，仁为最终极的理据。仁本体的展开完全依赖于天创生万物这一过程来实现，首先表现在人继承天之阴阳二气。董仲舒认为最初之人不能由父母生育，最先创生人的实际是天，[③]董仲舒继续从人的

---

① 这是劳思光在《新编中国哲学史》一书中对董仲舒哲学所做的评价，值得一提的是，劳思光本人对包括董仲舒哲学在内的汉代哲学评价甚低，认为汉代哲学由心性论退回到宇宙论；但是劳氏对汉代哲学特征之概括实乃切中肯綮之论。此处劳氏所言"混杂宇宙论及形上学观点"即宇宙论与本书所谓本体论的糅合，劳氏虽是负面评价，却也直指董仲舒学说本体论与宇宙论混合的逻辑进路。参见劳思光：《新编中国哲学史》(第2卷)，广西师范大学出版社2005年版，第16页。

② 当然，如果说董仲舒所言之德是内在于人的，则多少有纰漏之处，董氏认为人之贪、仁都是受之于天的，这一点与孔子所谓"我欲仁则斯仁至矣"则有明显不同；但是，综观董氏之书，人虽法天，但天亦即人之大者，其精神意指仍是儒家之仁，所不同在于假借了阴阳五行、天人感应的框架而已。

③ 这里的意思是父母只能生育后代，但是最初的人显然不是由作为父母的"人"所能生育的，唯一能创生最早的人的就是天，董仲舒原话为"为生不能为人，为人者天也"。参见董仲舒：《春秋繁露·为人者天》。

形体、血气、德行、好恶、喜怒、受命与天进行一一比附，[1]进而得出结论：天人相副，人是天的副本，因此人就是缩小的天。天自身有阴阳二气，阳其仁、阴气戾，阳气生、阴气杀，而人与天相副，那么阴阳二气必然会在人身上加以体现，其结果就是人天生有贪、仁两性，“人之诚，有贪有仁。仁、贪二气，两在于身”。[2] 原因就是“身之名，取诸天。天两有阴阳之施，身亦两有贪、仁之性”。[3] 董氏这里实际上是从宇宙论着手，将阴阳二气与传统的人性论加以结合，指出人之贪仁之气自天受之，其阳者即为人之仁，其阴者即为人之贪。换句话说，有天就会有阴阳，天有阴阳人必然有贪仁，天/人、阳/仁、阴/贪密不可分。

天道之阳在于生化万物，仁乃人身之阳，那么何谓仁？在这一点上董仲舒继承了孔子的观念，认为仁就是爱人。“仁者，憯怛爱人。”[4]憯怛，就是忧愁悲苦状，董氏意思是说，仁就是爱人以生之，是一种积极外推的人类德性，就像春天之阳一样延展外推，促使万物生发，因此以仁为生。人所受天之阴就是贪，所谓贪便是为了自身利益而置道义于枉然，董仲舒认为“不能义者，利败之也”[5]。由于人性中有贪有仁，因此需对人性加以引导或控制，所以董仲舒说“天有阴阳禁，身有情欲栣。”[6]所谓阴阳禁就是根据阴阳自身的属性和要求而产生的禁忌，天之阴阳所要禁止的，人的情欲也需要禁止，因为人的情欲与阴阳同源于天。苏舆在《春秋繁露》注疏中指出“天道好阳而恶阴。此云‘阴阳禁’，盖谓禁阴不使干阳，文便尔。”[7]因此阴阳禁的要义在于发阳而抑阴，情欲栣的要义则在于：“栣情欲之恶，不使伤善，斯善胜矣。治己之所以贵克也。”[8]苏舆这

---

① 《春秋繁露·为人者天》：“人之形体，化天数而成；人之血气，化天志而仁；人之德行，化天理而义；人之好恶，化天之暖清；人之喜怒，化天之寒暑；人之受命，化天之四时；人生有喜怒哀乐之答，春秋冬夏之类也。”董仲舒在这里的比附将人与自然之天以及天志、天数、天理进行了混合的比附，展现出杂糅的特点。

② 《春秋繁露·深察名号》。

③ 《春秋繁露·深察名号》。

④ 《春秋繁露·必仁且智》。

⑤ 《春秋繁露·玉英》。

⑥ 《春秋繁露·深察名号》。

⑦ （清）苏舆：《春秋繁露义证》，中华书局1992年版，第296页。

⑧ （清）苏舆：《春秋繁露义证》，中华书局1992年版，第296页。

里讲得极其明白，人要栣情欲的目的在于不使人性之阴/贪伤善——即阳/仁，所以对待自身最重要法则的是克己。何为克己？在董仲舒看来，克己即（行）义，即坚持义行，《春秋繁露·仁义法》有云："《春秋》之所治，人与我也。所以治人与我者，仁与义也。以仁安人，以义正我。"①董氏认为孔子作《春秋》的目的在于正人与我，以行仁之法正人，以行义之法正我。董仲舒将仁义进行了区分，认为"仁之法在爱人，不在爱我；义之法在正我，不在爱人"。②

对仁、义进行人、我的区分，是董仲舒的原创。践行仁的要求即憯怛爱人，此时的爱应施加给他人，而非施加于自身。因此董氏举例说："晋灵公杀膳宰以淑饮食，弹大夫以娱其意，非不厚自爱也，然而不得为淑人者，不爱人也。……故曰：仁者爱人，不在爱我也，此其法也。"晋灵公杀膳宰、弹大夫仅仅是为了自己一人之乐，并非为将仁爱推广给他人，因此这与仁的本意相违背。践行义的要求是"义云者，非谓正人，谓正我。"因此"昔者，楚灵王讨陈、蔡之贼，齐桓公执袁涛涂之罪，非不能正人也，然而《春秋》弗予，不得为义者，我不正也。"③楚灵王、齐桓公的行为完全符合"正"的标准，却因为所"正"之对象是"人"而非"我"，因此不被《春秋》认可。董仲舒对仁、义的人及我之分能力矫汉代之前仁义学说之弊病，避免厚己薄人状况的发生，也为董氏褒贬《春秋》历史提供了新的标准和依据，可以说是董仲舒在儒家仁学上的重大创建。

董仲舒杂糅儒、道、阴阳诸家，故其思想体系庞大驳杂、头绪纷繁，但是只要把握董氏论证逻辑，窥知董氏思想本意亦非难事。董仲舒"意图建立一个无所不包的大系统，希望把自然界和人文界作统一的解释"。④ 在董仲舒所处的时代，疏阔高远的儒家仁政、王道学说必须加以改造才能获得帝王采纳，因此董氏才推阴阳、论五行，这是理解董仲舒思想的时代背景。董仲舒的仁义法论证包含三个层面：天创生万物，为宇宙之本原；天人相副，仁乃天心，因此一切终

---

① 《春秋繁露·仁义法》。
② 《春秋繁露·仁义法》。
③ 《春秋繁露·仁义法》。
④ 韦政通：《中国思想史》，水牛出版社1986年版，第466页。

极之理都要合乎仁;人自天处继承阴阳二气,表现为人性之善与恶,因此需要借助仁与义,即爱人与正我的结合,至此建基于仁本体的仁义法模式形成。董氏则希望借此可以实现仁爱、克己的儒家政道理想。跳出董仲舒复杂的阴阳论证来看,董氏意图建立包容人、我的完善的仁义法体系,阳主阴辅,故而仁主义辅,(爱)人主(正)我辅。董氏仁主义辅的思维上承孔孟,下启后世,将儒家"德礼为本、政刑为用"的法哲学一以贯之,影响甚为深远。

(二)宋儒的本体论路径

董仲舒所倡言的天人感应、德主刑辅之说虽为汉武帝所采纳,但并未尽皆行用,而是被有选择地加以吸收、改变、融合后适用,这正是研究思想史、哲学史乃至研究当下思想流行状况的难题。仍以董仲舒为例,后世学者多谓董仲舒杂糅儒、道、法、阴阳诸家,以罢黜百家、独尊儒术之道为汉武帝所应召,遂有论者以为汉代治道便以董氏思想为圭臬,这其实极其不现实。须知国家政策、思想虽然名义上称效法先贤、广纳高见,但是最终被确定使用的国家治道往往是多方不同立场、不同派别、不同思想、不同态度的权臣、谋士政治博弈的结果,当然,不排除在某些特殊时代,某位思想家本身身居高位,其学说亦获得君主认可,故其本人之思想可与国家整体的指导思想相一致,但是这种情况实际上少之又少。就以王朝更替频繁的传统中国社会而言,且不说历朝历代开国甫初,或以黄老治道为主,或以休养生息为主;便是一朝之内,皇权变易,权臣、谋士更替,主导思想亦多有变化,譬如说汉初由黄老之道到霸王道杂之,又譬如唐代对佛教态度,都可见一斑。儒家自汉代始盛,经由大儒董仲舒改造,无论汉帝国官方究竟是外儒内法,还是霸王道杂之,至少在官方意识形态这一层面,儒学地位日隆,影响日大,已由春秋战国百家中之一家之言成为汉帝国的官方思想。两汉灭亡以后,中国陷入长期的战乱纷争,此一阶段清谈玄学成为时代主流,儒学地位也由于朝代更替频仍,无法统一建立政制而影响式微,唐代韩愈在其煌煌名文《原道》中对此历程梳理得极为明晰:"周道衰,孔子没,火于秦,黄老于汉,佛于晋、魏、梁、隋之间,其言道德仁义者,不入于杨,则归于墨;不入于老,则入于佛。”[①]及至隋杨坚统一中国,历史上所谓三国两晋南北朝的割据分裂方才结束。隋朝虽统一中国,但是短命而亡,隋朝诸多建制为唐所承袭,遂开中国历史上又一宏大盛极之时代。就儒家发展而言,唐代国力虽盛,但并未有自成一系的大儒出现,实为憾事,如要推选,则非韩愈莫属。

据《新唐书》所载,韩愈“其道盖自比孟轲,以荀况、扬雄为未淳,宁不信然?”[②]韩愈自比为孟子,以为荀子、扬雄都不能称为醇儒。“尧以是传之舜,舜以是传之禹,禹以是传之汤,汤以是传之文武周公,文武周公传之孔子,孔子传之孟轲,轲之死,不得其传焉。荀与扬也,择焉而不精,语焉而不详。”[③]韩愈一方面推颂儒家道统,一方面极力排斥佛教。《新唐书》评价韩愈说:“至进谏陈谋,排难恤孤,矫拂媮末,皇皇于仁义,可谓笃道君子矣。自晋汔隋,老佛显行,圣道不断如带。诸儒倚天下正议,助为怪神。愈独喟然引圣,争四海之惑,虽蒙讪笑,跲而复奋,始若未之信,卒大显于时。昔孟轲拒杨、墨,去孔子才二百年。愈排二家,乃去千余岁,拨衰反正,功与齐而力倍之,所以过况、雄为不少矣。自愈没,其言大行,学者仰之如泰山、北斗云。”[④]《新唐书》对韩愈评价甚高,主要彰显其重塑儒家道统,排斥佛老之行。

韩愈对儒家道统的论证主要体现在《原道》一文中。其文开篇即对儒家的仁、义、道、德进行界定:“博爱之谓仁,行而宜之之谓义;由是而之焉之谓道,足乎己,而无待于外之谓德。”[⑤]韩愈继承了孟子人之四端的思想,将仁定义为博爱,将义定义为“行而宜之”。如前文所述,义是正当性,即此处韩愈所说“行而宜之”。仁是正当性的依据,即有仁才能有正当性,正当性建立在仁存在的前提下。什

① (唐)韩愈撰:《韩昌黎文集校注》,马其昶校注,马茂元整理,上海古籍出版社1986年版,第14页。

② 《新唐书·卷一百七十六·列传第一百一》。

③ (唐)韩愈撰:《韩昌黎文集校注》,马其昶校注,马茂元整理,上海古籍出版社1986年版,第18页。

④ 《新唐书·卷一百七十六·列传第一百一》。

⑤ (唐)韩愈撰:《韩昌黎文集校注》,马其昶校注,马茂元整理,上海古籍出版社1986年版,第13页。

么是道呢,韩愈认为行为处事的方式就是道,道仅仅是一种方式,因此必然有好有坏,有对有错。自己所秉有,并不需要依靠外在条件所赋予之性就是人之德。基于和道同样的道理,韩愈所理解的德并不一定是美好的德性,而是指代客观的德性,即有善有恶的德性。"仁与义,为定名;道与德,为虚位:故道有君子小人,而德有凶有吉。"[①]韩愈所理解的道、德仅仅是虚位的、具有指代作用的名词,而非像仁义那样的专门词汇。韩愈之所以这么做,是为了反对所谓的佛老之道,因为老子道德经也讲道、也讲德。"其所谓道,道其所道,非吾所谓道也。其所谓德,德其所德,非吾所谓德也。凡吾所谓道德云者,合仁与义言之也,天下之公言也;老子之所谓道德云者,去仁与义言之也,一人之私言也。"[②]韩愈既然是唐代儒家道统论的典型代表,便自然会对非儒家之道、非儒家之德予以贬斥。在《原道》一文中韩愈便称老子之道、老子之德为一人"私言"的道德,并不是天下人所共同理解的道德。韩愈批判老子哲学,一方面是其基于儒家卫道者的身份而抨击异家学说,一方面是基于唐代当时的社会背景,这些在本书不多赘述。单就韩愈此处所谓儒家之道德与道家之道德而言,我们便会发现这样一个有趣且有意义的现象:道、德不是儒家专属,亦不是道家专属。

或者我们可以作一个假设,[③]最晚在韩愈所处的时代,道、德已经成为一个为天下民众所理解的词汇,并且不只是一个专属于某个学派的词汇。韩愈此处固然是抨击道家之道德是一家之言的道德,但是倘若当时的社会风气中,道家的道德学说如果没有影响到,甚至撼动儒家道德学说的地位,韩愈断不会撰写此文以回应。道、德词语的融合背后,显现出传统中国文化一个典型的特点,即诸家思想在历史脉络中的互相影响、互相借鉴下彼此的吸收与融合。道家论道,儒家亦论道,法哲学视野下的儒道之道逐渐融合,在官方则体现为各朝代

---

① (唐)韩愈撰:《韩昌黎文集校注》,马其昶校注,马茂元整理,上海古籍出版社1986年版,第13页。

② (唐)韩愈撰:《韩昌黎文集校注》,马其昶校注,马茂元整理,上海古籍出版社1986年版,第13~14页。

③ 这实际上已经就是某种"事实"。

的律令，在民间则融为民众共同信仰的天道、鬼神等学说。韩愈对所谓儒家先王之教提出其论断："夫所谓先王之教者，何也？博爱之谓仁；行而宜之之谓义；由是而之焉之谓道；足乎己，无待于外之谓德。其文：《诗》、《书》、《易》、《春秋》，其法礼、乐、刑、政。"①韩愈已然明确地将礼乐政刑视为儒家政道之法，当然这里的法字的意思并不是今天所指的"法"，但很明显的是，礼乐政刑都是出自儒家仁义，都深深契合仁义的本意，这是韩愈所极力宣扬的。

韩愈虽主张排佛，但是释家传入中国之后，其思维方式、出世的人生追求等诸多方面都对传统中国哲学产生了巨大影响。在儒家与释家互相抗衡的过程中，儒家难免不吸收佛教思想中形而上的成分，遂形成了讲求形而上理论的宋代儒家哲学。如劳思光先所言："引起此一潮流之历史契机，乃佛教之压力。佛教之宗教面，本书中不能涉及。就其哲学面言之，则佛教哲学是一与先秦儒学不同之心性论哲学，其精彩处皆落在价值论问题上。中国学者在面对佛教之压力时，由其教义中之强点，即看出汉儒传统下'宇宙论中心之哲学'之根本弱点。故在唐末，学者如韩愈、李翔等，皆以拒佛之立场而初步尝试脱离汉儒思想；盖欲与佛教之价值论争短长，即不能不抛弃'宇宙论中心之哲学'，而归于'心性论中心之哲学'。"②宋儒学说延续至明，始达其顶峰，欲以数千字细细论之，实不可能也。故而本书则仅搓其大略，择取与法学本体论关系密切部分，略阐孔孟仁本体在宋儒之发展。宋儒为抗拒佛家思想，思想学说形而上之成分日渐深厚，劳思光将宋明儒学略分为三期："总而言之，依一系说之观点论之，宋明儒学运动可视为一整体，其基本方向是归向孔孟之心性论，而排斥汉儒及佛教；其发展则有三阶段，周张、程朱、陆王恰可分别代表此三阶段。若就各阶段之中心观念言，则第一阶段以'天'为主要观念，混有形上学与宇宙论两种成分；第二阶段以'性'或'理'为主要观念，淘洗宇宙论成分而保留形上学成分；第三阶段则以'心'

---

① (唐)韩愈撰：《韩昌黎文集校注》，马其昶校注，马茂元整理，上海古籍出版社1986年版，第18页。

② 劳思光：《新编中国哲学史》(三上)，生活·读书·新知三联书店2015年版，第3页。

或‘知’为主要观念，所肯定者乃最高之‘主体性’，故成为心性论形态之哲学系统。其中朱熹地位特殊，乃综合前二阶段之思想家。”①

开宋儒风气者当首推濂溪先生周敦颐，《宋史·道学列传》对周敦颐的评价说：“博学力行，著《太极图》，明天理之根源，究万物之终始。……又著《通书》四十篇，发明太极之蕴。席者谓其言约而道大，文质而义精，得孔孟之本源，大有功于学者也。”②吾辈求所谓法本体，即欲“明天理之根源，究万物之终始”，试图从周敦颐学说内部探寻周氏所理解的天理根源、万物终始是什么的问题。论宋儒虽然要首推周敦颐，但对周敦颐理论的定位问题、周氏理论体系中如无极太极关系问题等，学界多有争议，本书仅梳其大概，以明晰所谓法本体之意，故不展开。③

周敦颐《太极图说》为研究其思想多用之材料，其文甚简略。④周敦颐又有：“‘原始反终，故知死生之说。’大哉易也，斯其至矣！”⑤太极图固非周敦颐所创，太极图应源于道家一派，周敦颐对太极图作出自己的解读，首先依据汉儒既有的宇宙论模式证成太极创生万物的过程。⑥ 基本的论证路径就是太极动阳静阴，而后阴阳变化有水、火、木、金、土五行，随后创生万物。这一模式不必多说，与汉儒

---

① 劳思光：《新编中国哲学史》（三上），生活·读书·新知三联书店2015年版，第39页。

② 《宋史·列传第一百八十六》。

③ 如周敦颐在《太极图说》中所讲“无极而太极”所引申出的无极和太极关系问题，自宋代朱熹处就已经成为探讨的重要内容。

④ “无极而太极。太极动而生阳，动极而静，静而生阴，静极复动。一动一静，互为其根。分阴分阳，两仪立焉。阳变阴合，而生水火木金土。五气顺布，四时行焉。五行一阴阳也，阴阳一太极也，太极本无极也。五行之生也，各一其性。无极之真，二五之精，妙合而凝。乾道成男，坤道成女。二气交感，化生万物。万物生生而变化无穷焉。唯人也得其秀而最灵。形既生矣，神发知矣。五性感动而善恶分，万事出矣。圣人定之以中正仁义而主静，立人极焉。故圣人‘与天地合其德，日月合其明，四时合其序，鬼神合其吉凶’，君子修之吉，小人悖之凶。故曰：‘立天之道，曰阴与阳。立地之道，曰柔与刚。立人之道，曰仁与义。’又曰：‘原始反终，故知死生之说。’大哉易也，斯其至矣！”（宋）周敦颐：《太极图说》，载周敦颐：《周敦颐集》，中华书局1990年版，第3～8页。

⑤ （宋）周敦颐：《太极图说》，载周敦颐：《周敦颐集》，中华书局1990年版，第8页。

⑥ 由于关于周敦颐无极和太极是否一物，是否太极之外复有无极存在等诸多问题存在争议，本书暂以无极、太极为一物理解，因此皆称太极而不称无极。

董仲舒的理论十分相似。沿袭汉儒宇宙论思维，无极化生天地，天地便为人树立基本的行为准则，就是所谓："立天之道，曰阴与阳。立地之道，曰柔与刚。立人之道，曰仁与义。"①太极所衍生出的准则落到天道便是阴阳，落到地道便是刚柔，落到人道便是仁义。为人要行仁义，便如同天之运行要以阴阳为准，这是自然之生、变化之理。朱熹对周敦颐《太极图说》进行解释说："阴阳成象，天道之所以立也；刚柔成质，地道之所以立也；仁义成德，人道之所以立也。"②便如前述，无论是天道的阴阳、还是地道的刚柔、抑或是人道的仁义都是基于太极本性而来，是太极在不同方面的展开。朱熹认为："道一而已，随事著见，故有三才之别而于其中又各有体用之分焉，其实则一太极也。"③太极于天地人三才之道中各有显现，彼此相通，因此朱熹说："阳也，刚也，仁也，物之始也；阴也，柔也，义也，物之终也。"④这也就是说，周敦颐仍然继承了前人的思想，以仁义为天地人三才中规制人道之法。在《通书·顺化》篇中，周敦颐认为："天以阳生万物，以阴成万物。生，仁也；成，义也。故圣人在上，以仁育万物，以义正万民。"⑤劳思光如此解读本章："此处分明以'天道'之有'仁''义'，作为圣人之'仁''义'之根据。此实与汉儒观念无大分别。"⑥劳氏此言可谓精准地概括出了沟通汉宋的周敦颐思想之特色。

继周敦颐之后，有宋一代，学人辈出，先有程颐、程颢二兄弟，又有张载、朱熹、陆九渊等理学大儒，他们彼此之间学问或相承袭，或予变通，虽然能从总体上称为理学，但是各自学说立论内部仍有差异。由于本书意旨不在于梳理法本体发展史，故而不能面面俱到，

---

① （宋）周敦颐：《太极图说》，载周敦颐：《周敦颐集》，中华书局1990年版，第7页。

② （宋）朱熹：《周敦颐〈太极图说〉解》，载周敦颐：《周敦颐集》，中华书局1990年版，第7页。

③ （宋）朱熹：《周敦颐〈太极图说〉解》，载周敦颐：《周敦颐集》，中华书局1990年版，第7~8页。

④ （宋）朱熹：《周敦颐〈太极图说〉解》，载周敦颐：《周敦颐集》，中华书局1990年版，第8页。

⑤ （宋）周敦颐：《通书·顺化第十一》，载周敦颐：《周敦颐集》，中华书局1990年版，第23页。

⑥ 劳思光：《新编中国哲学史》（三上），生活·读书·新知三联书店2015年版，第91页。

其中,朱熹的学说最能集诸家理学大儒之大成,[①]因此下文以朱熹为代表略论儒家法本体论在宋代之发展。

承前所述,自先秦孔孟儒学一派讲求内在德性自觉,到汉儒董仲舒以宇宙论统辖本体论而创造天人感应说之后,由于佛教东传,佛教形而上的抽象思辨方式不断冲击儒学既有的框架和体系,宋儒为对抗释家的冲击,转而在宇宙论之外的形而上学方面寻求突破,宋代儒学的思辨程度不断提升。如果说在周敦颐那里,形而上学从宇宙论中的脱胎并不明显,那么到了朱熹这里,形而上学就已经完全从宇宙论中独立出来,从而演变成我们现在常说的宋代理学的典型论证模式。张岱年认为:"朱熹推崇周敦颐的《太极图说》,并作了注解。但朱子的《太极图说解》是以自己的观点进行解释的,与周子的原意不尽相合。周敦颐以阴阳为'二气',以五行为'五气',虽未说太极是气,亦未说太极是理。'太极动而生阳,静而生阴',有动静可言,应亦是气。朱子则以太极为理。他认为'总天地万物之理,便是太极。'(《朱子语类》卷九十四)这理是天地万物的本原,也是人伦道德的最高准则。"[②]其实张岱年这一段话已经将朱熹的逻辑说得极其明白:理既是天地本原,又是世间最高的行为准则,落实到法哲学的层面上来,理就是法的本体,就是法能够具有效力、能够成为法的终极理据。朱熹将宋儒所讨论的理和气的问题统一起来,认为理是抽象,[③]而气是实在,[④]"天地之间,有理有气。理也者,

---

① 冯友兰评价朱熹说:"朱子之形上学,系以周濂溪之《太极图说》为骨干,而以康节所讲之数,横渠所说之气,及程氏弟兄所说形上形下及理气之分融合之。故朱子之学,可谓集其以前道学家之大成也。"冯友兰:《中国哲学史》,重庆出版社 2009 年版,第 276 页。

② 张岱年:《中国哲学关于终极关怀的思考》,载张岱年:《张岱年全集》(第 7 卷),河北人民出版社 1996 年版,第 271 页。

③ "朱熹所说的理,虽然来自二程,特别是程颐,但又有很大发展。二程主要讲社会伦理,朱熹则广泛地讨论到宇宙自然界的许多问题,真正变成了宇宙本体,但核心仍然是道德伦理。"参见蒙培元:《理学范畴系统》,人民出版社 1989 年版,第 17 页。

④ "关于朱熹所说的气,则是指构成天地万物的物质材料,是标示一般的感性物质存在的范畴。它是从张载那里接受过来的。就这一范畴所具有实际内容而言,它同张载所谓气无原则区别。但张载以气为世界本体,朱熹则颠倒过来,以理为世界本体,气有形体、有方所、能造作、能凝聚生物,但只能在理的支配下才能构成事物。"蒙培元:《理学范畴系统》,人民出版社 1989 年版,第 18 页。

形而上之道也,生物之本也;气也者,形而下之器也,生物之具也。是以人物之生,必秉此理然后有性,必秉此气然后有形。"①关于理,朱熹提出了著名的:"所谓理与气,此决是二物。但在物上看,则二物混沦,不可分开各在一处,然不害二物之各为一物也;若在理上看,则虽未有物而已有物之理,然亦但有其理而已,未尝实有是物也"的论断,②天地万物之理的总和就是太极,"事事物物,皆有个极,是道理极至。蒋元近曰:如君之仁,臣之敬,便是极。先生曰:此

---

① (宋)朱熹:《答黄道夫》,载朱杰人、严佐之、刘永翔主编:《朱子全书·晦庵先生朱文公文集·卷五十八》,上海古籍出版社、安徽教育出版社2002年版,第2755页。

② (宋)朱熹:《答刘叔文》,载朱杰人、严佐之、刘永翔主编:《朱子全书·晦庵先生朱文公文集·卷四十六》,上海古籍出版社、安徽教育出版社2002年版,第2146页。冯友兰对朱熹这句话的解释是:"如尚未有舟车之时,舟车之理或舟车之概念已先在。然其时只有概念而无实例,所谓'但有其理而已,未尝实有是物也'。所谓发明舟车,不过发现舟车之理而依之以做出实际的舟车,即舟车之概念之实例而已。故凡可能有之物,无论其是天然的或人为的,在形而上之理世界中,本已具有其理。故形而上之理世界,实已极完全之世界也。"参见冯友兰:《中国哲学史》,重庆出版社2009年版,第276页。冯氏此处对朱熹所言之理进行了充分的哲学提升,实际上是将朱熹所理解的"理"置换为了"概念",才有了后文将舟车之"理"解释为舟车之"概念"的做法;此外,冯氏又将朱熹所理解的"理"称为在形而上的理世界中是本来就存在的;更将形而上的世界认为是完全之世界。冯氏此番论证其实完全是用西哲柏拉图的理念论解释朱熹,将朱熹学说中的"理"等同于柏拉图哲学中的"理念",更将朱熹所理解的形而上的世界等同于柏拉图所谓的理念的世界;同时借用了柏拉图"摹写"的概念推导现实中舟车的存在,其实有待商榷。从字面就能看出,柏拉图所谓的理念的世界是与经验世界相对应的世界,理念的世界是完美的世界这毫无疑问;但是朱熹所理解的理和形而上却是扎根于经验世界的道理和形而上,而不是脱离现实的纯粹逻辑上的形而上,因此两者不可互释。冯氏对柏拉图理念论的继承,除却表现在理气问题之外,还涉及美的本体问题。冯友兰在《贞元六书》曾对美的本体问题进行探讨,冯氏观点概括起来有以下几点:哲学史道,艺术是技,高级的艺术又技而入道;艺术之所以有高下之分,是因为各种类型的艺术与其"本然艺术"的相似程度不同;"本然艺术"与艺术是一与多的关系。"若在艺术外讲艺术,则艺术亦是一类物,亦有其理,此理可称为本然艺术……即对于每一题材之各种艺术作品,亦各有其本然样子。……所谓本然样子者,即'不是作品底作品'。……实际底命题,如合乎本然命题即是是底。在艺术方面,我们可以说,对于每一个艺术作品之题材,在一种工具及一种风格之下,都有一个本然底艺术作品,与之相应。每一个艺术家对于每一个题材之作品,都是以我们所谓本然底艺术作品作为其创作的标准。"通过冯文不难看出,冯氏所理解的"本然艺术"并非本书所说美的本体,笔者认为,《贞元六书》中冯氏对"本然艺术"的界定更类似于柏拉图理念论的理解,即存在一个完美的理念的"本然艺术",现实中的艺术无非是对"本然艺术"的分享和摩写,参见冯友兰:《贞元六书》,中华书局2014年版,第187页。具体内容参见本书第一章:《法本体释义》。

是一事一物之极。总天地万物之理,便是太极。太极本无此名,只是个表德。”[①]冯友兰解释为:“太极即天地万物之理之总和,而亦即天地万物之最高标准也。”[②]直接从朱熹原文来看,每个事物都有自己的理,这些理的总和就是太极,那么太极就是囊括世间全部之理的最高的理,这是太极的“理一”特性;而万物所禀赋的也是太极在万物中的体现,称之为“分殊”,两者的关系就如同天上的月亮和河流湖泊中的月亮的关系一样。“问:《理性命》章注云:自其本而之末,则一理之实而万物分之以为体,故万物各有一太极。如此,则是太极有分裂乎?曰:本只是一太极,而万物各有秉受,又自各全具一太极尔。如月在天,只一而已。及散在江湖,则随处可见,不可谓月已分也。”[③]如此就很好理解,所谓法之理,就是作为理的总和的太极,太极就是一切合理的终极理据。

三、礼法模式的形成

儒家开创者孔子立于礼,[④]从礼入手,将周朝外在的礼乐建制之核心归结为仁,认为仁是外在礼乐规范的核心。进而可以说,只有合乎仁的外在规范方能具有效力,仁是所谓法的本体。在孔子学说中,外在规范的终极理据是仁,这奠定了整个儒家学说的基调和根本,由此影响儒家一脉两千余年。孔子在仁本体的基础上,进而由仁开发出对其他德性的理解和认识,如义、智、忠等,从而将其儒学体系建构为一由仁而不断扩充的体系。“然则孔子如何发展其有关‘礼’之理论?简言之,即摄‘礼’归‘义’,更进而摄‘礼’归‘仁’是也。通过此一理论,不唯本身不同于仪文,而且‘礼’之基础亦不在于‘天’,而在于人之自觉心或价值意识。于是,孔子一方面吸收当

---

① (宋)朱熹:《太极图》,载朱杰人、严佐之、刘永翔主编:《朱子全书·朱子语类·卷九十四》,上海古籍出版社、安徽教育出版社2002年版,第3127~3128页。

② 冯友兰:《中国哲学史》,重庆出版社2009年版,第278页。

③ (宋)朱熹:《理性命》,载朱杰人、严佐之、刘永翔主编:《朱子全书·朱子语类·卷九十四》,上海古籍出版社、安徽教育出版社2002年版,第3167~3168页。

④ 《论语·季氏》记载孔子之子孔鲤讲到孔子对其一番教导:“他日,又独立,鲤趋而过庭。曰:‘学礼乎?’对曰:‘未也。’‘不学礼,无以立。’鲤退而学礼。”参见杨伯峻:《论语译注》,中华书局2009年版,第176页。

时知识分子区分礼仪之说，而脱离礼生传统；另一方面，更建立‘仁、义、礼’之理论体系，透显人对自身之肯定，肯定原始信仰之纠缠。于是，孔子予周文制精神以自觉基础，遂开创儒学之规模。”①劳思光这里所谓赋予周朝文制以“自觉基础”，就是引入“仁”来阐释礼，引入“仁”来阐释人之本性。自此仁和人互训，仁成为人之为人最根本的属性和理据，为人者必先仁而后人，不能为仁便不能被称为人。“因为恰恰在中国哲学中，人与仁互为定义，‘仁者人也’，亦可说‘人者仁也’。要回答人是什么，人之所以为人者是什么，在儒家的立场是必然要以‘仁’为基础来回答和阐明。”②仁是人之所成为人的依据，仁亦是礼乐仪文具有合理性的根本理据，合乎仁是人生在世的最终极标准，仁本体的法哲学最终外化为礼乐的法政体系。此处之所以称之为法政体系而非纯粹的法律体系，原因在于，夏商周三代所存留下的史料有限，我们无法完全推知彼时法律与政治、道德的相互关系。尽管如此，孔子法律思想中的法律与道德关系之密切，确实毫无疑问。

既有法律思想研究多将孔子的法律思想归纳为德治、礼治、人治三部分，事实上，此三者之中的德治之“德”，核心便是法本体的仁，继而由仁开发出义、智、忠、恕等其他德性，所以将孔子的法律思想描述为德治并非不可。但是如果我们再深入推究就会发现，人类文明史中所谓法律背后的价值，居多都是以某种形式的德性存在，只是对德性的具体追求不同而已。例如，现代法治追求自由，有些法治追求稳定，自由、稳定算不算德性的一种呢？职是之故，不应将孔子学说中“德治”的内容与其他一般法律思想并列而言。孔子学说中德的核心是仁，仁是孔子法哲学的根本，因此不宜将其与“礼治”“人治”并列。谈完德治，接下来就是礼治，所谓礼治，顾名思

---

① 站在劳思光先生个人的哲学立场上，其本人一直对于所谓“德性自觉”“主体自觉”评价甚高，自觉的典型代表便是向人自身寻求依据的孔孟儒学，据此贬斥以外在的“天”或者“宇宙论”为论证依据的做法，劳氏此观点固然与其本人学说路径有关，但是其关于孔子哲学体系的论述，倒是十分契合的。参见劳思光：《新编中国哲学史》（第1卷），生活·读书·新知三联书店2015年版，第87页。

② 陈来：《仁学本体论》，生活·读书·新知三联书店2014年版，第4页。

义,就是以“礼”为社会主要治理方式,此一提法似乎并无不妥。但是,礼治这种说法往往出现在中国法律思想史研究中,那么,既然礼治被单独提出,是否存在与礼治相对应的概念呢?如果存在,这一对应的概念是什么?其实,礼治的提法,正是对“法”这一概念缺乏深入理解和界定的必然结果。如果我们将现代法的概念视为“法”与“非法”的标准,那么,很显然孔子以礼乐仪文为内容的“法制”很难被放在现代法的框架内考虑,于是就有了孔子主张“礼治”的说法,甚至有孔子以礼治取代法治的说法。

倘若我们能尽可能抛开现代人对法理解的前见,[①]站在孔子的立场上审视孔子法律思想的话,我们就能理解,其实礼乐仪文就是孔子所处时代的“法”,只是这种法的制定方式、运行方式以及表现方式等等方面都不同于时下之法而已。后世继承者孟子将孔子学说中义的部分提升,逐渐形成仁义并举的理论体系,儒家另一大儒荀子则讲求隆礼重法,虽然其与孟子在人性论等问题上互相攻讦,但是对于孔子所开创的仁本体法哲学则并无分歧。

综合来看,先秦儒家法哲学是一种以仁为本体,以礼乐仪文为外在法律形式的法哲学体系。在这一法哲学体系中,价值根源被追溯到每个人自身,便是所谓“德性自觉”。在孔子看来,任何人只要“克己”便能“复礼”;在孟子看来,“所以谓人皆有不忍人之心者,今人乍见孺子将入于井,皆有怵惕恻隐之心。非所以内交于孺子之父母也,非所以要誉于乡党朋友也,非恶其声而然也”。[②] 最终结果就是:“凡有四端于我者,知皆扩而充之矣,若火之始然,泉之始达。苟能充之,足以保四海;苟不充之,不足以事父母。”[③]无论如何,德性都深蕴于每个人自身,无须向外寻求,无须借助天意、神道加以扩充,因此社会要良好运转,礼节仪文之制要和谐,扩充人自身的仁本性便是最重要的事。在这一立场上理解先秦儒家的法律思想,就能切身体会到为什么孔孟荀都竭力主张教化的作用,都主张先教后诛

---

① 谈到前见,我们只能是尽可能地抛开前见,并不能彻底根除,这是由于人思维本身的局限性所致,具体论述可参见前文第一章。

② 《孟子·公孙丑上》。

③ 《孟子·公孙丑上》。

等等一系列问题。

秦任用法家之道统一六国,秦帝国建立之后,包括儒家在内的诸子之学都受到较大打击。然秦二世而亡,历史很快进入汉初以黄老为主的休息时期;及至汉武帝时期,汉帝国国力强盛,前有秦任法而亡的历史之弊,今又有黄老之学不足以一统宇内之缺陷,汉代大儒董仲舒以天人三策应召,遂传下明显不同于先秦儒家的汉儒一脉。虽然从汉儒与先秦之儒的论证模式这一层面而言,董氏之学说明显不同于先秦儒家,但要讲到学说根本,则汉儒乃至后来的宋儒都从孔子仁学处发扬学理,此亦是汉宋诸儒亦能共同被称为儒家之根源所在。

董仲舒以体悟之法先推万物所生之宇宙本原,再将生养万物之心归为儒家之仁,借助天创生万物这一宇宙论图示推演其本体依据。以经验的宇宙生成来看,天以阴阳之气化生万物;以其理据、价值意指来看,天则以仁为心,为万物终极之理。董仲舒对本体的思考依附于其宇宙论思维,本体作为终极理据,其自身的展开并不能脱离宇宙论,所以其本体论与宇宙论呈现出含混的特点,这一点与西方迥异颇多。诚如论者所言:“由于仁体有宇宙论的基础,故仁的关系不需要用西方哲学式的逻辑上的先后去论证。”董仲舒学说中仁本体不断展开的过程,即是其内在德性不断展开以“合天”的过程,实际上亦是其政道伦理逐渐明晰的过程,仁本体作为正当性与价值渊源推动诸多外在仪式与规范的产生,法就在这一过程中逐渐显现。故而有论者指出“‘天人相应’即以‘天’之规律及意志作为价值根源……天人相应之说,则半涉及‘天’之意志,半涉及‘天’之规律。以此作为价值德性之根源,孔孟原意湮没不见。而混杂宇宙论上学观点之德性理论,遂渐渐出现。”①董仲舒即在此天人感应背景下重新思考儒家之仁德的存在,进而以体悟式方法推演内在德性

---

① 这是劳思光在《新编中国哲学史》一书中对董仲舒哲学所做的评价,值得一提的是,劳思光本人对包括董仲舒哲学在内的汉代哲学评价甚低,认为汉代哲学由心性论退回到宇宙论;但是劳氏对汉代哲学特征之概括实乃切中肯綮之论。此处劳氏所言“混杂宇宙论及形上学观点”即宇宙论与本书所谓本体论的糅合,劳氏虽是负面评价,却也直指董仲舒学说本体论与宇宙论混合的逻辑进路。参见劳思光:《新编中国哲学史》(第1卷),生活·读书·新知三联书店2015年版,第16页。

展开之道。[1] 作为内在价值渊源之德性，即仁，以生生之意借助阴阳二气得以展开，成为人世所遵行之仁义法。

董仲舒并不满足于将仁、义的解释停留于施加给他人或自己的程度，董氏又对义进行进一步解释，董氏将义直接训为宜，"义者，谓宜在我者；宜在我者，而后可以称义"。[2] 所谓义就是适宜在自己身上者，为何义适宜施加在自己身上？因为义本身乃为克制人性之贪而产生。人性之贪是人继承上天之阴气而来，因此人要将人性之阴枉于内心，不使其发散于外。由于天有阴有阳，因此人性必然有善有恶，对义的坚持自是必须之道，不能废止。董氏更进一步，在此基础上将义继续训为我，"故言义者，合我与宜以为一言，以此操之，义之为言我也"。[3] 所谓义就是适宜在我身上者，董仲舒认为义其实就是把我和宜（宜于我）视为一言，因此"以此参之，义，我也，明矣。"[4]据此来看，"仁谓往，义谓来；仁大远，义大近。爱在人，谓之仁；义在我，谓之义。仁主人，义主我也。"[5]孔子云"己欲立而立人，己欲达而达人"，杨伯峻认为这是孔子仁道的积极方面，[6]董仲舒仁主人之说与此一致，都讲求仁外推的一面，[7]而义则主我，是内收的一面。如此一来仁义就形成了往来、远近、人我的区分，这种区分实

---

① 当然，如果说董仲舒所言之德是内在于人的，则多少有纰漏之处，董氏认为人之贪、仁都是受之于天的，这一点与孔子所谓"我欲仁则斯仁至矣"则有明显不同；但是，综观董氏之书，人虽法天，但天亦即人之大者，其精神意指仍是儒家之仁，所不同在于假借了阴阳五行、天人感应的框架而已。

② 《春秋繁露·仁义法》。

③ 《春秋繁露·仁义法》。

④ 《春秋繁露·仁义法》。

⑤ 《春秋繁露·仁义法》。

⑥ 杨伯峻认为："孔子自己曾给'恕'下了定义：'己所不欲，勿施于人。'（15·24）这是'仁'的消极面。另一面是积极面：'己欲立而立人，己欲达而达人'。（6·30）"参见杨伯峻：《论语译注》，中华书局 2009 年版，第 16 页。

⑦ 李泽厚认为："'情本体'内推为'以审美代宗教'的宗教哲学，外推就是'乐与政通''和谐高于正义'的政治哲学。'儒法互用'，在古代就是让'道由情出'的'礼'来渗透、补充、冲淡纯由形式理性建造的'刑''法'。"李泽厚、刘绪源：《情本体的外推与内推》，载《学术月刊》2012 年第 44 卷。情本体内推与外推形成了不同路向的宗教哲学与政治哲学，实际上是内在自律规范与外在他律规范的形成，董仲舒的仁义法即属于其本体内推所形成的自律规范或曰"道德律"，只是嗣后董氏又对其进行改造，将内化的仁义法经由"圣人立法"转化为外在的礼法规范。

际上就是天道阴阳在人世的反映。因为阳气天性生发而阴气则天生收敛,仁义的辩证关系与阴阳关系相同。所以董仲舒认为"是故明阳阴入出、实虚之处,所以观天之志;辨五行之本末、顺逆、小大、广狭,所以观天道也。天志仁,其道也义。"①通晓天地、阴阳、五行顺逆之理,行事才能符合天道,天道其实就是行仁义之道。因为天志,即天心仁,天自身之道义,天之仁义之道在人则为人之仁义法。仁义法从积极方面说就是行仁,将人之仁外推扩散;消极方面就是行义,将人之贪桩于自身,不使外泄。如此一内一外,儒家完美的道德理想便可实现。仁义并举,一阴一阳,按照董氏阴不得兼功的说法,仁义两者功劳仅举其一则归于仁,故而董氏本体虽称为仁本体,却不仅仅是只有外无内,有人无我。宋儒陈淳在《北溪字义》中即指出仁义礼智四者并举,以仁统摄诸德。② 董氏仁本体的观念,上承孔孟,下启宋明,成为儒学诸期中的重要环节。可以说董仲舒仁本体的法哲学将先秦孔子的仁学、孟子的仁义说加以结合,构建了一主一从的仁义法模式,在此模式下,爱人与克己辩证统一,成为一体两面。

基于上述仁——仁义法的内在理据,我们至此才能对董仲舒所理解的"法"进行界定:即只有合乎仁——仁义法理据的规范才能被称为"法"。③ 就其理据来源的不同,"法"可以分为两类,即基于仁的"法"和基于义的"法"。仁"法"主外推的仁爱,义"法"主内收的自我克制;仁"法"即为德礼;义"法"即为政、刑。必须要指出的是,作为法本体的仁,以及其展开的仁义法原来都是本乎人自身而言,是主体为自身的立法。但是在董仲舒看来,这一自我立法的过程并非任何人都能做到,因为"凡人之性,莫不善义。然而不能义,

---

① 《春秋繁露·天地阴阳》。

② 陈淳在《北溪字义》一书中对仁义礼智的关系进行过分析,认为:"就四者平看,则是四个相对底道理。专就仁看,则仁又较大,能兼统四者。故仁者乃心之德。"参见(宋)陈淳:《北溪字义》,中华书局1983年版,第18页。

③ 此处"法"是为了回答"何为古人所理解的法"这一问题而言。这里要指出的是,其实很多现在看起来是疑惑的问题,在古人观念中或许根本不是问题,如对礼、刑的认识,古人无须思考礼是否由国家制定,并以国家强制力保证实施,对古人而言,礼具有约束性是自然而然的。所以我们必须要从古人的观念出发,运用"内部视角"加以省察,对董仲舒所理解的何谓法这一问题,也要以董氏理解的法本体作为判断依据。

利败之也。”[1]因此“圣人法天而立道,亦溥爱而亡私,布德施仁以厚之,设谊立礼以导之”。[2] 圣人根据天道阴阳、人道贪仁制定礼乐政刑,从而使以自我为主体的仁义法转为第三者——圣人为自我所设立之法度。但是其意旨不变,只是从自我推仁、自我克制转为圣人之法要求人行仁、克制。至此,董仲舒所理解的法本体终于得以完全展开,仁——仁义法——礼法模式最终形成。从这个角度出发,我们或许能够理解传统中国人对德、礼、政、刑的认识。如孔子所谓“道之以政,齐之以刑,民免而无耻;道之以德,齐之以礼,有耻且格。”[3]政、刑的根本目的在于以外在的规范约束人之行为,即正我;德、礼的目的则在于外推人之仁爱之心,即爱人。依照董仲舒仁本体的法哲学观念,这四者同为具有规范性的法,只是其侧重各有不同。

儒家以仁为本体的法哲学发展到董仲舒处,不仅并未被抛弃,反而形成了更加系统且无所不包的理论体。董仲舒不仅继承了孔孟学说的核心,亦吸收了荀子、老子、韩非、邹衍等人的理论,融汇一炉,构建起天人感应的宏大宇宙论体系。在这一体系中,仁——仁义法——礼法模式完整地展现在世人面前。这一礼法模式中的“礼”上承孔孟,礼法模式中的“法”又能下开后世之风,影响着实深远。更为重要的是,董仲舒能将其理论适用于汉代的司法实践,引礼入法,以儒家经义决狱,从而形成了后世所谓法律儒家化的历史潮流,对于整个传统中国法制发展进程产生极其重要之影响。这种深刻的影响,不仅仅体现在董仲舒所生活之汉代,即便在董仲舒死后,混乱纷争中的南北朝时期,法律儒家化的进程仍然没有中断。

由汉开始,中国立法进程加速,西晋《泰始律》根据儒家义理,“峻礼教之防,准五服以制罪”,[4]将儒家五服之道写入法律。此后,北魏律将“存留养亲”写入法律,“诸犯死罪,若祖父母、父母年七十以上,无成人子孙,旁无期亲者,具状上请。流者鞭笞,留养其亲,终

---

① 《春秋繁露·玉英》。
② 《汉书·卷五十六·董仲舒传》。
③ 《论语·为政》。
④ 《晋书·刑法志》。

则从流。"[1]这些颇受儒家哲学影响的法律制度的出现，虽然不能说完全是受到董仲舒本人的影响，[2]但毕竟是法律儒家化大潮中的一部分。这一时代潮流延续至隋唐，终于在《唐律疏议》中以官方法典的形式确定下来。诚如高明士所言："立法原理方面，在汉武帝实行独尊儒术后，诸儒不断鼓吹建立礼（德）主刑辅、失礼入刑的法则，初步实现于西晋泰始律、令，而确立于隋、唐律、令。就这个意义而言，西晋至隋唐可说是先秦以来儒学在礼律方面最具体的实践，并非如学界一般所说已经转衰。"[3]高明士这段论断可谓精辟，法律儒家化的过程，其实便是儒家仁义法哲学不断实践的过程，这一过程到唐代达到完满圆熟的状态。"律令法典的儒教化，其具体表现，为纳礼入律、令，进而建立天下秩序。就全面性且系统化制定儒教化的法典而言，初步完成于西晋泰始律、令，到隋唐律、令而达于完备。西晋泰始律、令，所以被称为儒教化法典之始，主要是因为从事立法诸臣大多为儒家，而立法原理则由礼刑合一改为礼主刑辅。"[4]传统的儒家法哲学到了唐代就已经将其仁义法本体完全体现在唐律之中，《唐律疏议·名例律》称："德礼为政教之本，刑罚为政教之用，犹昏晓阳秋相须而成者也"，便是对德礼法律地位的明确表述。

如前所述，德礼便是儒家之仁，刑罚便是儒家之义，仁义法本体外化为德礼，成为社会治理的最重要手段。先秦儒家和汉儒最大的区别就在于，先秦儒家论德礼不以宇宙论证成其合理性，而汉儒则借助阴阳五行的宇宙论模式加以说明。两者虽然方式不同，但是本体观一致，可谓是殊途同归。[5] 也就是说，到了唐代，儒家仁义法所

---

① 《魏书·刑罚志》。

② 汉代大儒董仲舒的思想对后世产生影响这是不争的事实，只是说从多大程度上影响了后世，这一点无法进行严谨的量化分析而已。

③ 高明士：《律令法与天下法》，上海古籍出版社 2013 年版，第 2 页。

④ 高明士：《律令法与天下法》，上海古籍出版社 2013 年版，第 16 页。

⑤ 当然，这里所谓的先秦儒家仁义法本体在唐律得到完美体现，仁义外化为德礼，并不是说唐代的礼和先秦儒家之礼完全一致，这其中的发展变化，甚至背离都是显而易见的。但是为什么还要说儒家仁义法本体是一以贯之的，最主要的原因是，唐律对仁、义的理解虽然与孔子最初的设想有所区别，但是仍在孔子的论证模式之内进行。对唐礼和先秦儒家之礼的辨异文章，可参见苏亦工：《唐律"一准乎礼"辨正》，载《政法论坛》2006 年第 3 期。

形成的礼法模式已经正式形成，对于其模式的归纳，张中秋教授将唐律的原理表示为图1所示：

↗德礼—本—晓—阳（春天）—（主）阳↖
政教　　　　　　　　　　　　　　　　道
↘刑罚—用—昏—秋（秋天）—（从）阴↙

图1　《唐律疏议·名例》所含道德原理结构示意

张中秋教授认为："透过这个图示，我们可以看到作为政教两翼的德礼与刑法与作为道之两仪的阳与阴的对应关系。我们知道，政教是传统中国政治文化的统称，法律亦包含在其中。因此，作为政教两翼的德礼与刑罚，实际上就是传统中国法的基本内容，亦即儒、法、道三家法思想合流后所形成的礼法结构。"①张中秋教授将唐律所蕴含的这一原理称之为"道德原理"，进而将上述唐律的原理结构扩充为整个传统中国法的道德原理，并将上图作进一步的完善，形成如图2所示：

↗道—阴—柔—义/宜—成/成型/有序—理/礼/刑：讲礼（文明有序）↖
道德（原理）　　　　　　　　　　　　　　　　　　（人文）道德
↘德—阳—刚—仁/爱—生/生长/变动—情/法/德：重生（生命存在）↙②

图2　传统中国法从道德原理到道德人文示意

此图简洁明了地表现出传统中国法的道德原理，体现出本书所谓仁义法本体的地位和外在展开过程。事实上，这一哲学抽象的过程在唐代即已经初步完成，但是从哲学层面上将其完整地抽象到道、德的高度，则是宋代儒学兴起之后的事。因此我们可以看出，在整个儒家传统中，仁义本体一直一脉相承，从而形成了卓有中国特色的仁义、礼法模式。

儒家创始人孔子面对礼崩乐坏的时代境遇，从礼治的传统中抽象出仁的法哲学，即所谓"礼云礼云，玉帛云乎哉？乐云乐云，钟鼓

---

① 张中秋：《中华法系与罗马法的原理及其哲学比较——以〈唐律疏议〉与〈法学阶梯〉为对象的探索》，载《政法论坛》2010年第3期。

② 张中秋：《传统中国法的精神及其哲学》，载《中国法学》2014年第2期。

云乎哉”。[①] 孔子认为礼乐的精髓并不在于外在的仪式，而是仪式背后的德，德具体而言就是“一日克己复礼，天下归仁焉”的仁。根据杨伯峻的解释，“‘己所不欲，勿施于人’这是仁的消极面。另一面是积极面，‘己欲立而立人，己欲达而达人’”。[②] 实际上在孔子的观念里，外推的仁和自我克制的仁相互配合的观念就已经萌发，表现为仁和恕的配合。孟子继承孔子学说，进一步将自我克制的仁上升到义的高度，仁义对称成为固定用法。到汉代，董仲舒杂糅阴阳五行、儒、道、法诸家，将发端自孔孟的仁义法哲学更进一步系统化，从而将阴阳五行和仁义联系起来。董仲舒在《春秋繁露·深察名号》一文中指出：“身之名，取诸天。天两有阴阳之施，身亦两有贪、仁之性。”面对天赋予的贪、仁特性，人就需要有相关的扩充仁性、克制贪性的规范，这种规范的哲学基础就是仁义法哲学。《春秋繁露·仁义法》有云：“《春秋》之所治，人与我也。所以治人与我者，仁与义也。以仁安人，以义正我。”“仁谓往，义谓来；仁大远，义大近。爱在人，谓之仁；义在我，谓之义。仁主人，义主我也。”[③]如此一来仁义法就形成了往来、远近、人我的区分，这是一种主动外推的“仁”和被动克制的“义”主从配合的哲学。董仲舒的哲学体系远比孔孟复杂，但是其内核仍然是承袭自孔孟的仁义，仁义法从积极方面说就是行仁，将人之仁外推扩散，表现为德和礼，是仁义法哲学中属阳、主要且主动的一面；消极方面就是行义，将人之贪枉于自身，不使外泄，表现为治道中的政和刑，是仁义法哲学中属阴、次要且被动的一面。如此一外一内，一主一从，儒家完美的政道理想便可实现。以仁义为内核的法哲学经过法律儒家化的推动逐步为官方所采纳，并体现在官方法哲学中，唐律的制定就是最有代表性的证明。唐律对仁义法哲学的依归用《唐律·名例律》的表述就是“德礼为政教之本，刑罚为政教之用，犹昏晓阳秋相须而成者也”。刘俊文对唐代法制的立法思想、律文与礼的关系进行了细致地考证，认为：

---

① 《论语·阳货》。

② 杨伯峻：《论语译注》，中华书局2009年版，第16页。

③ 《春秋繁露·仁义法》。

“在唐代，占统治地位的法律思想是礼本刑辅、明刑助礼。礼是本，是纲；刑不过是礼的辅助，是实现礼所规定的目标的手段。从这样的法律思想出发，唐律的修撰不可能不以礼为指导原则。”①礼就是仁的外化，刑即是义的外化，礼本刑辅，即仁本义辅。张中秋教授认为“我们知道天地/自然之道是阴与阳，即阴阳一体、阳主阴从，阴阳变化、生生不息。人类/社会之道是仁与义，即仁义一体、仁本义辅，仁施义取、万世不穷。政教/法律之道是礼与法/德与刑/情与理，即礼法结合、德主刑辅、情理两协、法随时转。”②

仁义法或阴阳化了的仁义法哲学，其内核仍然是仁义，由仁而德礼，由义而政刑，两者一阳一阴，一主一从，一外一内，构成中国法哲学的根本逻辑。在这一逻辑下，仁为人德性之本，是人之所以能成为人的本质属性，是一种外推扩散的德性自觉，这是儒家传统也是后来的整个中国传统法哲学、政治哲学的根基。由于人天生具有仁的属性，因此通过教化可以将人仁的一面培育到极致。一个人人讲求外推、爱人的社会，自然无须任何外在的强制规范，更不需要刑罚等负面刺激，天下归仁，成为儒家最终极的治道追求。因此儒家法哲学以仁为本体，以天下归仁为终极追求，从而开创出独具中国特色的以礼法为主要法律形式的法制传统。

---

① 刘俊文：《唐代法制研究》，文津出版社1999年版，第80页。

② 张中秋：《传统中国法的精神及其哲学》，载《中国法学》2014年第2期。

第四章　法家法本体

先秦诸子并起，激扬文字，针对王室衰微之境遇，阐发各自治平天下之理想，传统中国学术至此迎来首个顶峰，与法学关系尤切者主要是儒、道、法三家。法家理论简明、素朴，不似道家学说般玄妙微深，亦不似孔孟儒家般疏阔高远，但法家却最能以富国强兵之道打动乱世意图王霸之君。若从一较短时间段内考察，则法家思想为先秦诸子中真正得以“引导”彼时国家法制发展之理论，甚至成为秦帝国的国家主导思想，后世多将秦二世而亡归咎于法家治国之道，虽此云云，亦从侧面证明法家思想影响之巨大。故而劳思光认为先秦诸子之学，唯有法家学理得以实践，“先秦诸家之政治思想，皆仅为一学说，无实现者。……而法家思想则确为先秦思想中唯一曾实化者。秦政权即此实化之结果”。①先秦法家代表人物众多，内部法、术、势三派之学说或有龃龉，不能一贯，但此三派对法的根本认识并无二致，这是能够对法家本体理论做整体描述的理论前提。据《汉书·艺文志》所记，被归入法家的著作虽然比较多，但是大多亡佚，现存影响较大的法

① 劳思光：《新编中国哲学史》（第1卷），生活·读书·新知三联书店2015年版，第263～264页。

家著述主要是《管子》《商君书》《韩非子》。《管子》之书学界多认定其为伪作或后人辑佚、增删之作,肯定不是管仲本人的思想;商鞅之《商君书》虽真伪杂糅,也有较高可信度,但商君之思想与后期系统化、理论化的法家思想相比,亦多有不足、不及之处。因此本章主要以韩非为先秦法家代表,以其思想为主要研究对象,研究先秦法家的本体论。

政治哲学、法哲学或曰伦理学理论的建构,必然有其逻辑起点或曰根本支点(其实任何理论的建构都是如此),此起点便是吾辈学人研究前人思想所力图发现、还原的关键,把握此逻辑起点就能循思想者本人的思维路径前行,以窥其思想之堂奥。学界历来喜欢将法家思想视为简单、平白的理论体系,故对其思想的哲学阐发较少,主要原因就在于以韩非为代表的法家学说不从抽象的哲学命题入手,亦不从当时热议的德、礼等方面入手,而是从人性入手阐发其"法治"理论。儒道法三家之中,以老子为代表的道家学说最为抽象玄妙,儒家多由人之情感出发论证仁义的合理性与合法性,唯有法家,直面人性利害,倡言赏罚规矩之道,对与法相关的哲学论证相对较少。正因如此,法家之法本体学说相比于儒、道两家更能一贯、明了,更易于知晓。诚如劳思光所言:"韩子之言,甚杂而浅;盖韩非思想中之基源问题仅是'如何致富强'或'如何建立一有力统治'。至于心性论及宇宙论等方面,则韩非子实空无所有。就先秦思想全盘观之,则发展至韩非时,文化精神已步入一大幻灭、一大沉溺;盖依韩非之方向,自我即堕入形躯利害感一层面,而全无超越自觉矣。"①当然,由此带来的负面效应就是一些研究者因此将法家之刑、法视为现代意义上的法,更将儒家仁义、礼与道家之道排除在法的范围之外,不亦谬乎。

一、人性论:学说的逻辑起点

以现代学术概念而言,我们发现韩非是典型的"功利主义"者,

---

① 劳思光:《新编中国哲学史》(第1卷),生活·读书·新知三联书店2015年版,第264页。

亦是理性主义者。因此韩非常以社会“常道”“常态”对世事加以评判，而不以孤立、奇诡的事例论证其观点。或可说，韩非的论说根基在于对最普遍之人性、人情的考量，而非徒恃对人类情性、情感的美好愿望。① 此处所谓“功利主义”之“功利”，显然不同于哲学家边沁所谓的功利，因为韩非并非以最大多数人的幸福为其所谋求之利。② 他只是坚定其初衷和立场，始终为了已经设定的目标而谋划，在此期间，则全然不顾父子、朋友之情。韩非将一切情感折算成可能带来的利益或弊端加以计算，由此所导致的必然结果就是——将一切情感都视为方法或工具，将利益视为最终的追求。将韩非视为理性主义者，亦是在此立场而言，主要是因为韩非能严格区分情与利。在韩非看来，父子之情是一回事，父子之利又是一回事，韩非断不会因为对某种感情的过度偏向而影响其决策，这便是所谓的韩非的理性主义。③ 一切凭借感情维系的关系，在利益面前都会变化、变质，故而像儒家那样依靠感情治理国家根本是痴人说梦，唯有任用法度，才能维护彼此关系最基本的底线。法令既定，便当严格遵守之，韩非理论的长处在于能坚守对法律的服膺和遵从，其缺失之处在于无法跳出既定法律体系对明显不合人性的法以及行为悖逆人伦的集“立法者”和“违法者”于一身的君主如何处置的问题，诸如对夏

---

① 这一点以韩非为代表的法家和以孔孟为代表的儒家形成鲜明对比，在韩非看来，所谓的人性无非就是人趋利避害的本性，在生存、利益面前，父母可以杀子，子亦可以弑父，根本没有什么绝对的善或恶的存在，有的只是利益而已；而儒家对人性的理解和认识相较之于法家就显得积极、乐观的多，孔子以“仁”为人之本性，孟子更直言人性本善，舍生取义在儒家学说中成为常道，如杨树达在《春秋大义述》中概括公羊春秋中的大义就有“贵死义”和“贵仁义”，这些都是法家和儒家的不同之处。参见杨树达：《春秋大义述》，上海古籍出版社 2007 年版，第 27 ~ 38 页、第 44 ~ 61 页。

② 边沁认为：“功利是指任何客体的这么一种性质：由此，它倾向于给利益有关者带来实惠、好处、快乐、利益或幸福（所有这些在此含义相同），或者倾向于防止利益有关者遭受损害、痛苦、祸患或不幸（这些也含义相同）；如果利益有关者是一般的共同体，那就是共同体的幸福，如果是一个具体的个人，那就是这个人的幸福。”可以看出，边沁所理解的“功利”的范围不仅包括利益，还包括一些比较难以把握的快乐、幸福等内容在内，这都是韩非所不曾论述的。参见［英］边沁：《道德与立法原理导论》，时殷弘译，商务印书馆 2000 年版，第 58 页。

③ 当然，这里的理性主义同样和西方哲学中所讲的“理性主义”有较大区别，此处所用的“理性”更适合理解为排除感情因素干扰的冷静状态。

桀商纣之流如何处置,依靠法家学说则难以解决,这是由于法家以人性为立论之逻辑起点——以利益,准确地说以君主之利为最终标准所致,这实际上是法家学说内在的根本缺陷。

人性论为法家学说的逻辑起点,法家关于政治、法律的诸多理论都借此展开,由此形成了明显不同于道家、儒家的颇具法家特色的论证理路。法家不探讨形而上的宇宙论,甚至都不关注抽象意义上的伦理和道德,[①]但是法家深究人性,以治国理政为首要目标。法家此番关切国家、政治的学说,虽不似道家体道、致虚之说玄妙,亦不如儒家推仁义、讲德性自觉之说具有道德哲学韵味,但亦不是毫无“哲学”思考的路外人,“盖韩子之价值观念,乃一纯否定之观念。纯否定之出现,对文化精神而言,其重要性实不下于任何肯定。且纯否定本身即涉及哲学之根本问题。例如,强调某种价值,固可形成一肯定性之价值论,足列为哲学成绩之一部;但若根本否定一切价值,则是对哲学上价值论之取消。此一‘取消’本身即涉及一重要之哲学问题。盖认为如何条件下方有‘价值’成立,固是一哲学论断;而认为价值根本不能成立,则更涉及一根本哲学问题”。[②] 在先秦诸子对德性或拥护、或疏离的时代,法家直截了当地拒绝谈论此类问题,此举本身即是对时事、对学理深入洞察的结果,消解问题本身即蕴含着对该问题的无限理解。法家此举,本意在于通过对人之为人最根本的性质——最根本处研究人生于世究竟有何需求、有何目的以及内在秉性如何。对于对人性善恶卑高等等诸多评价,在法家学说起源处本就不具有道德评价层面上的善恶意义,而只是表明人天生的本性面貌。

在韩非的理论体系中,人外在的行为和内在本性之间并没有直接的逻辑关系,行为向善者其本性未必善,行为向恶者其本性又未必恶。如鹰鸟食兔,并非鹰鸟此举为恶,在韩非看来,这一切都只是

① 这里指法家不关注“抽象意义上的伦理和道德”,意思是说法家不费心思寻求伦理、道德的基础,不对其进行理论升华,而不是说法家彻底不关心、不涉及伦理和道德,恰恰相反,法家经常讲到“德”如何、“礼”如何。

② 劳思光:《新编中国哲学史》(第1卷),生活·读书·新知三联书店2015年版,第264页。

生存所需而已。韩非认为:“舆人成舆,则欲人之富贵;匠人成棺,则欲人之夭死也。非舆人仁而匠人贼也,人不贵,则舆不售;人不死,则棺不买。情非憎人也,利在人之死也。”①“情”是所谓“本意”之意,匠人希望人早死,本意并不是因为憎恶什么人,而是他可以从人早夭中获利,棺材方可得以销售。匠人对人早夭的情感追求不需要有其他前因,此举背后只是单纯的利益追求在发挥作用。因此据匠人此举判断匠人本性是仁还是恶不能成立。反之,舆人希望人人富贵,亦不是由于舆人有仁爱世人之心,舆人如此希冀世人皆能富贵仍是出于其利益考虑。既是如此,匠人成棺、舆人成舆两例中便蕴含了两条重要的逻辑:其一,以行为上的善或恶,并不能直接证成人性的善或恶,这是根据《韩非子》原文所能得出的直接逻辑;其二,既然行为上的善或者恶无法借由本性判断,那么人就应该为其行为本身负责。申言之,无论行为正确与否、善恶与否,其结果都应理所当然地归于行为人本人,这是一条隐含的逻辑。这两点逻辑推而广之,既是法家所极力主张的信赏必罚观念的人性论前提,也是整个法家学说的逻辑前提。

在韩非的著述中,对人性的探讨主要通过以下两种方式进行:一是直接立论,指出人性好利恶害;二是借助历史典故对人性加以评析,借此证成其人性学说。前一种论证方式为古今学者所常用,此处不加赘述;而后一种论证方式本身虽然常见,但是韩非往往能在普通人都能知晓的事例中发现可资其利用的证据,颇能显韩非之能。在《韩非子·奸劫弑臣》一章中,韩非举了战国时期楚国春申君的例子。文中韩非举例说春申君有一爱妾,名叫余,春申君的正妻名叫甲,余为了向春申君争宠,用计进献谗言谋害正妻甲及其子并取得成功。韩非说:“故妻以妾余之诈弃,而子以之死。从是观之,父之爱子也,犹可以毁而害也;君臣之相与也,非有父子之亲也,而群臣之毁言,非特一妾之口也,何怪夫贤圣之戮死哉。”②父子之亲尚且可以因为一个妾的诋毁而被毁弃,君臣之间肯定不会有比父

① 《韩非子·备内》。
② 《韩非子·奸劫弑臣》。

子之间更深的感情,所以很多时候许多贤能之臣却被屠戮,就是由于太过于相信君臣之谊所致。再往深处思考,其实就是过于相信人类情感才导致了贤能被屠戮的结果,[①]如商鞅被车裂于秦,吴起被肢解于楚都是赫然明证。韩非在春申君的例子中并未继续深入剖析为何父子至亲都可以被疏离的原因,如果我们参考其他章节就会明白,其实父子至亲被疏离的最根本原因仍然是利益分配的问题。当父亲认为属于他的利益被儿子分走,甚至被儿子抢夺的时候,父子之情便丧失了对彼此的约束力。春申君将正妻及儿子对其妾的不利视为了对自己的不利,由此开始针对自己的正妻及儿子。在韩非看来,求利的本能其效力远超过所谓的人伦和亲情,这就是韩非赤裸裸的利益逻辑。从古到今,一直都有很多学者对韩非的人性论进行批判,认为其否认人类的德性自觉。事实上,我们必须明白,人性善恶卑高已经被探讨、争论了两千余年,至今仍无定论。对人性的不同理解,其实是立场或曰起点的差异,这种立场的差异最难调和,也根本无法调和。因此只要韩非假定人以求利恶害为本性,那么他后续的论证若能依此而有条不紊地展开,则其学说就可被理解为符合逻辑的严密学说。

韩非从一开始就否定了孟子、荀子讨论人性时所赖以立足的基点——以人的外在行为推论人本性如何。韩非认为根本无法借由外在的行为推知人性善恶,所以无论孟子所谓“不忍人之心”也好,[②]荀子所谓“人之性恶,其善者伪也”也罢,韩非都是反对的。但是这并不意味着韩非认为人性无法探讨,与之相反,韩非对人性问

---

① 此处的人类情感表现为父子之情和君臣之情。

② 孟子对人性的论述最经典的表达莫过于对“不忍人之心”的论述,具体如下:“人皆有不忍人之心。先王有不忍人之心,斯有不忍人之政矣。以不忍人之心,行不忍人之政,治天下可运之掌上。所以谓人皆有不忍人之心者,今人乍见孺子将入于井,皆有怵惕恻隐之心——非所以内交于孺子之父母也,非所以要誉于乡党朋友也,非恶其声而然也。由是观之,无恻隐之心,非人也;无羞恶之心,非人也;无辞让之心,非人也;无是非之心,非人也。恻隐之心,仁之端也;羞恶之心,义之端也;辞让之心,礼之端也;是非之心,智之端也。人之有是四端也,犹其有四体也。有是四端而自谓不能者,自贼者也;谓其君不能者,贼其君者也。凡有四端于我者,知皆扩而充之矣,若火之始然,泉之始达。苟能充之,足以保四海;苟不充之,不足以事父母。”参见杨伯峻:《孟子译注》,中华书局 2010 年版,第 72 ~ 73 页。

题的研究一直贯穿于其论著始终。甚至说,人性问题是韩非学说的逻辑起点和根基也一点都不为过。综览《韩非子》全书,我们会发现韩非本人对于善、恶的问题并不那么敏感,他所关注的重点始终都简单而又直白,他对人性的关注亦直接落脚在“利”上。韩非所言之“利”即今天所讲的利益,利益有大有小,有私有公。我们从《孟子》开宗第一篇就可以看到“利”的影子,“孟子见梁惠王。王曰:‘叟!不远千里而来,亦将有以利吾国乎?’孟子对曰:‘王!何必曰利?亦有仁义而已矣’”。[①] 梁惠王甫一见孟子就如此发问,可见当时说客谋士携利以奔走,用利以说人君已然成为彼时之风尚。再考之时代背景,周天子式微,诸国纷争绵延,一国若要保存于乱世之中,唯有尽可能地获得对自己有利的条件,这也在情理之中。孟子接下来反驳梁惠王说:“王曰,‘何以利吾国?’大夫曰‘何以利吾家?’士庶人曰‘何以利吾身?’上下交征利而国危矣。万乘之国,弑其君者,必千乘之家;千乘之国,弑其君者,必百乘之家。”[②]当然,必须要明确的是,《孟子》此篇,并不涉及人性问题,此处只是孟子对梁惠王优先强调“利”甚至只强调“利”的回应。孟子和梁惠王的这番对话,让我们了解了那个时代“求利”的普遍性。理解了这一时代背景,便更能理解韩非学说中将求利视为人本性的缘由。

韩非在《六反》一文中对六种本应该坚决予以反对,却反而为世人所认可的行为进行了严厉地批判,其中有一种就是针对儒家的“去利”主张而言。韩非认为儒家(主要指孟子)所谓的“何必曰利?亦有仁义而已矣”,认为只需要求仁义天下就会太平、大治的观点根本站不住脚。他认为为政就像洗头发和针砭服药治病,洗头发的时候必然会有头发脱落,但是,“虽有弃发,必为之,爱弃发之费而忘长发之利,不知权者也”。[③] 治病道理亦然,“夫弹痤者痛,饮药者苦,为苦惫之故不弹痤饮药,则身不活,病不已矣。今上下之接,无子父之泽,而欲以行义禁下,则交必有郄矣”。[④] 韩非通过这两个例子试

① 《孟子·梁惠王上》。
② 《孟子·梁惠王上》。
③ 《韩非子·六反》。
④ 《韩非子·六反》。

图证明:虽然掉头发和针砭服药带来的苦痛都是负面效果,任谁都不想承担。但是,为了长久的利益考量,却又不得不为之。为什么儒家去利观念不对?在韩非看来,人类在任何群体中都适用求利这一准则,而讲求义仅仅是洗发时的弃发、治病时的苦与痛,不能因为爱惜这些小事而放弃了更大的利益,这种计算就连父母对待子女也不例外。“父母之于子也,产男则相贺,产女则杀之。此俱出父母之怀衽,然男子受贺,女子杀之者,虑其后便,计之长利也。故父母之于子也,犹用计算之心以相待也,而况无父子之泽乎?”[①]同样是父母所生,男孩与女孩却面临着“产男则相贺,产女则杀之”的天差地别,从根源上讲,并非父母不疼爱女孩,只是为了生存之利不得已而为之,为了在有限的资源中得以存活无奈只能牺牲女儿。与韩非一贯的论调相同,韩非在《六反》一章中并未流露出对父母产女则杀之的批判,这与其对待匠人希望人都早夭的态度一致:即不能够单纯通过外在行为评价人性善恶。所以在韩非看来,儒家要求人人都要去利的标准过高,甚至高过父子至亲之间所能达到的程度,“今学者之说人主也,皆去求利之心,出相爱之道,是求人主之过父母之亲也,此不熟于论恩,诈而诬也,故明主不受也”。[②]

韩非所理解的人性不同于儒家,他把人性视为赤裸裸的利益的争夺。每个单独的个体都有其利益诉求,人无时无刻不在进行着利益的计算和权衡取舍,与其用虚无高渺的仁义说服世人,不如通过对利益的分配与限制来规制世人的行为。在韩非看来,这种对利益的追求不仅体现在每一个普通民众的本性之中,亦体现在被儒家所尊崇的圣王那里。普通人和圣王都以求利为目标,便更能证成韩非人性好利的观点。

韩非从儒家所惯用的崇古论入手,首先斥责古今形势已变,不能再以古法治今人,并指出变化的根源在于财产多寡的变化。远古时代人口稀少,自然草木禽鸟数量庞大,足以养活有限的人口,人与人之间也就无须为生存资源而争斗。在这种状况下,赏罚都没必

---

① 《韩非子·六反》。
② 《韩非子·六反》。

要，因为根本没有利益的冲突和纷争，矛盾存在的基础根本不存在。“古者丈夫不耕，草木之实足食也；妇人不织，禽兽之皮足衣也。不事力而养足，人民少而财有余，故民不争。是以厚赏不行，重罚不用，而民自治。”①到了韩非所处的时代，社会情况迥异，在有限的资源面前，人少不了纷争冲突，有纷争就需要相应的解决措施，因此赏罚的法制必不可少。“今人有五子不为多，子又有五子，大父未死而有二十五孙。是以人民众而货财寡，事力劳而供养薄，故民争，虽倍赏累罚而不免于乱。”②至此，韩非又将这一“事实”认定与人性、道德联系起来。首先，韩非认为古代的圣王禅让并不像儒家所宣传的那么伟大，因为古时候虽然吃喝足够，但是身为王，其生活条件并不比普通人好到哪里去。“夫古之让天子者，是去监门之养，而离臣虏之劳也，古传天下而不足多也。”③“今之县令，一日身死，子孙累世絜驾，故人重之。”④其结论就是“是以人之于让也，轻辞古之天子，难去今之县令者，薄厚之实异也。”韩非在这里又一次将儒家所宣扬的圣王高尚道德打回到利益的层面，即古代圣王愿意禅让只是由于好处不多。现代人连县令小官都愿意做，是由于利益丰厚所致。“夫山居而谷汲者，媵腊而相遗以水，泽居苦水者，买庸而决窦。故饥岁之春，幼弟不饷；穰岁之秋，疏客必食。非疏骨肉爱过客也，多少之食异也。是以古之易财，非仁也，财多也；今之争夺，非鄙也，财寡也。轻辞天子，非高也，势薄也；争士橐，非下也，权重也。”⑤韩非举例说，对于那些居住在山顶却要到谷底去汲水的人来说，逢年过节把水当作礼物馈赠他人，这是因为水对于他们来说很珍贵；对于那些居住在洪涝灾害地区的人来说，他们还要花钱花工夫去排水。遇到灾荒的年岁，连自己的亲人都无法顾及是否吃饱；遇到丰收的时候，路人过客也能供给饭食，并不是说关爱路人过客胜于对自己的亲人，只是钱货多而已。因此，古代的圣王让贤和当今之人追逐

① 《韩非子·五蠹》。
② 《韩非子·五蠹》。
③ 《韩非子·五蠹》。
④ 《韩非子·五蠹》。
⑤ 《韩非子·五蠹》。

县令之官,所考虑的都是钱、利而已。从利益的角度,韩非剖析了古今世人对待天子和县令的区别,以此证明古时圣王禅让远非儒家宣扬那般崇高,从而证明儒家仁、义之说不可靠。最终,韩非认为人的本性就是:“安利者就之,危害者去之,此人之情也。”①人由好利恶害的本性必然培养出适合此种本性的生存方式,那就是对趋利避害的计算。绝大多数普通人都会对自己和他人的行为进行权衡,从而寻求对自己最有利的、最佳的选择,这是韩非法哲学学说的逻辑前提。

如何在人好利的前提下对人的行为进行规范,这是法家思考的重要环节,无论是商鞅还是韩非,法家思想家都一致地认为要用赏罚。赏是一种正面的利益刺激,自不待言。而罚亦是一种利益,只是其性质为负面而已。法家认为人都会对各自利益进行权衡,倘若其所追求的利益和国家处罚相加之后明显得不偿失,那么世人就会放弃对该利益的追求(无论此利益是善还是恶)。② 人天生地对利益的追求表现为两个方面,即对正面利益的积极追求和对负面利益(惩罚)的规避。任何人都希望得到好处而避免任何不利,把握了这一点,以韩非为代表的法家认为就把握了为政、治国的根本。这也催生出法家的黄金法则——刑赏二柄。法家认为,在利益面前,通过奖励的手段可以推动世人对该类利益的追求,同样,通过惩罚也可以制止世人对某种利益的追求。如此一来,法家的学说理路就转换为,什么样的利益应该被引导,什么样的利益应该被限制的问题。

---

① 《韩非子·奸劫弑臣》。

② 法家并不侧重对行为善、恶的价值判断,他们的初衷仅仅是通过某种手段达到国家富强,维护政治上的强力,或许是由于法家学说体系过于关注富强,抑或是法家学说体系一开始就没有探讨人存在的价值、人存在的意义,又或许法家认为那一切都是一种不可知的问题,总之,法家学术脉络相当简洁、明晰、有力,即对富强的追求。那么什么是善、什么是恶,这只有在君主利益或法令面前才有探讨的可能和空间。依此路径来看,则不难理解为何对同样的一件历史事件,韩非所得出的结论跟儒家、道家龃龉甚大,这种矛盾在韩非著作中表现为各种“反”“蠹”的存在,如《六反》《五蠹》篇所举的各种例证。

二、君主之利:法制合理的根源

以好利为人之本性,对法家而言,仅仅是发现了借刑赏二柄予以规制世人的根据而已。法家将刑赏视为手段,故称之为"二柄",然而法家学说的逻辑重点并不止步于此。所谓法本体,就是试图站在法家的立场上,回答"法是什么"以及可以被称为法的东西要秉有何种内在理据方可称为法的问题。现代学术研究往往将先定的成文规范认定为法,进而在此基础上回溯比附研究传统中国哪些"法"是法,哪些"法"不是法,这实际上是一种被前见所掌控的思维方式。前见固然不可根除,但是我们应该从逻辑的角度尽可能地避免前见对学术研究的影响。理解了这一点,就很容易理解为什么以韩非为代表的法家所谓"法者,编著之图籍,设之于官府,而布之于百姓者也"对法的界定能为时下学者所广泛接受。[①] 缘由在于,研究者们更希望能从卷帙浩繁的历史文献中找到最契合自己前见的法的概念,如此看来,韩非这句话实在是不二之选。[②] 西方学者对法的理解有过多种流派的不同认识,如自然法学派、实证法学派等,便就传统中国而言,道家以合乎道、体现道的属性和规律作为判断法与非法的终极标准,儒家则以是否合乎作为人最根本属性的仁义作为判断的标准。法家既然在先秦时期能与儒、道两家在政治哲学、法哲学领域成鼎立之势,则必然有其自己对于法为何是法的独到理解。

韩非对法是什么的理解,更多的是一种工具性的认识,单纯地将法视为手段。既然是将法视为手段,那么手段所要达到的目的就是韩非所理解的法为什么能够成为法的根本所在。作为手段和工具的法,在韩非学说中首先体现为前文所说的刑赏二柄。韩非赏罚所依据的标准,从根本上来看,并不是法制如何,而是君主的利益。

---

① 《韩非子·难三》。

② 这种以当下研究者的思维取代古人思维的做法在研究中十分常见,亦是研究中不可根除的现象和症结,称其为"现象"是因为前见本身其实昭示着人类认识和思维的连续性,这种连续性存在于每一个拥有历史记忆和文化传统的国族之中;称其为"症结"是因为前见对于今人理解古人的时候,势必会带来以今人替代古人思考的问题。

《韩非子·诡使》一篇称:“圣人之所以为治道者三:一曰利,二曰威,三曰名。夫利者,所以得民也;威者,所以行令也;名者,上下之所同道也。”[①]利、威和名三者是圣人治道的组成部分,此三者缺一不可,目标就在于“得民”和“行令”。法令的推行,民众拥戴的最终结果就是君主利益的获得。这里必须要明确的是,虽然韩非也讲君主要“得民”“行令”,但是君主利益却未必都是“正当”的利益。依现代人的眼光来看,韩非并不关注君主行为的善恶,甚或说,韩非的学说从根本上就不曾考虑过对君主的行为进行道德评价的问题。作为以讲求“霸”道、农战等学说起家的法家,其关注重心一开始就不曾那么疏阔高远。

站在韩非对人性好利的逻辑立场上,韩非认为志在实现王霸之道的君主根本不应该从所谓感情的角度对臣子、百姓进行劝诱。连父母尚且都要算计自己生男还是生女,想让臣子对君主的感情胜过父母对子女之情,这是根本不可能的。与其强求没有血缘关系的君臣之间讲求仁和忠,到头来只能是国破家亡,那还不如用一种统一的标准对君臣关系进行规定。这种统一的、明确的标准就是韩非所说的“法”,所以韩非认为“君不仁,臣不忠,则可以霸王矣”。[②] 故而劳思光评价韩非时说韩非实际上是“承权威主义之思想,否定一切价值,而只肯定一君权。‘二柄’供人主之用,法术亦仅为人主所需。故韩非子学说中之唯一肯定即为君权或人主之利。”[③]冯友兰亦认为:“其专从君主或国家之观点,以论政治者,在当时称为法术之士,汉人谓之为法家。”[④]此皆可谓之为不刊之论。

韩非认为对于君主而言,最重要的就是保障君主之利,而保障君主之利在法制方面最高的准则便是明法,即明晰、申明法度。明法能够带来多方面的利益。首先,从君臣关系来看,明法所带来的效果是:“彼法明,则忠臣劝;罚必,则邪臣止。忠劝邪止而地广主尊

---

① 《韩非子·诡使》。

② 《韩非子·六反》。

③ 劳思光:《新编中国哲学史》(第1卷),生活·读书·新知三联书店2015年版,第266页。

④ 冯友兰:《中国哲学史》(上),重庆出版社2009年版,第257页。

者，秦是也；群臣朋党比周以隐正道行私曲而地削主卑者，山东是也。”[①]严格按照法度进行赏罚，便可使君主详察人臣之善恶，有功者赏，有过者罚，由是则能够保使秦国强大。山东六国则因为君主不明法度而导致地削主卑，为强秦所灭。此处更有一深层次原因，考《韩非子》其他章节论述可知，以法度对人臣进行赏罚，其根本原因在于能够使人臣无法揣度君主之意，“君无见其所欲，君见其所欲，臣自将雕琢；君无见其意，君见其意，臣将自表异”。[②] 众臣子不能投君主所好，亦不能避君主所恶，君主因此便不会被邪恶奸佞之臣加以利用，长久来看有利于君主的长远利益。最能操之有效地避免显露君主好恶的办法就是用法律来选拨、考核人臣，“故明主使法择人，不自举也；使法量功，不自度也。能者不可弊，败者不可饰，誉者不能进，非者弗能退，则君臣之间明辩而易治，故主仇法则可也”。[③] 这正是韩非所言君主治臣下之术的核心，即不见所欲。

韩非将不见所欲的术放在与法同样重要的位置，“人主之大物，非法则术也。法者，编著之图籍，设之于官府，而布之于百姓者也。术者，藏之于胸中，以偶众端而潜御群臣者也”。[④] 君主最重要的宝物非法即术，法用于治百姓（当然也包括群臣），而术则专用于御群臣。两者最大的区别是一明一暗，法要对世人公开，以保证世人能够依法行事，为法所赏之事，不为法所罚之事，借此规范世人的行为。而术则只能为君主所知，仅为君主所用，人臣不知君主所喜，亦不知君主所恶，更无缘一窥君主治人之术，就只能依法行事。这样臣下也便不敢有僭上作乱或蒙蔽诱骗君主的可能，国家才能大治。所以韩非说：“故法莫如显，而术不欲见。”[⑤]这是韩非权术论的重要内容。一般而言，学界谈到韩非时，常称韩非为法家的集大成者，如此表达固然没有问题。下一句便会说韩非集法、术、势三派为一体，此亦没有问题。但是术和势真的要在韩非的法哲学、法律思想的考

---

① 《韩非子·饰邪》。
② 《韩非子·主道》。
③ 《韩非子·有度》。
④ 《韩非子·难三》。
⑤ 《韩非子·难三》。

察范围内吗？更进一步地说，术和势是韩非所理解的法吗？答案显然是否定的。我们看到，韩非在其著作中多次强调法的公开性和公平性，[①]认为这是治民的大纲大法，不能被违反，而术的使用主体却仅仅是君主。单从这一点就能看出法和术的巨大区别。明法所带来的另一个好处便是对整个国家而言，能否明法、行法制是国家强弱的分水岭，“国无常强，无常弱。奉法者强，则国强；奉法者弱，则国弱。故当今之时，能去私曲就公法者，民安而国治；能去私行行公法者，则兵强而敌弱”。[②]

据此可知，韩非论法，从人性的好恶出发，以君主利益为根本依归，君主之利就是韩非法哲学的本体，凡是合乎君主利益的规范才能被称为法。这样的法哲学现在看来或许问题颇多，但是在战国末期的时代背景下，却未尝不是一种能够代表时代风潮的法哲学思想。西周之后，生产工具革新，生产力也不断发展，旧有的以礼乐制度为核心的西周封建贵族制逐渐走向衰微，整个中国政体向着君主制转型。韩非敏锐地洞察到了这一点，因此将对君主利益的维系和保障作为第一位的目标。当时贵族制尚未彻底瓦解，新的君主制尚未建立，如何在商鞅变法初步废除世卿世禄制的基础上进一步规范国家选拔、考核人才的办法以维护君主之利，这都是韩非想要探讨的内容。一国之君最大的利益莫过于国富兵强，因此韩非不厌其烦地论证法制和国强之间的关系，亦不断地论证法制和治民的关系，这一切的出发点都在于维护人君之利，而非站在民众立场上的发言。

我们必须明白，立场的不同并不必然意味着维护君主之利就要彻底弃民众之利，人民始终是国家最重要的组成细胞，因此韩非对法制的论述体现出明显的“爱民”的特点。所谓爱民，并不是说韩非站在民众的立场上提出应该实行法制以保民众之利，而是站在君

---

① 韩非法哲学中的“公平”当然有别于现代法治中的公平，韩非所主张的公平并不将君主置于考察对象之内，换句话说，在君主之外，只要法制平等地对待百姓和官吏，这就可以被称为公平，这种情况很常见，古希腊思想家亚里士多德所理解的民主同样也未将奴隶视为公民，因此奴隶根本不在民主的对待范围内。

② 《韩非子·有度》。

主、国家的立场上认为为了维护国家之利不能忽略、放弃对民众利益的保护。是站在民众立场上的法制还是站在君主立场上主张的法制，虽然两者都主张实行法制，但是法制的内涵和目的完全不同，我们不能因对法制的表述类似就认为两者是一回事。譬如，说法律规定上的紧急避险和故意损坏他人财物，两者看似行为上有一致性，但是其根本出发点则完全不同。上升到法哲学层面，韩非之法制与现代之法治差异颇多，此处申明此差异，则在于表明韩非法制与其法哲学的内在一致性，从韩非以君主利益为出发点的制度构想推演出现代的民主、法治才是真正的曲解历史。

三、法：法哲学的核心①

史书称韩非是法家的集大成者，而韩非学说中最根本、最关键的内容则非“法”莫属。在韩非的学说体系中，可以说法是以韩非理论的根基部分存在的。由于韩非学说中法、术的关系密切，在已有的研究成果中，讲到韩非的法律思想时，经常动辄说“法术势相结合”，但是，倘若我们真正地从法学的立场出发，我们就不得不考虑这样一个问题：术能被称为法吗？想要回答这个问题，我们从韩非所理解的本体，即君主利益的角度出发，就会很容易解决这个困惑。

如前所述，韩非学说的初衷和落脚点始终是如何维护君主利益，这一点毋庸置疑。其他关于富国、治民等论述都服务于此目标，这是探讨韩非学说必须要明白的知识前提。在韩非的论述中，多次提到利益，用现代经济学的概念来分析的话，韩非所理解的利益可以分为两种，一种是零和利益，另一种是非零和利益。零和利益的特点是利益整体的有限性，即利益作为整体其“总量”固定且有限，好比一块完整的蛋糕，被人臣分走之后国君享有的份额就相应减少。故而君主就要想办法遏制人臣僭越制度获取利益的行为，人臣

---

①　此处所说之“法”，是针对韩非学说中“法、书、势”相结合的“法”而言，与其对称的是术和势。长期以来，学界普遍认为法、术、势是韩非法律思想、法律哲学的核心。依韩非法本体论来看，无论是论证的篇幅还是在其学说中的地位，术和势都无法与法相抗衡，因此，只有法，才是韩非法哲学的核心。

攫取君主之利最主要的方式就是僭越、抢夺权力的行为。另外有一种君主、人臣、民众可以共同享有而无人受损的利益，这是一种典型的共赢结果。故而言之，无论是哪种利益，韩非无外乎从求利和去害两个角度对君主利益进行了详尽的制度设计。在零和利益面前，尽可能地排除其他人的干扰；在非零和利益面前，尽可能地增加君主之利。关于法的理解也便蕴含其中。非零和利益主要存在于遵守法制所产生的利益，如民众富足，官吏恪尽职守所获得爵位奖励等等，前提是从根本上对君主利益的增益。在这种情况下，可以说法是韩非制度构想的根本。但是在零和利益面前，君主要想保有自身权力，那么便只能遏制人臣之权。因此在《韩非子》一书中颇多章节专门讲人臣权力过大所带来的弊病，遏制人臣权力的办法就只有用法和用术两种。所谓用法的方法，即严明法度，以法度为标准行赏罚，如此则能国安民治，“故当今之时，能去私曲就公法者，民安而国治；能去私行行公法者，则兵强而敌弱。故审得失有法度之制者，加以群臣之上，则主不可欺以诈伪；审得失有权衡之称者，以听远事，则主不可欺以天下之轻重”。[①] 唯有以法度审明得失，方能使得人臣不能以诈伪相欺，这便是行法所带来的最大好处。除此之外，便要靠术来统御臣子，如果说韩非所理解的法的核心在于公开，那么术的精髓就在于隐秘。这就是说从根源上讲，法来源于非零和利益，而术是在零和利益下的必然选择。当然，并不是说因为利益种类的不同，那么法就能被称为法，而术就不能被理解为法，最关键的原因在于，由于在零和利益面前，君主要尽力削减人臣利益，因此韩非对于术的构想从一开始就局限于君主为使用主体，人臣为使用对象，这与法形成了明显的差别。

韩非的逻辑十分明晰，既然不能以仁义等道德情感对人加以劝诱，便只能借用严刑峻法。但是刑和法虽然严，韩非却有其底线，那就是公平和公开。韩非认为，将不值钱的东西放在隐蔽的地方，即便是贤能如曾参、史鳅那样的人也要被怀疑，而将百金放在街上，即便是大盗也不敢取。原因很好理解，并不是说盗贼的道德素养高，

① 《韩非子·有度》。

而是因为众目睽睽之下,任谁都不敢取走街上的黄金。韩非据此得出了自己的结论:“故明主之治国也,众其守而重其罪,使民以法禁而不以廉止。”[①]韩非这句话其实包含三个层面,这三个层面之间是逐层深入的关系,其实也是韩非法哲学的核心表达。《韩非子》一书虽然洋洋十数万言,其中也名言辈出,但韩非的法学思想在其中往往可以前后互参,甚至一叶知秋,这亦从侧面说明韩非作为法家集大成者的思想系统性和一致性。我们将这一句进行拆解,则可以分为三个小命题:约束民众要靠法律,而不是靠廉洁;要众其守,即多加监控;要重其罪,对犯罪行为采取重刑整治。这三点其实便是韩非法哲学的缩略图。首先,韩非从人性的角度认为人天生好利,所谓礼义廉耻等道德要求根本无法判断一个人行为对错,更无法指引世人的行为,所以要用法律加以规范。其次,运用法律加以指引和规范的话,那就要让世人的行为都处于法律和人民的监控之下,因此要众其守。结合韩非其他篇章的论述就会发现,这里的“众”不仅是指互相告奸的监听之众,也是法律广为知晓之众。由此衍生出韩非法哲学思想的另外一个重要内容,即法要公开公布,要让民众熟知。最后,以上两点都满足的条件下,对于违法犯罪行为,便要采取重刑惩罚,如此才能威吓世人不敢为非作歹。

具体而言,法和术最大的区别除了法要公开,术要隐秘这一点之外,还有另外一个重要的区别,那就是两者的创设主体和适用对象完全不同。首先,从法和术的创设主体来说,术仅限于君主使用。因此只有君主才能凭需要创设,任何人臣都不能擅窥其道,不然君主如何靠术来治理人臣?而法的创制则相对复杂一些。法的创设权最终来源于君主,这是必然的,但是法的制定在很大程度上是人臣、官府的职责。例如,韩非对法的那条经典定义就可以体现这一特点,韩非在《难三》一章中对法下的定义是:“法者,编著之图籍,设之于官府,而布之于百姓者也”。[②] 通览《韩非子》一书全文我们会得出这样一个印象,那就是韩非本人对于词语的使用比较严谨。

① 《韩非子·六反》。
② 《韩非子·难三》。

例如,《韩非子》一书中从未出现人臣可以用术的表达,而此处韩非称法是“设之于官府”,也就是说官府有权力制定法律,这应是韩非本意,而非吾辈后人的揣测。如果我们再参考韩非对法的公开性、准确性的追求来考量的话,这样一种至关重要而又极其精准的治国手段,肯定是容不得一丝马虎,因此需要官府和国君的共同努力和思考,才能以之为治国的根本。这就是说法的创设主体不单纯局限于君主,官府中的人臣也可以行使这种权力,尽管人臣制定法律的权力最终来源于君主并且不得和君主权力相抵触,但是这明显不同于术的君主专属性。从法和术适用的客体角度来看,两者也区别甚大。对于韩非学说中君主是否受到法律规制这一问题,学界基本上达成了共识,普遍认为韩非学说中的君主权力凌驾于法律之上。所以我们可以说法所针对的对象包括普通百姓、人臣,这在任何时候都毫无疑问,君主则不受其限制。而术则不同,韩非所理解的术就是君主用来统御臣下的权术技巧,因此它所针对的对象只是人臣,普通百姓、君主本身都被排除在外。

综合以上两点,我们便会发现,韩非虽然被称为法家之集大成者,但是其学说中的法和术其实差异甚大,术仅仅是韩非学说中的一种权术而已,并不能被放到法的视野中考察,这正是我们引入法本体这一研究范畴的意义所在。通过对法本体的梳理,可以撇清韩非学说中法与“非法”的部分,从而从法学的专门视角对其学说加以考察。当然,这并不意味着对韩非学说中的术和势不能探讨或者没有探讨的必要,此处只是说明术不应该被放在韩非法哲学的核心位置加以考察。依此路径继续思索的话,我们就不得不怀疑这样一个问题:根据史书记载,商鞅重法,慎到重术,管子重势,虽然他们都被称为法家,那么慎到和管仲的术和势真的应该被放到法律史的学科范畴内加以研究吗?只是时局变易,文献散落,我们无法一窥此两家学术原貌,此类问题便只能作为悬案留存。或许我们可以再进行一个大胆的提问,为何法、术、势三家明明差异巨大,却还被共同称之为法家,这背后是不是有其他更为隐晦、复杂的原因?

以韩非为代表的法家在中国春秋战国时期留下了浓墨重彩的一笔,秦国更以法家理论为国之根本理论从而一统六国,建立秦帝国。秦帝国二世而亡,给后世留下了儒法之争的千古议题,但是无论如何,法家都是先秦时期唯一真正得以现实操作的流派。法家学说中明法、重刑的理论因素并没有随着秦帝国的灭亡而彻底消失,反而以一种更加隐秘的方式,与传统中国的儒家、道家思想相互糅合,共同汇成了作为主流文化传统的传统中国法哲学,这儒、道、法三家思想的混同,在传统中国法哲学中缺一不可。只是中国历史朝代更替兴亡频繁,不同时期、不同君主,对儒、道、法三家的倾向不同,由此也导致了中国法制发展的不同时代特色。这一切其实都意味着,传统中国社会及其哲学是一个复杂的有机体,远非儒家取代法家,或者外儒内法这样泾渭分明的理论模型所能一言以蔽之。

第五章　传统中国法的天本体

“天”这一概念应当是传统中国最有特色、最能代表传统中国文化的概念之一，以天事论人事、究人事而推天道已经成为古人思想的重要特征。天人合一的思维模式更是在民族文化、心理方面深深影响了吾国传统，时至今日，所谓天经地义、天命如斯等观念仍然在社会中广泛存在。故而中国“天”的传统，可以说亘古及今，一直潜藏在中国人的文化血脉之中。“一部中国哲学史就是围绕着天人关系这个基本问题而展开，由各种各样矛盾片面的看法及其相互之间的争论而构成的”。[①] 如汤一介认为：在中国古代的思想学说中，“唯有‘天人合一’学说影响最大，它不仅是一根本性的哲学问题，而且构成了中国哲学的一种思维模式”。[②] 张岱年认为：“中国古代哲学可以称为‘天人之学’。‘天人之际’是中国哲学的总问题。”[③]又称：“天人关系问题是中国哲学的一个根本问题。汉代史学家司马迁自称著书宗旨是‘究天人之际，通古今之变’，所谓天人之际即天与人的关

---

① 余敦康：《魏晋玄学史》（第2版），北京大学出版社2016年版，第3页。

② 汤一介：《论“天人合一”》，载《中国哲学史》2005年第2期。

③ 张岱年：《中国文化的思想基础与基本精神》，载《张岱年全集》（第6卷），河北人民出版社1996年版，第58页。

系，实为许多哲学家所关注的中心问题。"[①]又如："众所周知，中国政治生活中的许多宗教影响，都源于'天'这一基本概念和附属于天的众神体系，而这个体系能够预先决定包括政治事件在内的宇宙万物的生发过程。它的核心概念就是'天命'，这种合法性的象征不仅被历朝政权所承认，也被普通民众广泛接受。"[②]

当我们对一个时代进行宏大视野研究时，不可避免地要思考这样一个问题，即什么才是这个时代一般的、普遍的思想？这是十分难以解决的问题，我们暂且不说那些距今几百上千年的中西历史上的思想，如果我们肯以一种严肃的态度思想当下，当我们设法回答"什么是当下中国社会的一般的、普遍的观念、信仰"时，我们会如何回答？这里所称"一般的、普遍的观念、信仰"是指社会总体所表现出来的对某些问题的观念、信仰，这种观念、信仰并不一定以学术化的话语表达出来，但是却能真正为民众所使用，甚至是在无意识的情况下使用。[③] 正是由于这样一个宏大视野和碎片化相互交织的背景，使得既有学术研究多从知识精英（如儒家、道家、墨家、法家等

---

① 张岱年：《论传统中国哲学的继承与改造》，载《张岱年全集》（第7卷），河北人民出版社1996年版，第543页。

② ［美］杨庆堃：《中国社会中的宗教：宗教的现代社会功能与其历史因素之研究》，范丽珠等译，上海人民出版社2007年版，第128～129页。

③ 本书所称"一般的、普遍的观念、信仰"的提法，来自于葛兆光《中国思想史》一书中的提法："所谓'一般知识、思想与信仰的历史'描述的并不完全是'小传统'，这里，我特别希望读者不要用'大传统'与'小传统'这两个可以二元对立的词语来划分思想史的叙述对象，也不要用所谓的'民间思想'或'民众思想'来理解我所说的'一般知识、思想与信仰'。因为我所说的'一般知识与思想'，是指的最普遍的、也能被有一定知识的人所接受、掌握和使用的对宇宙间现象和事物的解释，这不是天才智慧的萌发，也不是深思熟虑的结果，当然也不是最底层的无知识人的所谓'集体意识'，而是一种'日用而不知'的普遍知识和思想，作为一种普遍认可的知识与思想，这些知识与思想通过最基本的教育构成人们的文化底色，它一方面背靠人们不言而喻的终极的依据和假设，建立起一整套有效的理解，一方面在日常生活中起着解释与操作的作用，作为人们生活的规则和理由。"参见葛兆光：《中国思想史导论：思想史的写法》，复旦大学出版社2004年版，第14页。但是，对于这种"一般的、普遍的观念、信仰"本书的理解与葛兆光先生略有不同，葛氏认为这种"一般的、普遍的观念、信仰"不是来源于天才的创造，也不是来自于集体无意识，而是教育所形成的底色，本书恰恰认为，这种"一般的、普遍的观念、信仰"在被教育机构进行"说教"之前，恰恰是天才的创造、一部分人的深思熟虑、普通民众的集体无意识以及偶然所共同铸就的结果，因此，可以说，本书所使用的"一般的、普遍的观念、信仰"一词虽然源于葛兆光先生《中国思想史》，但是在理解上仍与葛氏不同，谨此说明。

知识分子）的论述中探索某一时代的精神状况，这或许是不得已中的权宜之计。我们都很清楚，春秋战国时代，诸国纷争频繁，社会动乱不堪，无论儒家、道家还是墨家的观点都是一家之言，他们的学说能否代表那个时代一般的思想和信仰？答案是否定的。葛兆光认为："仅仅由思想精英和经典文本构成的思想似乎未必一定有一个非常清晰地延续的必然脉络，倒是那种实际存在于普遍生活中的知识和思想却在缓缓地延续和演进着，让人看清它的理路。第二个疑问是，因为精英和经典的思想未必真的在生活世界中起着最重要的作用，尤其是支持着对实际事物与现象的理解、解释与处理的知识与思想，常常不是这个时代最精英的人写的最经典的著作。我们在自己生活的世界中常常发现，可以依靠著述表达自己思想的精英和可以流传后世的经典毕竟很少，而且生活的世界常常与他们分离很远，当社会已经有条件使一批人以思想与著述为职业以来，他们的思想常常是与实存的世界的思想有一段距离"。[①] 因此有学者主张从墓葬、壁画等材料出发，试图寻求那个时代一般的思想，这是一种难能可贵的尝试。那么除此之外，我们或许可以思考，诸子百家是否面对一些共同的生活环境、共同的问题，能否从这一角度寻找知识精英和普通大众的契合处？而"天"，恰恰正是无论知识精英还是普通民众都要时常面对、时常思之的最佳研究对象。

事实上，国内外学界对中国人关于天的信仰问题已经有非常丰富的研究成果，并取得了较高的成就，本章之所以仍然将天作为论证传统中国法本体的重要内容加以考察，实际上是出于两方面原因的考虑：其一，既有研究尚未有以天本体的哲学概括传统中国法哲学的先例，学界多从儒家、道家、法家三者关系论证传统中国法哲学，或从礼法传统、德礼与政刑的关系论传统中国法哲学，而忽略了作为文化整体表达的天的法哲意蕴。其二，本章所谓天本体的法哲学是将"天"这一概念置于知识精英、普通民众和主权者三方的互动关系中加以考察，亦为学界过去所不曾有。因此本章撮其大要，论证传统中国的天本体及其存在形态，试图勾勒出在知识精英的学术之外，实际存在于

---

① 葛兆光：《中国思想史导论：思想史的写法》，复旦大学出版社2004年版，第10～11页。

中国古代并且综合知识精英、普通民众与主权者三方倾向的，以一般的、普遍的观念和信仰为主要形式表现出来的法本体形态。

一、论中国传统中的“天”

自从中华文明起源之始，中国先民就已经开始了天的思考，因此在漫长的历史岁月中，对天这一概念的使用便多有不同。研究传统中国天本体的法哲学，首先有必要对“天”的核心概念进行界定，才能理解不同使用意义上的天的含义。

古代文献中出现的天的含义，学界早已经进行过比较多的研究，比较有代表性的，如张岱年在《中国哲学中的“天人合一”思想的剖析》一文中认为：“中国古代哲学中所谓天，在不同的哲学家具有不同的含义。大致来说，所谓天有三种含义：一指最高主宰，二指广大自然，三指最高原理。”①又称：“中国古代哲学中所谓‘天’的含义有一个演变的过程。殷周时代所谓天指世界的最高主宰，到春秋战国时期，孔子孟子所谓天仍有最高主宰的含义，老子所谓天指与地相对的太空。荀子以天与人对举，其所谓天指广大的自然。《易传》讲‘天尊地卑’、‘仰则观象于天，俯则察法于地’，其所谓天指日月星辰的总体。到宋代，张载讲‘由太虚，有天之名’，所谓天指广大无外的世界总体。程颢讲‘天即理也’，以天指普遍的必然规律。”②庞朴在《原始儒家的“天”（提纲）》一文中针对原始儒家对天的理解提出了一些新的认识，主要是认为：“孔孟的‘天’观念沿袭自前人，因而有神格的痕迹。但孔孟所作的一大变革是，将‘天’更多地解释为‘社会力’，为‘大我’。”③汤一介认为：“在中国历史上，‘天’有多种含义，归纳起来至少有三种含义：(1)主宰之天（有人格神义）；(2)自然之天（有自然界义）；(3)义理之天（有超越性义、道

---

① 张岱年：《中国哲学中“天人合一”思想的剖析》，载《张岱年全集》（第5卷），河北人民出版社1996年版，第611页。

② 张岱年：《论传统中国哲学的继承与改造》，载《张岱年全集》（第7卷），河北人民出版社1996年版，第545～546页。

③ 庞朴：《原始儒家的“天”（提纲）》，载刘贻群编：《庞朴文集·第1卷　六家浅说》，山东大学出版社2005年版，第71页。

德义)。……春秋战国以降,‘天’的上述三种不同涵义在不同思想家的学说中才渐渐明确起来。”①夏甄陶认为:“诚然,在中国传统哲学中,所谓天,除了自然之天的含义以外,还有作为意志的最高权威的主宰之天和作为伦理道德本原的义理之天等含义,因此,天人关系远远超出了人与自然的关系的范围。不过,所谓主宰之天,义理之天云云,实乃人们把自己在社会文化的积淀中产生和具有的社会功能特征和社会精神属性经过思维‘蒸馏’以后升腾溶入自然之天,使自然之天神化、义理化而形成的观念。”②

从问题起源处来讲,天最初的意义十分简单,就是我们所看到的自然界中存在的天,现代人称之为天空,在哲学意义上,我们将这种天称之为“物质之天”。作为物质的天十分容易理解,懵懂小儿也知道我们生活的世界中有天地日月,有天黑天亮,这也是人最早、最容易接触到的天。冯友兰将中国哲学中的天分为了五种,第一种就是此物质之天。③ 作为物质的天虽然在生活中常见,但是其哲学意义并不重要。这里所说不重要并非没有哲学意义,人能将作为物质的天与大地、星辰甚至人本身加以明确区分,说明当时的人类文明至少已经发展到能够对事物进行初步区分的程度,这是人类进化史中重要的一步。除此之外,是由此物质之天所引申出天的更深一层的含义——神灵之天,这对传统中国文化影响更大。

所谓神灵之天,是将人类自身特点投射到物质之天所形成的形象,就是将天视为有生命的、拟人化的神灵。作为神灵的天和人类一样,有喜怒哀乐的情感,有善恶是非的价值观念,更为重要的是,神灵之天有明显的价值取向,即对善恶、对某一价值的明显态度。对神灵

---

① 汤一介:《论“天人合一”》,载《中国哲学史》2005 年第 2 期。

② 夏甄陶:《天人之分与天人合一》,载《哲学研究》2002 年第 6 期。

③ 冯友兰在《中国哲学史》中对传统中国哲学中的天的意义进行了划分:“在中国文字中,所谓天有五义:曰物质之天,即与天地相对之天;曰主宰之天,即所谓皇天上帝,有人格的天、帝;曰运命之天,乃指人生中吾人所无奈何者,如孟子所谓‘若夫成功则天也’之天是也;曰自然之天,乃指自然之运行,如《荀子·天论篇》所说之天是也;曰义理之天,乃谓宇宙之最高原理,如《中庸》‘天命之为性’之天是也。《诗》《书》《左传》《国语》中所谓之天,除指物质之天外,似皆指主宰之天。《论语》中孔子所说之天,亦皆主宰之天也。”参见冯友兰:《中国哲学史》(上),重庆出版社 2009 年版,第 35 页。

之天的信仰也从人类文明初期就产生,如果我们借用穆勒对宗教的评价的话,可以说:“它即使不是和人世一样古老,至少也和我们所知的人世一样古老。”①人类社会早期,由于科学技术比较落后,人类无法解释自然界中存在的风雨雷电等诸多现象,为了提出一种解决对世界的理解和认识的方法,便认为周围环境中万物皆有神灵,从而形成了以万物有灵为特点的神灵崇拜。哲学从根本上而言,就是要提出一种理解世界的世界观,这种万物有灵的世界观虽然看似浅陋,但仍不失为有自己逻辑的解释体系,②吕思勉认为:“邃初之民,知识浅陋。外物情状,盖非所知。不特动物,即植物、矿物,而亦以为有神灵而敬畏之。于是有所谓拜物之教焉。”③在认为万物有灵的基础上遂产生“拜物之教”,即以某种动植物或自然中的山水岩石作为神灵而崇拜。拜物的产生,本身就蕴含了对作为物质的天的崇拜,只是进一步来看,自然万物皆生于天地间,天是原初的人类用肉眼所能看到的最高、最大、最远、最深邃的存在,因此在人的观念里天顺理成章地成为万物的主宰。就像墨子所讲:“有天鬼,亦有山水鬼神者,亦有人死而为鬼神者。”④在最初的信仰谱系里,对天的崇拜仅仅是诸多拜物崇拜中的一种,作为神灵的天也不是一开始就是世界的最高主宰。墨子称有天鬼、山鬼、水鬼、人鬼就可以看出,天鬼也仅仅是众鬼之一而已。

自从人类将自身的喜怒哀乐、价值判断投射到天,有关天的问题就变得复杂起来。人在天面前开始变得焦虑,天人关系便开始具有了庄重的仪式感。人类对天的这种焦虑主要表现为三个方面:首先是对如何理解神灵之天的身份问题的焦虑。当我们的祖先认为天是神明

---

① [英]麦克斯·穆勒:《宗教的起源与发展》,金泽译,陈观胜校,上海人民出版社1989年版,第3页。

② 哲学从本质上来看,就是一种力图认识世界、解释世界的世界观,哲学在产生之初与科学密不可分,或者可以说,在最初的人类文明中,根本没有所谓哲学、科学与神学的区分,人类对世界的理解和认识懵懵懂懂,混为一团,尤其是在跟“天”有关的问题上,我们很难讲最初对“天”的理解是以科学的态度,还是哲学或神学的态度。虽然用万物有灵、天有神灵这种解释现在看起来略显浅陋,但是这种解释至少可以解释天是什么、天(泛指天地万物)为什么有风雨雷电以及我们面对天应该怎么办等问题。

③ 吕思勉:《先秦史》,上海古籍出版社2005年版,第412页。

④ 《墨子·明鬼下》。

之后，如何处理作为神明的天和作为神明的大地、太阳、山水、树木的关系？其次是如何处理天与人的关系。人应该以怎样的心理、怎样的态度、什么样的仪式面对神灵之天？最后就是天既然有喜怒哀乐，有善恶是非的价值判断，那么"天心"是什么？[①] 天所赋予人的命运是什么？对于这三个问题的解答，构成了原始宗教的核心问题，由此在中国产生了专司这类问题探讨的职业——巫觋。此后，巫觋成为解读天意，在天人之间上传下达的职业群体，天意、天心、天命成为指导世人的标准，继而形成中国文化中重要的一脉——天命理论。

天命和神灵之天是紧密联系在一起的，没有神灵之天的存在，就不会有神灵之天的命令，也不会有神灵之天所赋予人的命运，颇具宗教色彩的天命理论就不会出现。也就是说，能主宰天命的天和作为神灵的天事实上是一回事，都是某种超自然的，以人自身的形象为模板所投射出的映象。对神灵之天和天命的理解与认识，是中国最早的知识分子巫觋对世界提出的系统性看法，更是知识分子与氏族首领和普通民众互相角力的结果。继神灵之天之后，古人逐渐从具有人格色彩的神灵之天出发，将天命中的"命"从神灵之天的拟人性之中剥离出来，形成不依附于神灵心意就可独立存在的、永恒的道理，将其称之为天道或曰天理。天道或者天理中的天，就已经不再是神灵意义上的天，而是纯粹义理层面的天。所谓义理之天就是从普遍义理的角度出发，借天来论证某种理论，天的地位和作用不再依赖于其物质性，也不依赖于其拟人的神灵性，只是从逻辑的角度将其视为人世间秩序的终极来源，质言之，这里所谓的天仅仅在义理的层面存在。

本书将传统中国关于天的认识分为三种：物质之天、神灵之天和义理之天。对天的三种不同理解，分别对应不同的话语模式：物质之天所对应的是普通生活中所讲的与大地、日月相对的天。神灵之天是从天主宰万物、天命规定人事的层面而言，如《尚书》所载夏

---

① "天心"也就是天的心，神灵之天实际上是人类将自我形象投射到物质之天的表现，那么天跟人在很多地方就存在相似性，这种相似性在传统中国主要表现为天创造人类，从而人跟天非常类似，董仲舒在《春秋繁露》一书中就对天的心进行过讨论，董氏便认为，天和人一样有心，天也通过心来思考问题，天心所在就是天的价值倾向，天之心就是儒家学说的仁，董氏称："霸王之道，皆本于仁。仁，天心，"就是明证。参见董仲舒：《春秋繁露·俞序》。

启攻伐有扈氏时称:"有扈氏威侮五行,怠弃三正,天用剿绝其命,今予惟恭行天之罚,"[①]这里所讲的天用、天罚就是在神灵之天的意义上使用这一概念。义理之天在汉代以后的中国广泛使用,是作为抽象意义上所谈论的天,这里的天和无极、太极的使用意义一致。对天的三种理解和认识,并非严格意义上后者取代前者的进化论过程。对天的物质性理解永远无法消除,这一点毫无疑问,即便是神灵之天和义理之天两者的关系也不是单纯的取代和被取代的关系。的确,义理之天的出现,是对神灵之天的抽象和升华,在知识分子群体中,唐代以后对神灵之天的使用已经日渐稀少,宋明之后,更是多在义理层面论天。但知识分子较少使用神灵之天,仅仅说明神灵之天在思想证成方面不是最佳选择,并不意味着神灵之天及其天命理论在中国失去了地位和作用。恰恰相反,神灵之天对中国古代普通民众的影响,远比古代知识分子的著述所展现的要深远得多。[②] 因此本书所论之天,是普遍意义上的天,它不一定是某一家一派思想

① 《尚书·甘誓》。

② 思想精英的话语、思维并不与普通民众完全一致,很多时候都表现出一种不同步的特性,如葛兆光所言:"当我们的学者在大学里宣讲孔子、老子、柏拉图、亚里士多德和佛陀的时候,地铁的书报摊上在热火地销售着各种各样载满了明星逸事的小报;当我们的文人正在正襟危坐地讨论着理想主义的时候,生活却使得大多数人使用着一种并不冠以主义名称的实用精神;当我们的教授在研究室里撰写他的政治学与经济学论著时,政治领袖已经使国家建立了与教授们的想法全然不同的运作体制。思想与学术,有时是一种少数精英知识分子操练的场地,它常常是悬浮在社会与生活的上面的,真正的思想,也许要说是真正在生活与支配人们对宇宙的解释的那些知识与思想,它并不全在精英和经典中。"参见葛兆光:《中国思想史导论:思想史的写法》,复旦大学出版社 2001 年版,第 11 ~ 12 页。这种孕育于原始祭祀的天命观,在中国哲学、思想史的传统中逐渐被精英们抛弃,但是这套话语和理论却深深地扎根于普通民众的信仰和观念之中,直至今日,中国人仍然有着被称为"封建迷信"的天命信仰,时下的知识精英早已没人再拿天命说事,但是民间的天命传统仍在举国唯物主义的背景下延续,这就是明证。参见葛兆光:《中国思想史导论:思想史的写法》,复旦大学出版社 2001 年版,第 11 ~ 12 页。又如汉代董仲舒糅合儒家、道家、阴阳五行家所创制的儒家化的阴阳、五行观念对整个传统中国社会都产生了十分深刻的影响,如《唐律疏议·名例律》规定:"德礼为政教之本,刑罚为政教之用,犹昏晓阳秋相须而成者也";又如有论者认为:"阴阳与五行观念,自古及今一直以不同的形态存活于中国人生活的方方面面。从普通中国百姓的许多言行方式到国家社稷的若干重大决策,几乎都能暴露出根植于心灵深处的阴阳五行思想。阴阳意大,五行道深。阴阳五行几乎涵盖着整个中国人实在化的生活世界和精神性的意义世界。"参见余治平:《唯天为大——建基于信念本体的董仲舒哲学研究》,商务印书馆 2003 年版,第 123 ~ 124 页。

家对天的理解,而是尽量尝试勾勒出特定时空背景下中国古人对天的一般理解和认识。这里之所以要提出所谓的"一般理解和认识",就是为了将"天"从知识精英的束缚下解放出来。既有的研究多从知识精英的著述来论天,将孔子所理解的天、墨子所理解的天加以论证,而忽视了社会最主要的群体——普通民众对天的理解,这是思想史研究的一大弊端。

二、天本体的两种形式:命与道

研究法哲学中的本体,就是要探究法的合理性是什么,也就是探讨法的终极理据是什么。而"天人关系问题是中国哲学的一个根本问题",[①]既然如此,那么从天那里寻求法的终极理据是再自然不过的了。在传统中国社会,"以天论人"几乎已经成为上至皇帝、精英,下至群氓、百姓人人都习以为常之事,甚或说,中国人的天人观念几乎可以与宗教对西方文明的影响相媲美。西方宗教影响了西方法制的发展演变,中国的天人关系也同样影响了中国法制的发展。只是随着文明演进,中国知识精英论证政权合理性的概念、范畴、路径已经不再单纯地局限于用天人关系加以证成。但是天人关系对整个国家、民族及其总体文化的影响,则是深深烙入民族文化的血脉之中,并随着社会的发展而逐步沉淀,这是我们必须要认识到的客观事实。

(一)天命观的产生

天人关系对法终极理据的影响主要通过塑造人的信仰和世界观来形成,在传统中国社会,最早表现为天命观对世人的影响。天命观的起源与对天超自然的神灵性认识紧密相连。如前所述,人能够区分人类群体和非人类的其他事物,是人类文明初步发展的表现。在区分了人和非人类的万物之后,人类形成初步的自我意识,开始寻求人与周围事物的相互关系。只有在确定相互关系之后,才能确定应该采取什么样的策略、方式对待身边的事物。河水可以饮

① 张岱年:《论传统中国哲学的继承与改造》,载《张岱年全集》(第7卷),河北人民出版社1996年版,第543页。

用，野果可以饱腹，天明可以觅食，天黑可以休息，这些看似简单的行为模式背后，都是以充分认识彼此的关系为基础。人的智识有了初步发展之后，便不会妄图追着“天亮”跑，也不会恐惧、排斥“天黑”，问题的关键就在于此。对于草木野兽，早期人类很快就能明白他们的属性和规律，而天则变化多端，时而刮风下雨，时而月圆月缺，时而电闪雷鸣，时而又陨石彗星，人类无法理解如此复杂的天象变化，便将人类自身的属性投射给天，从而形成所谓的超自然的神灵之天。对神灵之天的最初理解就是将天视为鬼神。鬼神和人类最大的区别在于，鬼神拥有时人所不具有的“超能力”，这种超能力足以让时人惊惧不已，因此对鬼神产生基于恐惧的信服感，对天的态度亦是如此。

最初的天人关系，是由于人不了解天，进而产生出惧怕、崇拜、侍奉天的仪式和态度，这种仪式和态度便是最早期的巫术，随后逐渐发展为影响上古三代甚久的礼制。东汉经学家许慎在解释何为“礼”时所说：“礼，履也。所以事神致福也。”[①]在许慎看来，礼就是一种对鬼神的行事方式，目的在于通过“事神”来获得福报，许慎的这种理解就是前述对鬼神恐怕、崇拜、侍奉的典型表现。人类最初侍奉上天的诉求很简单，只是单纯地想要生存下去，希望不要得罪上天从而招致死亡的结果，[②]人对天的态度更多的是一种惧怕的状态。伴随着人类对自然、万物理解的深化，以及对天“脾气秉性”的认识，专司解释天象的巫觋群体开始与氏族当权者联系。他们从当权者的立场解释天象，借此为当权者提供合法性的证明。

巫觋对天之内容的解释从天象到天意的跨越，是巫觋从原初纯粹的巫术执行者向知识分子身份转变的标志。这一切都说明，巫觋群体所关注的内容已经不仅仅局限于预知祸福的天象问题，他们开始利用天来为人世立命，为人世立法，至此严格意义上的天人关系

---

① （汉）许慎：《说文解字》，中华书局1963年版，第7页。

② 人类对天的恐惧，最初只是为了能够生存，生存则与生命相关，事实上中国古人对天的诉求也并非一成不变的，例如，余英时认为，中国古人最初并没有永生的概念，最初对生命的理解只是延年益寿而已，永生是历史发展到一定阶段才产生的想法。

的问题方才开始出现。“古代先民通过辛勤劳作和勇敢拼搏，获得了改造自然界的一系列成果。他们站在大地之上，面对无边的原野，拜托了对自然力的无声恐惧和屈辱感，心中充满了自豪感。只有在这时，他们才意识到人不是自然界的奴仆，而是自然界的主人，也只有在此刻，人们才能够不按大自然的形象来描绘‘人’，而是用‘人’的形象来描绘大自然。这样，‘人’就潜入大自然之中，并进而成为大自然的中心。……用‘人’的形象来描绘大自然，其结果便是似大自然被‘人’化为‘天道’，即宗法伦理观念的本源”。①

我国古代典籍关于天人关系的明确记载，比较有代表性的论述出现在《国语》中：“昭王问于观射父，曰：‘《周书》所谓重、黎实使天地不通者，何也？若无然，民将能登天乎？’”②昭王问观射父关于天地能否相通的问题，昭王问到如果天地之间没有隔断，那么民能不能登上天。换句话说，昭王想问的是，民跟神之间的隔阂是不是不可消除的。观射父的回答则被今人研究所广泛引用：

“对曰：非此之谓也。古者民神不杂。民之精爽不携贰者，而又能齐肃衷正，其智能上下比义，其圣能光远宣朗，其明能光照之，其聪能听彻之，如是则明神降之，在男曰觋，在女曰巫。是使制神之处位次主，而为之牲器时服，而后使先圣之后之有光烈，而能知山川之号、高祖之主、宗庙之事、昭穆之世、齐敬之勤、礼节之宜、威仪之则、容貌之崇、忠信之质、禋洁之服，而敬恭明神者，以为之祝。使名姓之后，能知四时之生、牺牲之物、玉帛之类、采服之仪、彝器之量、次主之度、屏摄之位、坛场之所、上下之神、氏姓之出，而心率旧典者为之宗。于是乎有天地神民类物之官，是谓五官，各司其序，不相乱也。民是以能有忠信，神是以能有明德，民神异业，敬而不渎，故神降之嘉生，民以物享，祸灾不至，求用不匮。及少皞之衰也，九黎乱德，民神杂糅，不可方物。夫人作享，家为巫史，无有要质。民匮于祀，而不知其福。烝享无度，民神同位。民渎齐盟，无有严威。神狎民则，不蠲其为。嘉生不降，无物以享。祸灾荐臻，莫尽其气。颛顼

① 武树臣：《中国法律文化大写意》，北京大学出版社 2011 年版，第 47 页。
② 《国语·卷十八·楚语下》。

受之,乃命南正重司天以属神,命火正黎司地以属民,使复旧常,无相侵渎,是谓绝地天通。其后,三苗复九黎之德,尧复育重、黎之后,不忘旧者,使复典之。以至于夏、商,故重、黎氏世叙天地,而别其分主者也。其在周,程伯休父其后也,当宣王时,失其官守,而为司马氏。宠神其祖,以取威于民,曰:'重实上天,黎实下地。'遭世之乱,而莫之能御也。不然,夫天地成而不变,何比之有?"

根据观射父的话来看,在最早的时代,民神杂糅不分,人人得与神沟通,后来民德渐坏,才有了颛顼帝绝地天通的出现。观射父关于人神关系的论断以民德为线索,认为颛顼帝绝地天通的根本原因在于"九黎乱德",这自然看起来名正言顺。但仔细推究便会发现,这段话背后还有另外一条隐藏的线索,那就是巫觋职业变化问题。观射父运用大量修辞来展现巫觋的重要性和神圣性,在观射父看来,是先有了这些有德行又有知识的巫觋,民才能有忠信之德。如前所述,巫觋的职责主要是解释天象和天意,然后将其传给普通民众。据观射父的表述可以推知,巫觋这种解释天象、天意的活动应该是要求很高并且十分专门化的活动,它不仅要求操作者本身有良好的德行和专业的素养,更要求这种解释天象、天意的权力只能掌握在职业巫觋手中。但是到了少皞时,巫觋解释天象、天意的活动受到了极大干扰,不知何故(观射父没有指出)民众开始不依靠职业的巫觋阶层解释天象、天意,反而开始自己和神明沟通,"及少皞之衰也,九黎乱德,民神杂糅,不可方物。夫人作享,家为巫史,无有要质。民匮于祀,而不知其福。烝享无度,民神同位。民渎齐盟,无有严威。神狎民则,不蠲其为。嘉生不降,无物以享。祸灾荐臻,莫尽其气"。[①]"夫人作享,家为巫史,无有要质",[②]人人都能在家中自行巫史之职,如此带来的第一个结果就是巫觋职业的衰落,既然任何人都能和神沟通,那么为什么还需要专门的巫觋职业?

从观射父前文对巫觋所用的众多美好的形容词加以描绘可看

---

① 《国语·卷十八·楚语下》。

② 《国语·卷十八·楚语下》。

出,巫觋职业本来应该是极其有社会地位的职业,如今巫觋的功能被分解,巫觋地位必然下降,这是理所当然的事。家为巫史带来的第二个后果是官方权威的话语权被普通民众所分解。原本巫觋负责代表官方权威解释一切天、地、人、神之事,如今这种权力被分割,又如何能保证官方的话语权?

因此不难看出,“家为巫史”才是颛顼帝决定要绝地天通的根本原因。颛顼帝绝地天通的根本目的乃在于重新夺回对官方话语的主导权,在当时表现为对天的解释权。《国语》所记载的昭王和观射父的这段对话神话色彩浓厚,但是却反映出中国政治发展的路向。在观射父这段话中,神就是天的代表,观射父所关心的核心问题是天的解释权在谁的问题,其实就是所谓的天命是什么的问题。这段话所论证的内容看似是一个虚构的神话故事,但是人类在早期社会的认知、思想都融汇于神话传说之中,中西皆是如此,中国有观射父这种政治意味深厚的神话论述,西方的经典《荷马史诗》也是借神话的名义传达当时的政治思想。① 观射父关于绝地天通的论述同时可以从夏商时期的文字、传说中得到印证。

颛顼帝之后,历经尧舜禹三王,中国原始社会时期结束。禹之子建立夏朝,由于夏朝所可考文献与出土文物仍然较为稀少,因此夏朝有关天人关系的发展变化难以准确言明,不过根据现有古籍整理,仍然可以发现夏朝的天仍然是神灵意义上的天。《尚书》作为研究上古时期比较可靠的资料,记载了自上古帝尧至战国时期的重大历史事件。例如,《尚书·甘誓》就是夏启征伐有扈氏时所发布的战时命令,夏启对士兵说:“有扈氏威侮五行,怠弃三正。天用剿绝其命。今惟恭行天之罚。”夏王讨伐有扈氏的理由不是后世所称的违背礼制、违反法律等罪名,而说是“威侮五行,怠弃三正。天用剿绝其命”,将有扈氏对夏王的对抗转为有扈氏对上天的对抗,上天见到这种对抗自己行为,才要命令夏王杀戮有扈氏以示惩罚。夏王

---

① 盲诗人荷马所传下来的《荷马史诗》虽然看起来是神话故事,但是在神话的背后其实蕴含着丰富的政治隐喻,如尤斯塔修斯所说:“《奥德赛》看似质朴而实多深意,”具体可参见[美]伯纳德特:《弓弦与竖琴——从柏拉图解读〈奥德赛〉》,程志敏译,华夏出版社 2003 年版。

行为的合理性来自于天命的授权，有扈氏行为的错误性来源于对天命的违抗，这是典型的天命观论证。类似的记载还有“非惟小子，敢行称乱，蠢兹有苗，用天之罚”。[①] 这些表达都大同小异，由此可见，在禹夏时期，统治者已经将其统治意志借助天意的形式表达出来以增强其权威性和说服力。神灵之天已经不再是最初由于普遍对天的恐惧、侍奉心理所投射出的天，已经转型成为统治者借由巫觋阶层所加以解释的天。至少从有限的材料来看，夏王行事多称“受天命”，已经是一个不争的事实。夏朝这种天命理论对民众的影响究竟有多大，由于材料的局限，我们无从得知。但是从攻伐之前都用天命作为战前宣誓内容这一背景来看，夏王应该是认为这种说教会有一定效果。

甲骨文的发现，为我们理解商朝的天人关系提供了第一手的材料。据史书记载，商朝十分迷信，商朝的政治、军事、司法等活动无一不依靠鬼神，《礼记》说：“殷人尊神，率民以事神，先鬼而后礼。”[②]“事神”成为商朝的典型特点，商朝人喜欢事神本身就说明作为神灵的天在殷商时期仍然是社会的主流。相比于殷商之前的神灵之天崇拜，商朝对天崇拜的同时加入了对祖先神的崇拜。“就卜辞的内容来看，殷代的崇拜还没有完全形式化。这表现于占卜的频繁与占卜范围的无所不包，表现于‘殷人尚鬼’的隆重而繁复的祭祀，也表现于铜器、玉器、骨器等器物上所雕铸的动物形象的森严（不同于西周时代的温和和中庸）。但是，祖先崇拜的隆重，祖先崇拜与天神崇拜的逐渐接近、混合，已为殷以后的中国宗教树立了规范，即祖先崇拜压倒了天神崇拜”。[③] 陈梦家认为：“由此可见殷人的上帝或帝，是掌管自然天象的主宰，有一个以日月风雨为其臣工使者的帝庭。上帝之令风雨、降祸福是以天象示其恩威，而天象中风雨之调顺实为农业生产的条件，所以殷人的上帝虽也保佑战争，而其主要的实质是农业生产的神。先公先王可以上宾于天，上帝对于时王可

① 《墨子·兼爱》。
② 《礼记·表记》。
③ 陈梦家：《殷墟卜辞综述》，中华书局1988年版，第561~562页。

以降祸福、示诺否，但上帝与人王并无血统关系。人王通过了先公先王或其他诸神而向上帝求雨祈年，或祷告战争的胜利（卜辞‘告某方于某祖’，即此类）。”[①]除了最有说服力的殷墟卜辞之外，诸多古代典籍也表明商朝天命观念的存在。例如，《尚书》记载商汤伐夏桀：“非台小子敢行称乱。有夏多罪，天命殛之”；[②]又如：“尔尚辅予一人，致天之罚，予其大赉汝”。[③] 商汤所做的战前动员将讨伐夏桀的正当性诉诸上天，认为是遵行天的意志而为此次征伐，具有明显的天命观的色彩。除此之外，在《尚书》的《盘庚》《高宗肜日》等篇也有关于天命的用法，“先王有服，克谨天命，兹犹不常宁”；[④]“民有不若德，不听罪；天既孚命正厥德，乃曰其如台”。[⑤]《诗经》中也有大量的关于商朝受天命而治国的论述，如“天命玄鸟，降而生商……商之先后，受命不殆，在武丁孙子”，[⑥]这首诗是说殷商祖先是受天命而生，殷商王族是受天命而延续。又如：“帝命不违，至于汤齐。”[⑦]这一切都说明，在殷商时期，商朝王族经常以天命来证成自己政权的合理性。只是由于材料有限，我们无法得见当时是如何论证法的合理性相关的问题，但是可以推知的是，当时社会尚处于比较初级的阶段，法律、道德与鬼神信仰并未截然区分，因此商朝王室既然以天命作为国家政权的合理来源，那么法和道德的合理性来源很可能也是来源于天命。

代殷商而起的西周更加注重天命的问题，甚至可以说，整个周王朝政权的合理性就建立在周人所诠释的天命观上。西周的天命观在夏商两朝的基础上发生了突破性的进展，在周公时期达到成熟圆满并以“礼”的形式确立下来。西周时期对天命的论述明显比夏商两朝要多，如《尚书》中所谓“王应保殷民，亦惟助王宅天命，做新

① 陈梦家：《殷墟卜辞综述》，中华书局1988年版，第580页。
② 《尚书·汤誓》。
③ 《尚书·汤誓》。
④ 《尚书·盘庚上》。
⑤ 《尚书·高宗肜日》。
⑥ 《诗经·商颂·玄鸟》。
⑦ 《诗经·商颂·长发》。

民”;[①]《诗经》中有“天命匪解”;[②]“维天之命,于穆不已”;[③]并且出现了许多明确表示受命于天的记载:“昊天有成命,二后受之”,[④]将天命由天授予人的过程完整地表达出来。又如,《尚书》中有:“天乃锡禹洪范九畴,彝伦攸叙”,[⑤]这里的“锡”就是赏赐的意思,天会赏赐君主,亦会降下天命。周朝的天已经完全变为天子的代言人,这是周王朝向世人所明确宣示的内容。

与夏商两朝相比,西周天命观最大的发展变化之处在于:在周公时期,摄政的周公赋予天命以明确的道德含义,这就使得西周的天命观发生了革命性的变化。武王克商之后,为了解决西周革命和政权来源的合理性问题,周公创设性地提出了“以德配天”的天人观念并以制礼的形式确立下来。夏商二代皆认为自己的权力来源于上天的安排,周人最初也采用夏商二代的神权天命观为自己的统治做合法性宣传。如宣称自己的祖先是神灵之后,“周后稷,名弃。其母有邰氏女,曰姜原。姜原为帝喾元妃。姜原出野,见巨人迹,心怡然悦,欲践之,践之而身动如孕者”。[⑥] 这种宣传方式与商朝的“天命玄鸟,降而生商”显然异曲同工。然而这样仍然不能解决西周为何能够推翻同为神明之后的商朝的统治问题,周革殷命仍然缺乏理论上的合法性辩护。因此周公在论述西周灭商的时候刻意强调:“有殷受天命,惟有历年……不其延,惟不敬厥德,乃早坠厥命。”[⑦]意思是说,以前殷商授受天命,过了一段年月之后,殷商的君主败坏德行,于是上天就废除了他的天命国运,并不是周朝要取代商朝,而是殷商不德,所以上天把天命转给了有德的周朝。并宣扬“皇天无亲,惟德是辅”,[⑧]上天并没有对哪一家、哪一姓表现出特别的关爱和照顾,而仅仅是以德行为判断标准。有德者才能王天下,

---

① 《尚书·康诰》。
② 《诗经·周颂·桓》。
③ 《诗经·周颂·维天之命》。
④ 《诗经·周颂·昊天有成命》。
⑤ 《尚书·洪范》。
⑥ 《史记·周本纪》。
⑦ 《尚书·召诰》。
⑧ 《左传·僖公五年》引《尚书·周书》。

如此一来便解决了同样是神明之后的殷周之间的矛盾。惟德是辅，成为中国政治理论中最有革命性、最能震撼人心的创设。

周公一方面贬斥殷商虽受天命但却多行无德之事；另一方面，为了表明西周统治者的有德贤明，周公多次提到"惟乃丕显考文王，克明德慎罚"等类似赞赏西周王室的话语。[①] 周公正是通过赋予上天明确的道德取向才成功地论证了周革殷命的合法性。除此之外，周公还将改造之后的天命理论落实到可见的制度层面，制定了一套通行全国的行为规范，称之为"礼"。礼其实是对"以德配天"天命理论的确立，天命观正是制礼的指导思想。《礼记》在论述礼的起源时讲："夫礼之初，始诸饮食。其燔黍捭豚，污尊而抔饮，蒉桴而土鼓，犹若可以致其敬于鬼神。"[②]可见礼起源于人类社会最早期对于宽泛意义上的神的敬畏，而天作为人类世界最大的神和最高的主宰自然是在礼所供奉之列。周公所制之礼，上至国家典章制度，下至饮食起居无所不包，其实质是对天命要求的具体化与世俗化，无怪乎东汉经学家许慎在解释"礼"字时说："礼，履也，所以事神致福也。"[③]只有遵循天命才可以获得在人间的幸福，此言正是对礼沟通天人关系，乃天命之表现的明证。天命观发展至周公时期最终得以成熟完善并以礼的形式确立下来，从而对后世乃至整个中国历史产生深刻影响。

历史的发展经常会超乎制度设计者的本意，以德为核心的天命论及建基于其上的礼制也未能跳出这一怪圈。周公提出"以德配天"的天命观，其本意是通过"德与天命间的互动关联，在政治思想史的意义上是周革殷命及在此基础上为周王权合法性所做的辩护与说明，不过其在看似解决了周人取得政权合理根据的背后，却对周人能否永享天命的问题显得无能为力"。[④] 随着西周国力的衰微，以及后世统治者的荒淫暴虐，这一切都与周公所设想与许诺的周王室要"克明俊德""敬天、敬宗、保民"完全相反。因此下层百姓

---

① 《尚书·康诰》。
② 《礼记·礼运》。
③ 许慎：《说文解字》，中华书局1963年版，第7页。
④ 张光直：《青铜挥麈》，上海文艺出版社2000年版，第183页。

和知识分子对于天命是否“有德”产生了怀疑，开始对西周天命观所宣扬的崇礼敬德进行理性化的思考，进而瓦解了周初“以德配天”的天人观，这为春秋时期天道观的确立提供了理论上的契机。

夏商周三代，以神权政治为主流，由于彼时乃文明肇端之初，加之史料所限，吾辈学人今日无法遍窥时人对法背后理据的具体论述。但是根据逻辑可以推知，在天命笼罩一切的背景下，以天命为一切行为最终极的合理性依据是毫无疑问的。在那样的时代里，天就是一切，是一切存在中最高的决定者。因此西周及其以前的时代，先民对法本体的理解极其肤浅，甚至尚未形成自觉的理解。但正是在这种自发的行动、崇拜和信仰之中，奠定了中华文明的基础和根基，奠定了“礼”在中华文明中的地位。虽然后世“天”的此种神灵性不断被弱化直至被消灭，但是时至今日，对于宇宙中诡秘不可见的天命的信仰，仍然在中国的广袤土地上继续存在。

(二)天道观的形成

所谓天道，是指天存在、运行所蕴含的道理，天道和天命最大的区别在于：天命是以天的神灵性为前提，假设天是有意志、有喜好的人格神，在此基础上天有其希望看到的人世状态，有其不希望看到的人世状态，人最大的目的就在于行为合乎天命；但是天道理论或将天视为自然之天，或将天理解为义理之天，进而或从天的自然运行中抽象规律，或从纯粹的义理层面推演其逻辑之道。概言之，天道理论中天的神灵性逐渐消失，取而代之的是义理程度的加深。[①]西周以后的天道理论的发展经历了三个阶段：第一阶段是春秋战国时期，这一阶段的特点是将天道从天命中解放出来，认为天道运行与天命、天意毫无关系，这种观点以郑国子产“天道远，人道迩”以及荀子“天行有常，不为尧存，不为桀亡”为代表。[②] 第二个阶段是汉儒董仲舒糅合儒家、道家、阴阳五行家所创立的天人感应学说，在

---

① 之所以说天道理论中天的神灵性逐渐消失，而不是彻底消失，原因在于西周之后的天道理论中，亦有神灵之天的存在，如汉代大儒董仲舒所创设的天人感应理论中，天就是以神灵之天的身份存在。

② 《荀子·天论》。

董仲舒的学说中，天又重新具有了神灵性，再次一跃成为人格神，因此有学者批判以董仲舒为代表的汉儒思想乃历史的倒退，这其实是非常有道理的，“董仲舒所倡天人相应之说，实此一普遍风气之特殊表现，并非董氏之独创。天人相应之说既兴，价值根源遂归一于‘天’。德行标准不在于自觉内部，而寄于天道，以人合天，乃为有德。于是，儒学被改塑为一‘宇宙论中心之哲学’”。[①] 第三个阶段是宋儒开创的理学，将天道引入纯粹的义理层面，彻底摒弃了天的神灵的色彩。

天道观的起源，盖始于人类对自然万物有初步了解之后，对于物质之天的认识逐渐从蒙昧状态中变得明晰起来，于是开始关注天文地理，对于自然的理解也日渐深厚。如果说作为物质的天在人类社会早期其重要性被具有宗教性质的神灵之天所湮没，那么最晚在夏商时期，我们的祖先就已经对于物质之天有了比较科学的了解，这种了解多出于生存的需要。首先，根据《尚书》的记载，在尧在位的时期，就已经开始命令专门人员观察天象四时，“乃命羲和，钦若昊天；历象日月星辰，敬授人时”。[②] 中国很早就已经开始记录月食，对于月相盈亏的认识，反映出中国古人对天的理解的深入。“我国最早的月食纪事，应该是殷代卜辞月食”。[③] 由此可以知道，殷商时期就已经有月食的明确记载，这一传统到周朝亦未中断，“殷代把日月食，称为‘日有食’和‘月有食’，它是说有什么东西把太阳或月亮吃掉的意思，到了周代还延用‘日有食’，不过加一个‘之’字，《诗》和《春秋》都称‘日有食之’”。[④] 由此可见中国古代时期对于天文的观测和研究应该是比较发达的，这也为自然天道观的萌芽奠定了基础。

随着西周天文学水平的提升，人们发现天道运行并非按照人们的德行意志来发展变化，而是有其自然规律。当时产生了阴阳五行家以阴阳学说作为万物产生发展之根据，论证宇宙万物的起源发

---

① 劳思光：《新编中国哲学史》（第2卷），广西师范大学出版社2005年版，第15页。
② 《尚书·尧典》。
③ 陈尊妫：《中国天文学史》（第3册），上海人民出版社1984年版，第1003页。
④ 陈尊妫：《中国天文学史》（第3册），上海人民出版社1984年版，第1003页。

展。用现代的眼光来看,虽然当时对于物质之天的科学认识仍是朦胧有局限的,但是已经能够证明物质之天运行有其固有之规律,所谓"天行有常,不为尧存,不为桀亡"。[1] 这些观念在当时都从科学层面上动摇了旧有天命观的基础。

西周时期,随着农业的进一步发展,对于物质之天的观测更加详备。传世的诸多可考文献都表明当时的天文学已经有了较高水平。如《国语》有"夫辰角见则雨毕,天根见而水涸,本见而草木节解,驷见而陨霜,火见而清风戒寒"的记载,[2]说明当时对于物质之天的理解和认识更深一步。其他文献如《尚书》也有关于物质之天的明确记载:"秋,大熟,未获,天大雷电以风,禾尽偃,大木斯拔。"[3]《诗经》也有关于彗星的记载:"瞻仰昊天,云如何里?瞻仰昊天,有嘒其星。"[4]这些记载都表明当时对于物质之天的观察已经相当普遍,因此基于对物质之天的认识,天道观也开始发展。西周除了主流的天命观之外,已经有了明确的资料证明当时也存在诉诸物质之天的天道观。如《国语》记载:"鲁侯曰:寡人惧不免于晋,今君曰将有乱,敢问天道乎,抑人故也?对曰:吾非瞽、史,焉知天道?"[5]不仅"天道"作为固定词语被提出使用,并且将天道与人道相对应。可见此处的天道应该是基于物质之天所产生的自然之道,而非旧有的天命观。天道观在经历了春秋时期之后,最终取代了旧有的天命观而得以确立。

西周社会发展到周昭王时期,开始出现国力衰微的情况。"昭王之时,王道微缺。昭王南巡狩不返,卒于江上"。[6] 经过后来的厉王、幽王统治无道,西周末年,原初的分封制已经遭受破坏,王室无力控制整个政治局势。一些大的封国开始僭越礼制,"陪臣执国命"的状况亦是屡见不鲜,礼崩乐坏更导致诸侯之间征伐兼并不断,

---

① 《荀子·天论》。
② 《国语·周语中》。
③ 《尚书·金縢》。
④ 《诗经·大雅·云汉》。
⑤ 《国语·周语下》。
⑥ 《史记·周本纪》。

百姓在混乱的政治局势和频繁的自然灾害之下,生活异常困苦。虽然百姓秉持敬天尊神的原则和传统,但是却屡屡得不到上天的拯救,似乎上天早已放弃了天下苍生,由此导致百姓对于传统天命观怀疑不满,甚至愤怒。因此有论者认为,这时候"中国思想从古代宗教向诸子学说过渡"。[①] 冯友兰也认为子学时期的中国哲学是以天道为主的学问。这种"疑古""疑天"的观念在诗歌中有很多记载。例如,《诗经·正月》一诗中就有:"民今方殆,视天梦梦。既克有定,靡人弗胜。有皇上帝,伊谁云憎。"[②]对天以及天命的失望逐渐发展为"重人轻神"的观念,从而转向了"夫民,神之主也。是以圣王先成民而后致力于神"的新的天道观。[③]

天道观到春秋时代有了更进一步的发展,使得"天道""人道"得以两相分离。此时的天不再关注人类社会的诸多政治道德事务,而仅在自然层面上彰显客观规律的存在与运行。《左传》记载,春秋时期郑国神官预言郑国将会发生火灾,请求当时的执政子产用国宝祭祀以去除灾祸。子产不从,说:"天道远,人道迩,非所及也,何以知之,灶焉知天道。"[④]通过子产的应对可知当时一些开明的知识分子已经不再相信天命鬼神之说,而具有了较为朴素的唯物主义倾向。就连当时主张恢复周朝礼制的孔子,对于天命也表现出了明显的不信任,如《论语》记载:"季路问事鬼神。子曰:未能事人,焉能事鬼?"[⑤]表明孔子对于鬼神的存在以一种不加表态的方式否认。相似证据如《公羊传》:"经:(隐公)三年春王二月己巳,日有食之。传:何以书,记异也。"[⑥]公羊传在解读《春秋》的时候就认为孔子之所以记载日食是因为知道这是怪异的天象,从侧面说明孔子已经认识到日食是一种客观的自然现象,从而对于旧有的宗教天命持有不信任的态度。其他例证也广见于当时文献,如《国语》载:"范蠡曰:

---

① 张岂之:《中国思想学说史·先秦卷》,广西师范大学出版社 2007 年版,第 186 页。

② 《诗经·小雅·正月》。

③ 《左传·桓公六年》。

④ 《左传·昭公十八年》。

⑤ 《论语·先进》。

⑥ 《公羊传·隐公三年》。

臣闻古之善用兵者,赢缩以为常,四时以为纪,无过天极,究数而止。天道皇皇,日月以为常,明者以为法,微者则是行。”①由此可见春秋时期对于自然天道观的表述已经十分完善丰富,以突出和强调宇宙运行之自然法则和规律的自然天道观在此时定型,中国上古三代的天人关系也完成了由宗教天命观向自然天道观的转型。

春秋时期宗教天命观向自然天道观的转型,首先,使得天由人类事务的主宰转变为独立于人类事务而按其固有规律运行的客观存在,由此导致了天的道德性与神性的消灭。与之相对应的促使人们关注人的存在与价值,而不是以天命去指导人事,因此有学者认为春秋时期是民本主义取代神本主义的关键时期。其次,天命观的衰弱弱化了天对人事的权威与指导意义,同时天道观的确立激发了人类对于客观事务探索的兴趣,人事的运行由遵循天的命令改为遵循客观自然之道。归结说来即是天命向天道的转型是神本向民本的转变,人事所依据的权威由天命向客观的天道转变。

天道观形成以后,使得思考政权、法理的合理性根源从具有神灵之天逐步向自然之天、义理之天转移。虽然汉儒董仲舒再次倡言天的神灵性,但董氏学说在后世亦不断被义理化、形而上学化,典型代表就是宋儒对儒学的思辨化改造。在宋代儒学体系中,天的地位逐渐为“无极”“太极”等抽象概念所取代,天道也被太极——阴阳——五行的论证模式所涵摄,可以说天道观走向了真正的义理层面。这些义理化的天道认识,在知识精英中占据主流,在普通民众中,对天道与天命的认识、杂糅交织,我们根本无法将此中两者予以拆分。

三、作为普遍信仰的天本体

不同民族、不同国家在各自的历史文化背景下,会形成最具各自文化特色的概念、理念、观念及其哲学。这里所谓的哲学不是指具体到某一学术流派的哲学,而是作为文化整体特性的哲学。这种哲学实际上是不同流派的哲学和社会主导思想以及民众普遍意识

---

① 《国语·越语下》。

糅合的产物,它或许会与某一派哲学相似性极大,但又不可能完全体现为某一家一派之哲学。就是这种含混的,并且以文化主流概念、观念、理念所表现出来的形态,我们称之为一个文化区域的哲学核心,要了解一国一族之哲学,就非要研究这一核心不可。它不单纯体现在哲学家的论证中,亦不单纯体现在官方权威的命令、文件中,除此之外,它还深深扎根于普遍民众的意识与思维之中。

金岳霖认为:“每一文化区有它底中坚思想,每一中坚思想有它底最崇高的概念,最基本的原动力。小文化区我们不必谈到。现在这世界底大文化区只有三个:一是印度,一是希腊,一是中国。它们各有它们底中坚思想,而在它们底中坚思想中有它们底最崇高的概念与最基本的原动力。”①金氏所言“最崇高的概念与最基本的原动力”就是本章所要论证的作为传统中华文明最崇高概念与最基本原动力的天道(及其另外一种形式天命)。金岳霖进而言道:“中国底中坚思想似乎儒道墨兼而有之。中国思想我也没有研究过,但生于中国,长于中国,于不知不之觉中,也许得到了一点子中国思想底意味与顺于此意味的情感。中国思想中最崇高的概念似乎是道。所谓行道、修道、得道,都是以道为最终的目标。思想与情感两方面的最基本的原动力似乎也是道。成仁赴义都是行道;凡非迫于势而又求心之所安而为之,或不得已而为之,或知其不可而为之的事,无论其直接的目的是仁是义,或是忠是孝,而间接的目标总是行道。”②金氏所言之道在这里虽然是义理上的道,但是更多地呈现儒家之道的色彩。这种认识是持之有据的,传统中国虽然儒墨道诸家都有关于道的学说,但是真正得以占据主导地位并进而影响民众普遍的意识的道,的的确确主要体现为儒家之道。

前文分别从对传统中国法律发展影响最大的道家、儒家、法家三家学说入手,阐明其法本体理论,力图还原这三家学者如何理解传统中国法本体,进而如何理解传统中国法等等一系列问题。我们都知道,社会的运行,历史的演进,知识精英所发挥的作用固然重

---

① 金岳霖:《论道》,商务印书馆2015年版,第17页。

② 金岳霖:《论道》,商务印书馆2015年版,第18页。

要,但知识精英并非社会的全部。除此之外,还有两股重要的力量,一是主权者,二是普通民众。[①] 知识精英和主权者的关系比较复杂,有些知识精英的理论是为主权者而作,因此知识精英的理论与官方的政策取向一致,这时知识精英便能在官方权威的庇护下发挥作用,典型代表就是法家和秦国以及秦朝的关系。也有一些知识精英所提出的理论为主权者所"采纳",只是这种采纳并非是原封不动地采纳,而是由官方进行删改修订之后,甚至与其他学派的主张相互结合之后再形成一种官方的理论。这种官方理论往往以某家某派思想为基调,在此基础上援引其他学派的部分思想,如唐律所见的德主刑辅就是典型的以儒家为主,但同时又有道家、法家因素在内的官方思想。还有一些知识精英或遁世隐居,游离于官方政治之外,或与当局势同水火,无法得到官方的认可,前者以庄子为典型代表,后者例如先秦时期的孔子与孟子,虽然他们的仁义学说没有得到各国的明确反对,但是亦未获得支持和认可。知识精英与主权者的相互关系处于时常变动之中,即便是同一个知识分子本人,他对于官方的态度有时候会有所配合,有时候又会由配合转为抗拒。

由于篇幅所限,本书并不打算深入论证知识精英与主权者之间的相互关系,只是想指出,知识精英的学说是否能够代表主权者立场、知识精英的学说与主权者立场的关系等问题实际上十分复杂,两者之间有时候存在着明显的张力,不能以完全静态的人头式的思想史梳理加以表现。知识精英与主权者态度的反复及其张力的存在,势必会在知识精英与主权者之间产生某种程度上的隔阂。这一隔阂实际上为其他能引导时代思想、代表时代潮流新的学说、理论的介入提供了契机。这种反复及其所带来的契机在实际政治生活中的表现就是官方指导思想、官方倾向性的变化,再细致一点来看,中国古代时有发生的变法前后的争斗与反复都是明证。

---

① 究竟什么是"知识精英",这是一个比较模糊的概念,本书所称的知识精英是指依靠知识跻身社会较高层次的群体。那么问题又来了,什么才是社会较高层次?本书主要针对中国历史而言,因此将借用传统中国的阶层划分,将知识精英主要定义为士大夫阶层,这种划分并不准确,只是提供一种对社会群体的粗略印象而已。

知识精英除却与主权者的复杂关系外,知识精英与社会普通民众之间也存在着双向影响的关系。首先,知识精英群体在其未成为知识精英之前,他们本身也是社会普通民众的一部分,他们的文化心理、哲学倾向多多少少会受到社会的影响,这是知识精英社会化的必然结果。或许随着这部分知识精英群体思考深入程度的加深,能够逐渐降低社会因素对其学说的影响程度,但想要取消这种影响是完全不可能的。① "在社会鸿沟的形成和群体分离的过程中,经过仔细选拔之后录取的学生被构建成了一个被分离的群体;当人们将这一过程当作合法化的选择来理解和认同的时候,它本身就会孕育出一种象征资本;如此构建起来的群体限制越严,排他性越强,其象征资本的意义就越大。垄断一旦得到认同,就会转化为精英"。②

其次,知识精英从普通社会民众中脱离,在传统中国主要通过考试或者科举的方式实现,那便意味着至少其知识水平已经达到相对较高的层次,知识精英的思想会反过来影响社会的一般的思想。知识精英对社会思想、观念的影响可以借由两种方式实现,一种是知识精英转型成为政府官吏,小到地方县令,大到朝廷重臣。他们的思想、理念会在其施政过程中予以体现,他们对社会的影响便在这类的政治活动中施加给民众;另一种是知识精英通过著书立说,以学问影响世人,这一点在既有的研究中已经多有体现,在此不赘述。知识精英从普通民众中脱离出来,就有机会走进官方的视野,一旦其学说获得官方的认可或者采纳,知识精英和官方的主张、观念相互融合,然后以各类政令的形式表达出来,以各类政府命令的形式,自上而下逐级推行,深入影响到千千万万的普通民众,这便是

---

① 知识精英能够通过提升个人素养,通过理性思考尽可能地降低社会因素对其思想的干扰和影响,从而表现出对社会影响的脱离,那种能够脱离时代局限,甚至超越时代的哲学家就是这类典型代表。当然,这并非意味着知识精英的知识与社会化程度呈负相关,在很多情况下,许多知识精英能够运用其知识更加深刻地解读社会,如社会学家、人类学家正是此类典型。因此可以说,知识精英和社会因素的影响之间的关系,从根本上来说,知识精英的思想肯定受制于社会,但是知识精英对于社会因素所持的态度,更多的是表现为倾向的不同而非能力的大小。

② [法]P. 布尔迪厄:《国家精英》,杨亚平译,商务印书馆 2004 年版,第 129 页。

主权者对普通民众的影响。试举一例，商鞅变法之后，秦国鼓励耕战，严格禁止民众私斗。史书记载，商鞅最初推行变法时，民众普遍反对，但是十年之后，“秦民大悦，道不拾遗，山无盗贼，家给人足……乡邑大治”。[①] 综合来看，知识精英、主权者和普通社会民众之间存在着互相影响的关系，形成了三方角力的动态关系，在不同的时期、不同情况下，三者所发挥的作用都不尽相同。在中国古代，皇帝集权的例子不在少数，这就是主权者施加强力影响的典型表现，如唐代对佛教的反复态度；知识精英影响一国一族之发展的例子也是不乏其存，商鞅变法推动秦国走向富强之道即是例证；普通民众亦能在关键时刻对于时代、历史的发展发生重要影响，中国历代王朝更替，以农民为代表的普通民众经常成为主力军，一些人由此摇身一变，成为新的主权者。

具体到法律领域而言，作为普遍信仰下的本体，天何言哉？杨庆堃在《中国社会中的宗教：宗教的现代社会功能与其历史因素之研究》一书中专门有一节论证“中央政权至高无上性的神圣化”。文中指出：“令人难忘的祭祀活动、官方告示和民间传说，不断地强化了王权与‘天’及其神力的关系。研究中国文化的学者已经充分地认识到了这一点。最基本的事实是，‘上天’及其威力是统御一切的。人们不可能找到另外一个像‘天’一样超越人类、神秘而又至高无上的象征物。天体运行规律象征着，上天统御力将宇宙维持在稳定的秩序中；天产生了季节的更替，而四时有序对农民来说尤其重要。”[②]事实上，天永远都是那个天，自从存在之日起，天便不曾有什么异常，也不曾有什么变化，无论刮风下雨、陨石彗星，都是天正常运行的必然结果。但是为何天意、天心不断变化，天的喜好恶怒也随时代在流转？变的究竟是天，还是人？

在人类文明初期，最早的知识精英同时亦是氏族权力享有者的一部分，他们协同氏族首领解释天象，从而为天赋予了文明的基调。

---

① 《史记·商君列传》。

② ［美］杨庆堃：《中国社会中的宗教：宗教的现代社会功能与其历史因素之研究》，范丽珠等译，上海人民出版社2007年版，第131页。

正如论者所言,“这是中国宗教、中国人的天命信仰之中最神秘、最奥妙,也是最令人困惑的地方。人们不知道是在信神,还是在信官,或者两者都要信,不可或缺。……从‘皇天无亲,惟德是辅’到‘好行善者,天助以福;好行恶者,天报以祸’的说法中,人们可以认识到,在宗教、信仰与权力之间,有一种利益互惠的相互关系。它们作为一个基本变量,则是一种道德报应关系”。① 借助天意,实际上是为了传达一种作为普遍信仰的观念,此观念或源于精英的创造,或源于主权者的需求,或源于普通民众无意识的发明,或是此多种情况的糅合,最终形成了中国人所信仰的天。天的权威体现在中国文化的方方面面,上到国家建制,下到群氓众生的道德约束,都难逃天的监督。“寺庙仪式包括借助天上的神明和阴间的权威,来支持社会普遍的道德秩序。很多功能性的解释都能由这两种民间宗教形式反映出来,但是在民众宗教生活中,有关上天和阴间的观念反映的是道德的启示,通过上天奖赏善事,阴间的恶鬼来惩罚恶行。惩恶扬善给人以希望,而不义之财与各种不幸的现实存在则由超自然因素来解释,这样对上天和阴间权威的崇拜就发挥着维护社会道德秩序的重要功能”。② 天以其广大无外的特性,成为证成世间权威的最佳选择,中国的政治、法律、道德建构都从天那里寻求正当性来源。

传统中国的法哲学从学术流派上来看,有儒家法哲学、道家法哲学、法家法哲学之分。而从整个传统中国思想史的发展角度看,真正得以贯通知识精英、主权者和普通民众的理论就是中国人“天”的理论。在中国,天不仅仅是哲学上的存在,亦不仅仅是宗教上的存在,它早已融入传统中国人生活的方方面面,融入中国人的文化血脉之中。我们高兴的时候会“欢天喜地”,痛苦的时候会“哭天抢地”,以“天理流行”为追求目标,同时也以“天诛地灭”为盟誓的内容,天及其天命、天道思想,在中国成为真正得以贯通普通民

---

① 李向平:《信仰、革命与权力秩序——中国宗教社会学研究》,上海人民出版社2006年版,第28~29页。

② ［美］杨庆堃:《中国社会中的宗教:宗教的现代社会功能与其历史因素之研究》,范丽珠等译,上海人民出版社2007年版,第28~29页。

众、知识精英和主权者的理论。毕竟,无论你身处何种位置,总要面对这片天,它伴随国人生命始终,伴随历史分合变化,在潜移默化之中融入国人的精神。

第六章 传统中国法本体的内在逻辑

我们既然引入了传统中国法本体的概念、范畴，那么必然要理顺其内在逻辑，从而证成其存在的逻辑可能性和必要性，如若不然，这样一个新概念的引入就是可有可无，甚至是生搬硬套而来，为引入而引入。前文第一章业已阐明什么是法本体，法本体这个词在当下中国法学界使用的场合和机会并不多，从法本体角度对传统中国法进行的研究更是少之又少，但这并不意味着中国古人没有对法本体的思考。对法本体的思考在不同时代背景下其必要性、迫切性和意义并不相同。举一个最简单的例子，在当下，整个人类文明都在不同程度上认可民主、自由、法治的价值和意义，并且认为这是具有现实操作性的最优选择。在此背景下，法哲学家对是否存在超越民主、自由的更优良法本体的寻求欲望便不如启蒙运动时期那样强烈。这种超越现行体制、现行思想模式的法哲学往往能奠定某种文明的基调或开创时代的先声，但同时也最难创设。

综观东西方文明，真正具有指导意义的法哲学思想都发端于其文明初期混乱、动荡的年代，这背后就是对现行体制的超越性所致。[①] 譬如中国春秋战国时代，常言“礼崩乐坏”，此四字最能代表彼时时代境遇：旧有国家建制实际上已经崩坏，新的王朝、新的建制未能产生，儒、墨、道、法诸子并起，阐发各自治平天下的学说和理想。[②] 具体到法律层面，他们所要关心的问题是礼乐还能否适用，礼乐还是否要被遵守，如若不遵守周王旧礼，那么“新的礼乐”应该是什么等一系列问题。这些问题背后的思考其实是“旧法还是不是法”，旧法如果不是法，那么“什么样的法才应该被认可为新法”等问题。如此一来就涉及对法本体的探索，即“法是什么”的问题，由“法是什么”不断追问，必然要推到“法为什么是法”的问题，[③]这样必然的追问就将本来形而下的法律问题推升到了抽象程度较高的位置上来。而对于“法为什么是法”的理解则千差万别，这种决定着某种存在能否成为法的背后的终极理据，正是本书所说的法本体。

事实上，对“法是什么”的追问，是人类文明中普遍存在且必定存在的问题，这一点并无疑议。倘若没有对“法是什么”的追问，何来国家法律的制定，何来思想家对法律的论证和思考？[④] 那么既然

---

① 此处所说的“混乱、动荡”在指代早期部落、民族之间的冲突之外，更多地倾向于思想、意识层面的混乱，质言之，更多地指代人类初期各民族未能形成统一的文化基调的混乱状态。德国哲学家雅思贝尔斯认为：“在帝国解体的困境中，在战乱和动荡的年代，孔子便是那些想通过他们的建议使国家得到拯救而到处游历的许多哲学家中之一员。对于所有这些哲学家来讲，出路便是知识，而孔子的解救之道则是有关古代的知识。他的根本问题是：什么是古代的？如何能够获得它？通过什么方式能实现它？”参见［德］卡尔·雅思贝尔斯：《大哲学家》，李雪涛主译，社会科学文献出版社2002年版，第115～116页。

② “被称为中国哲学的黄金时代的先秦，不论是儒墨显学，或是战国诸子，现代我们称他们是哲学家，但他们主要的任务，并不是想建立一个哲学系统，且以学问传世的。支持他们生活最强烈的因素是用世，是直接参与政治并影响社会，他们对政治社会有强烈的责任感、使命感，能遇明主采纳他们的意见实现他们的抱负，才是人生最大的愿望。”参见韦政通：《我对中国思想史的几点认识》，载韦政通编：《中国思想史方法论文选集》，上海人民出版社2009年版，第166～167页。

③ 这里所说的“法”是广义上的法的概念：比如春秋战国时人所称的“礼乐”，又比如西方学者所称的“主权者的意志”等。

④ 此处使用“思想家”一词或许更能贴合传统中国的实际状况，传统中国的学者很难用一个现代的身份加以界定，很多人既是学者又是官僚，在学者身份中，很多人是儒生，但是他们也谈论法律，如果具体到某某人的时候，比如董仲舒，说他是大儒，这固然没问题，但是我们却不能说董仲舒是法学家。

对“法是什么”的追问是古今中外都存在的问题，传统中国的思想家们也必然涉及对“法为什么是法”的思考，而这种思考后的结果表现为对法本体的不同理解。如此看来，法本体这个概念或者范畴的引入，还是以西释中、以西破中吗？[①] 我们通过另外一个更简单、更直观的例子来证成这种观点，我们常常自豪于中华民族在漫长的历史岁月中所创造的或雄劲或圆润的书法之美、或空灵或写意的绘画之美、或浪漫或写实的诗词之美，既然古人懂得在各种美与不美中选择，便说明古人深知何为美、何为不美。质言之，中国古人有着自己的一套对美丑的理解，有着对美为什么是美，丑又为什么是丑的理解，这个“为什么”就是美的本体。我们都很明确，传统中国没有美学这一独立的学科，更没有美的本体这一专门称谓，但是我们会说中国古人没有对“美为什么是美”的思考吗？同样的道理，法本体在中国古代是否存在的问题，与美的本体是否存在的证成思路完全一样，这就说明对法本体的探讨，不仅仅是西方法哲学、现代法哲学所独有的探讨范围，更应该是传统中国法哲学所要研究的内容。然而目前学界却缺少对传统中国法本体的系统化、体系化的思考和研究，实乃研究之一憾事。

传统中国法本体的内在逻辑，主要目的就是探索传统中国人对法本体思考的逻辑，亦即探讨传统中国人是如何理解“法为什么是法”这样一个简单而又极其复杂的问题时所适用的逻辑。欲以一篇文字阐释传统中国两千余年的法本体内在理路，实是至难不易之事，其原因有二：一来传统中国哲人辈出，思想之繁复、境界之高深，普通人穷一生尚难以尽晓；二来同一时期思想争鸣、交锋四起，不同学派间争论不休，就算是同一学派内部，观点亦不尽相同，如何把握思想主线，又是难中之难。有论者曾对中国哲学概念、范畴的特点

---

① 事实上，当我们的学者在尽力辩证中国古代的“礼”是不是法的时候，西方学者或许根本没有把这个问题当作“问题”来看待，雅思贝尔斯认为：“在孔子思想中他并不去区分礼、伦理以及法，因此他更能清晰地看到他们共同的根源。也不去区分没有责任感的审美以及伦理责任，美与善。这便更容易看得清楚，美中没有善便不再是美了，而善中没有美，也不再是什么善了。”国外学者跳出中国人比附思维的泥淖，反而将问题看得更加透彻，这是我们必须要反思和学习的地方。参见[德]卡尔·雅思贝尔斯：《大哲学家》，李雪涛主译，社会科学文献出版社2002年版，第122页。

进行过归纳,其中一点十分值得注意:“在中国哲学史上,几乎所有的哲学概念和范畴都具有两重性。所谓两重性,有三方面的意义:(1)是指同一哲学概念、范畴在不同学派那里有不同的理解和用法。……(2)即使是同一派别、同一哲学家对某些哲学概念或范畴的理解也是自相矛盾的。……(3)不同倾向或派别的哲学范畴是可以相互吸收、相互转化的。”[①]这就说明,试图找出从逻辑上融合无间的概念或者范畴从根本上来说就是不可能的。使用主体的不同、时空背景的不同,都会导致对概念理解的差异,但是这并不意味着我们无法对过去的概念、思想进行梳理。虽然个体和个体之间、个人不同时期的观点都不尽相同,[②]我们仍然能从某种程度上把握个体、群体乃至数千年历史洪流中的思想主线。这意味着,作为宏大叙事,这种研究本身就蕴含着内在的“不合理性”,这是任何研究者都无法避免的。好在本书要旨在于撮其要略,抽绎传统中国法本体的内在逻辑,因此得以从宏大视野出发,以法哲学本体论的思维方式爬梳历史,以厘清其逻辑思路。

法本体的内在逻辑就是法本体这一问题自身从逻辑层面所关切的问题及相应的思考进路。法本体要面对的第一个追问就是“法是什么”的问题,这是最简单,也是最常见的追问;但是“法是什么”这一问题的解答必然要追溯到“法为什么是法”的道路上来。质言之,要回答“法是什么”,在逻辑上首先要回答法背后的终极理据是

---

① 葛荣晋:《中国哲学范畴通论》,首都师范大学出版社2001年版,第10~11页。

② 不同学派、不同哲人的思想差异颇多,这一点比较容易理解,思想家本人对问题的理解和认识亦非一成不变,如宋代大儒朱熹对理、气先后关系的理解,青年时代的朱熹和晚年朱熹就有很大的不同,“从横的方面看,朱熹对理气是否有先后的讨论可以分为论本源与论构成两个不同问题。这种不同的讨论角度导致朱熹在理气关系上的一些不同说法。应当注意把朱熹论构成方面的二元说法与论本源问题区分开来。从纵的方面看,朱熹的理气先后思想经历了一个发展演变的过程。早年他从理本论出发,主张理气无先后。理在气先的思想由南康之后经朱陈之辩到朱陆太极之辩逐步形成。理能生气曾经是他们的理先气后思想的一个内容。而他的晚年定论是逻辑在先,逻辑在先说是在更高的形态上返回本体论思想,是一个否定之否定。当然,这个发展和演变的过程并不是对立面的演进和交替,在本质上,是以不同的形式确认理对于气的第一性地位”。参见陈来:《朱子哲学研究》,华东师范大学出版社2000年版,第99页。关于朱熹对理气先后问题在不同时期的具体认识,可参见陈来:《朱子哲学研究》,华东师范大学出版社2000年版,第75~99页。

什么,[1]亦即法的本体是什么。因为法之所以能够被称为法,是由于法的本体所决定;要论证“法为什么是法”,必须借助不同的路径或方式加以证成,这种路径或是纯粹思辨的,或是体悟式的,或是从其他角度出发理解“法为什么是法”,以上三部分构成了法本体内在逻辑的三个主要内容,即“法是什么”“法为什么是法”以及证成“法为什么是法”的不同路径。论述传统中国法本体的内在逻辑,其目的有二:其一,明确抽绎出传统中国法哲学中法本体论所关注的问题是什么;其二,梳理古人对传统中国法本体思考的模式、路径,厘清相关发展脉络。单就内容而言,本章内容或与本书第二章至第四章有相似之处,但其实关注的重点完全不同:全文从第二章至第四章主要从道家、儒家、法家以及天的层面梳理有关传统中国法本体的代表性理论,而本章虽然也不可避免地涉及诸子百家,但更多的是为论证法本体的内在逻辑而作。两者看似取材相似,但内容不同,质言之,本章及后续法本体的展开、运行诸章,实际上是对包括道家、儒家、法家及天学在内的各家学说理论的再次抽象和升华,试图通过抽象其共同的思考逻辑来构建传统中国法哲学的逻辑。

一、法是什么

对于法本体而言,首先触及的就是法是什么的问题,此类“是什么”的追问伴随个人和人类社会始终。新生幼儿在有意识之后,便即表现出对世界的好奇,他们对于身边的事物充满兴趣,待到习得语言技能之后,更会不断追问“这是什么”“那是什么”等问题;人类对周围世界的好奇和求知欲亦不断推动着人类文明的进步,具体到法律问题上,亦是如此。从个人角度而言,从幼儿时期开始,个体即不断吸收知识,塑造对世界的理解和认识,小到蔬菜、水果,大到飞机、火箭,再到抽象的道德、精神等,是逐渐从不知到了解的转变。

---

① 这里所谓要理解法是什么,从逻辑上要先理解法为什么是法,这里的“首先”并非针对日夜流动不止的时间概念而言的“首先”,而是从逻辑层面所讲的“首先”,就是说在逻辑上是先有法本体才能有法的概念,没有对法本体的理解和认识,对于“法是什么”的探讨就无从开始。但是逻辑在先和时间上的先后并不是一回事,有些论题无法用时间的先后来描述,只能从逻辑的角度加以界定。

在此过程中，认知能力不断提升，认知的对象也从具象事物向更为抽象的事物转变。

综观整个人类文明发展史就会发现，人类对世界的认识也是遵循由具象到抽象的发展进程，人类法治文明的发展更充分地体现了这一点。根据目前学界的一般理论，法律起源于原始社会的习惯，经由习惯转变为习惯法，再对习惯法进行抽象的提炼和升华，才形成了今天所谓的法律。由习惯法到法律的转变中，一个最大的变化就是由针对特定人、特定事项的规定，转变为对某类行为主体、某类特定行为的规定，这背后便是人类认识能力在类型化思维方面的进步。[①] 早期人类可能从生活经验中形成了禁忌意识，认识到某些行为不能做，对于一些特定的违背禁忌的行为，就会由群体进行惩罚，这就形成了最早的"违背—惩罚"模式。早期人类或许会对"违背—惩罚"模式有一定粗浅认识，但是却未必真正有能力思考所谓"禁忌是什么"的问题。随着人类智力水平的进步、知识程度的增长，人类开始思考诸如"禁忌是什么"的问题，本体思维也便如此产生。而类型化思维的发展，为人类思考抽象意义上的"法是什么"提供了可能。雅思贝斯在论证轴心时代的特点同样适用于人类文明初期对于抽象问题的思考："这个时代的新特点是，世界上所有三个地区的人类全都开始意识到整体的存在、自身和自身的限度。人类体验到世界的恐怖和自身的软弱。他探询根本性的问题。面对空无，他力图解放和拯救。通过在意识上认识自己的限度，他为自己树立了最高目标。他在自我的深奥和超然存在的光辉中感受绝对。"[②]之所以将类型化思维单独拿出来讲，是因为普遍意义、抽象意义法律的形成，无法离开类型化思维的作用。

在本体思维的发展进程中，固然有普通民众无意识思考的推动

---

① 所谓类型化思维从表面上看是将具有相同、相似属性、特征的事物加以归类的思维方式，从深层次来看是对事物依据其本质的再次归类，法从最初的针对特定人、特定事而作，到后来的针对普遍意义上的主体、行为而作，就是类型化思维发展的结果。

② ［德］卡尔·雅思贝尔斯：《历史的起源与目标》，魏楚雄、俞新天译，华夏出版社1989年版，第8~9页。

作用,但更多的是知识精英作用的发挥。[①] 但凡有成熟思虑的思想家,往往都不满足于对世界浑浑噩噩的认知,而试图穷其根本,这是最简单,也是最常见的道理,早在古希腊时期,思想家亚里士多德就提出"求知是人类的本性"。[②] 我们必须要明白,思想家的思想有时是为了批判现实而作,有时是为了改进现实而作,有时又是为了纯粹思辨而作,但是无论如何,这些思考都必须遵守某种逻辑规律,这正是不同流派甚至不同立场的哲学家可以对话的根本前提,也是我们能够用宏大叙事探讨传统中国法本体内在逻辑的前提。如亚里士多德所说:"如果我们对任何事物,对政治或其他各问题,追溯其原始而明白其发生的端绪,我们就可以获得最明朗的认识。"[③]

对于"法是什么"的理解,古今之人必然都进行过相应的思考,但是古人并不一定以法本体理论这样明确的形式表达出来。中国古人经常使用的论证方式多是通过对某种现实、某种理论的不满或者批判,来表达对心中理想状态的描述,[④]像西方一样系统提出理论的思想家相对较少,[⑤]因此我们必须通过语言把握其背后的意蕴及

---

① 知识精英不是特定的阶层或者职业,而是特定时期掌握主要知识的群体的统称。就中国古代而言,知识精英的发展史,基本上可以等同于思想发展史。文明初期的知识精英主要代表是神职者,亦即所谓的巫觋群体,他们掌握解释自然现象的能力,把控(或者说和掌权者共同分享)根据自然解释人事的权力,成为最早一批主动探求世界,试图建立完整解释体系的群体。巫觋群体研究天地、鬼神的职能与阐释人事的职能在后来逐渐分离,形成了巫师和思想家两个看似风马牛不相及的群体,巫文化的重要性逐渐降低,巫师群体逐渐下沉为民间文化的一部分,在国家层面思想家的作用被认可和放大。继巫觋之后,从思想层面来看,思想家掌握一切,他们成为掌权者的代言人,用"思想"解释整个世界。

② [古希腊]亚里士多德:《形而上学》,吴寿彭译,商务印书馆1965年版,第4页。

③ [古希腊]亚里士多德:《政治学》,吴寿彭译,商务印书馆1965年版,第4页。

④ 徐复观在《研究中国思想史的方法与态度问题》一文中,对中国思想家的表达习惯有很精到的论述,徐氏指出:"但中国的思想家,很少是有意识地以有组织的文章结构来表达他们的思想结构,而常是把他们的中心论点,分散在许多文字单元中去;同时,在同一篇文字中又常关涉到许多观念、许多问题。即使在一篇文章,或一段语录中是专谈某一观念、某一问题,但也只谈到某一观念、某一问题、对某一特定的人或事所需要说明的某一侧面,而很少下一种抽象的可以概括全般的定义或界说。"徐复观:《研究中国思想史的方法与态度问题》,载徐复观:《中国思想史论集》,九州出版社2014年版,第2页。

⑤ "西方的思想家是以思辨为主;思辨的本身必定形成一逻辑的结构。中国的思想家系出自内外生活的体验,因而具体性多于抽象性"。参见徐复观:《研究中国思想史的方法与态度问题》,载徐复观:《中国思想史论集》,九州出版社2014年版,第3页。

内涵。如《论语》一书中多次记载孔子对礼乐的看法,其中有一段孔子之言就颇有代表性,孔子说:“天下有道,则礼乐征伐自天子出;天下无道,则礼乐征伐自诸侯出。自诸侯出,盖十世希不失矣;自大夫出,五世希不失矣;陪臣执国命,三世希不失矣。天下有道,则政不在大夫;天下有道,则庶人不议。”①杨伯峻对此段话的解读主要从政权变更、权力褫夺的层面而言:“孔子这一段话可能是从考察历史,尤其是当日时事所得出的结论。‘自天子出’,孔子认为尧、舜、禹、汤以及西周都是如此的;‘天下无道’则自齐桓公以后,周天子已无发号施令的力量了。……这也是历史演变的必然,愈近变动时代,权力再分配的斗争,一定愈加激烈。这却是孔子所不明白的。”②杨氏从政权更替的角度思考孔子之言,并认为孔子未能理解其中道理,自然有一定合理性。但是如果从法的合理性角度思考,孔子这段话其实是十分有参考价值的。孔子首先说,在天下有道的情况下,礼乐征伐都是自天子而出,这是因为只有天子才有制定礼乐政刑的最高权力,礼乐征伐自天子出,实际上是保障了礼乐政刑制定的主体合法性,只有合法的权力主体才能制定礼乐。与此同时,天子制礼作乐的权力是否被僭越、被攫取亦是评价社会有道无道的重要标准之一,诸侯僭越权力行事,已经违背了礼乐制度的形式条件,自然只能被称为无道。这也就回应了孔子所理解的“法是什么”的问题,我们在最宽泛的意义上理解,孔子观念中所理解的法,就是经由天子制定、或认可的能够体现仁的精神内核的制度规范。

对于“是什么”的追问固然可以简单地理解为对某一物、事进行概念界定的追问,但寻求概念界定,其实是人类文明发展到一定程度的结果。当我们面对未知事物时,首先面对的是对“它的名字”的寻求,也就是对这个东西“叫什么”的追问,“概念”一词在中国固有词汇中大抵与“名”一词十分相似。“对于中国文化来说,‘概念’是一个外来词,中国哲学中与概念大致相当的术语是‘名’,

---

① 《论语·季氏》。

② 杨伯峻:《论语译注》,中华书局2009年版,第172～173页。

不过它们也只是就我们所研究的问题而言大体相当，即它们可纳入同一研究主题，然而其各自的含义、性质及作用却有很大的区别：本体论的概念是逻辑范畴，其意义不在于这个词所指的实际对象，而是取自概念间相互关系的逻辑规定性；而中国哲学中的名正好相反，名必符实，这就是说，名始终应当是依赖于实际事物的，离开了实，名就不正了，就没有意义可言了。这一点在先秦的时候几乎是人们的共识，许多人都这样说"。[①] 中国先秦时期少有对"名"的探讨，公孙龙子算是其中一位，在《名实论》一文中，公孙龙子称："天地与其所产焉，物也。物以物其所物，而不过焉，实也。"[②]谭业谦对此句的解释是："'物其所物'，以其物为物。韩愈《原道》'道其所道'、'德其所德'，即仿此句法，以其道为道，以其德为德也。'过'，错误。'实'，物不虚为实。'物以物其所物，而不过焉'，即对'实'的界说。根据这一界说，'实'可称为'真实'或'本然'，它已成为名家或古逻辑学的术语。"[③]据此可知，公孙龙子将天地所生成的万物和天地本身称之为"物"。既然有物，就应该有物之"名"，可见在先秦时期中国思想家就已经开始重视物和名的重要性，这里的"名"实际上就是对"是什么"最直观的回应。如《墨经·小取》篇有云："夫辩者将以明是非之分，审治乱之纪，明同异于之处，察名实之理，处利害，决嫌疑焉。摹略万物之然，论求群言之比，以名举实，以辞抒意，以说出故。"[④]只有先察名实之理，才能用名来指称实，用言语来表达意思。所以老子在《道德经》中称"道可道，非常道。名可名，非常名"，[⑤]就是提出了"名"的重要性。综观《道德经》全文，老子多次慨叹作为世界本原的"道"无法用生活中常见的"名"加以概括："有物混成，先天地生。寂兮寥兮，独立而不改，周行而不殆，可以为天地母。吾不知其名，强字之曰'道'。"[⑥]老子对道的产生及其

---

① 俞宣孟：《本体论研究》，上海人民出版社 2012 年版，第 71 页。
② 谭业谦：《公孙龙子译注》，中华书局 1997 年版，第 48 页。
③ 谭业谦：《公孙龙子译注》，中华书局 1997 年版，第 48 页。
④ 谭业谦：《公孙龙子译注》，中华书局 1997 年版，第 61 页。
⑤ 《道德经·第一章》。
⑥ 《道德经·第二十五章》。

属性进行界定之后还不忘说“吾不知其名,强字之曰‘道’”,便可以知道“名”的重要性。对于世界本原而言的“道”需要求其名,对于法也同样要求其名,求法之“名”的过程就是法本体思维的第一步。

先秦思想家中,孔子对于“是什么”的回答数量最多,《论语》一书记载了大量有关孔子弟子向孔子提问的内容,包括孔子弟子问“什么是仁”“什么是孝”“什么是礼”等。如:“樊迟问知,子曰:务民之义,敬鬼神而远之,可谓知矣。问仁,曰:仁者先难而后获,可谓仁矣。”[①]此篇就是孔子弟子问“什么是仁”“什么是知”,在《论语·颜渊》一篇中更有大量的关于孔子弟子“问”的记载,如:“颜渊问仁,子曰:克己复礼为仁。一日克己复礼,天下归仁焉。为仁由己,而由人乎哉?”[②]“仲弓问仁,子曰:出门如见大宾,使民如承大祭。己所不欲,勿施于人。在邦无怨,在家无怨”[③]“司马牛问仁,子曰:仁者,其言也讱”[④]“司马牛问君子,子曰:君子不忧不惧”等等。[⑤] 这种对于“是什么”的问题,即“名”的问题思考和争论看似是单纯的语言学问题、哲学问题,其实却与政治、社会的发展运行关联极大。“表面上看,关于名必须副实,并且实为主,名为宾,这一观点在先秦的时候似乎没有对立面,有一致的共识。但实际的背景却呈现出另一种面貌。当时的社会性质和结构正在发生激烈的变化,新旧更迭之际,各种利益集团之间的斗争进入白热化阶段,你死我活、称雄争霸的故事一个接一个。在舆论上,站在不同利益立场上的人出于为自己辩护而各执一端。孔子提出的‘正名’,大致就是站在维护原有社会秩序立场上的较为保守的要求。这说明当时人们对名和实的看法和使用事实上是有差别的,这就提出了名的规范问题,使问题超出了社会政治论战的范围,而涉及名的性质、词语意义的来源等一些具有普遍哲学意义的问题”。[⑥] 这也就是说,“是什么”的问题

① 《论语·雍也》。
② 《论语·颜渊》。
③ 《论语·颜渊》。
④ 《论语·颜渊》。
⑤ 《论语·颜渊》。
⑥ 俞宣孟:《本体论研究》,上海人民出版社 2012 年版,第 71 页。

并非如表面上所看到的那样是一个纯粹的学术问题，在那个特定的时代背景下，反而是能够推动社会变化的关键。孔子所极力论证的"礼"就是想要在旧礼的框架下融入仁的内核，我们经常都说孔子是保守主义者，事实上孔子就是在对礼的看似保守的维护中，希望加入新的因素，而这一切，在孔子的学说中，都是从论"礼"是什么，"礼"不是什么而开始的。如孔子称："礼云礼云，玉帛云乎哉？乐云乐云，钟鼓云乎哉？"孔子就是要突破礼的表面仪式规定，也就是突破旧有的"礼"之"名"，而为其注入"一日克己复礼，天下归仁焉"的仁的因素。当然，孔子所论的礼在当时是社会法律的主要组成部分，便如同今日刑法、民法之于整个中国法律体系一样，除礼之外，另有政、刑等同属广义"法"范围的诸多渊源。孔子的回答基本上都是围绕具体提问而进行的回答，难免在抽象程度上略显不足，这种"不足"应该理解为春秋时期中国文学形式发展所限，以语录体著作为主，而少系统文章。[①]

对法是什么的讨论不仅仅局限在孔子，道家、法家的也不曾忽视这一问题。老子称礼是："夫礼者，忠信之薄，而乱之首"；[②]韩非称法是："法者，编著之图籍，设之于官府，而布之于百姓者也"，是对"法是什么"的明确界定。[③] 至于春秋战国之后，对于"是什么"的论证就更加数不胜数，如汉朝杜周称："三尺法安在哉？前主所是著为律，后主所是疏为令，"[④]儒家经典《礼记》中有许多对礼、乐的概

---

① 美国学者牟复礼对《论语》所记孔子之语录评价很值得参考："孔子和他的学派对高度形式化的论辩不以为然，认为那是徒劳的巧言令色而已；他们更喜欢把建设性的辩论置于一系列具体的情形之下，或援引的一些自明的道理上，抑或人人遵从的家庭取向的伦理体系的绝对权威上。孔子思想体系难以冲减的最后一个问题是，对他的记录太简短零散。即便他讲述的哲学是连贯的，我们也无从得知。……但是，从《论语》及其嫡传和再传弟子的回忆中，我们还是可以勾勒和重建孔子的思想，即便不是一个哲学体系，也是一个自洽的思想整体。"参见［美］牟复礼：《中国思想之渊源》（第2版），王重阳译，北京大学出版社2016年版，第92～93页。

② 《道德经·第三十八章》。

③ 《韩非子·难三》。韩非此处虽然称"法者，编著之图籍，设之于官府，而布之于百姓者也"，但是韩非所言之法与现代所称的法并非一回事，两者虽用同一"名"，内涵、外延却不完全相同。

④ 《汉书·杜周传》。

念界定。《唐律疏议》作为唐代官方法典的代表，其第一篇《名例律》就对法是什么进行了界定："古者大刑用甲兵，其次用斧、钺，中刑用刀、锯，其次用钻、凿，薄刑用鞭、扑，其所由来，亦已尚矣。……律者，训铨，训法也。《易》曰：'理财正辞，禁人为非曰义。'故铨量轻重，依义制律。《尚书大传》曰：'丕天之大律。'注云：'奉天之大法。'法亦律也，故谓之为律。"①同为唐代编纂的《唐六典》则称："凡律以正刑定罪，令以设范立制，格以禁违正邪，式以轨物程式。"②《新唐书·刑法志》曰："唐之刑书有四，曰律、令、格、式。令者，尊卑贵贱之等数，国家之制度也；格者，百官有司之所常行之事也；式者，其所常守之法也。凡邦国之政，必从事于此三者。其有所为及人之为恶而入于罪戾者，一断以律。"③以上三种都是官方法典、法律文件对什么是律、令等所做的明确界定，这表明在当时思考法是什么，并对其进行严谨的定义已经成为立法时所必须考量的内容。

不仅仅是对律、令的界定，其他诸如对法律中的专有名词的解释，传统中国也已经达到了十分精密的地步，如晋代的张斐在《注律表》中就对一些常见的概念进行了解释："其知而犯之谓之故，意以为然谓之失，违忠欺上谓之谩，背信藏巧谓之诈，亏礼废节谓之不敬，两讼相趣谓之斗，两和相害谓之戏，无变斩击谓之贼，不意误犯谓之过失，逆节绝理谓之不道，陵上僭贵谓之恶逆，将害未发谓之戕，唱首先言谓之造意，二人对议谓之谋，制众建计谓之率，不和谓之强，攻恶谓之略，三人谓之群，取非其物谓之盗，货财之利谓之赃：凡二十者，律义之较名也。"④张斐的这种解释，是典型的对法律中的"故"是什么、法律中的"斗"是什么等的明确界定，表明当时对法律术语各自的特点、相似术语之间的界限等问题，都有了明确的理解和认识。张斐作为律学家的辨名析理的技术在唐律中完美地体现出来，唐律中对"是什么"的规定既有对于犯罪相关内容的技术性规定，如《唐律疏议》"同居相为隐"条规定："同居，谓同财共居，

① 《唐律疏议·名例律》。
② 《唐六典·卷六》"刑部郎中员外郎"条。
③ 《新唐书·刑法志》。
④ 《晋书·卷三十·刑法》。

不限籍之同异,虽无服者并是。若大功以上亲,各依本服。外祖父母、外孙,若孙之妇、夫之兄弟及兄弟妻,服虽轻,论情重,故有罪者并相为隐,反、报俱隐。此等外祖不及曾、高,外孙不及曾、玄也。”[①]唐律中亦有对于抽象规范的界定,如《唐律疏议》“十恶”条中的“大不敬”条疏议规定:“礼者,敬之本;敬者,礼之舆。故《礼运》云:礼者,君之柄,所以别嫌明微,考制度,别仁义。责其所犯既大,皆无敬肃之心,故曰大不敬。”[②]唐律通过对礼和敬的解释,进而规定何为大不敬,这其实是一种十分高明的定义方法。上述诸多例子就是为了说明中国古人对于法是什么的思考是普遍存在的,这也符合人类认识事物的一般规律,俗话常说,要知其然,就是这个意思。

二、法为什么是法

古人或从法的功用出发,或从法的特点出发,或直接开宗明义对法进行概念界定,形成对“法是什么”的理解和认识。对法的理解和认识经由知识精英、权力主导者和普通民众之间的互动从而在一定程度上转化为社会上对“法是什么”的一般理解和认识。对“法”进行概念界定仅仅是认识的第一步,更是认识的表层反映。某种规范(或天意或人情)为什么要被某位思想家、某位掌权者认定为是法律,这才是更为深入且根本的问题。从逻辑的层面来说,某种规范(或天意或人情)之所以能够被称为法,是因为它被赋予了某种特质,正是这种特质使得某种规范(或天意或人情)能成为法,既然说是被赋予了某种特质,那么就排除了单纯从语言、符号层面上授予意义的可能。

假如有人提出,“苹果就是法”,那么世人很容易就会发现这种论断之荒谬,因此不会被大家所接受,因为苹果不可能具有法所应该具有的特质,也就是说法所具有的这种特质不应该被理解为赋予到任何存在上都能成立。为什么“苹果就是法”这一论断不能成立,因为在我们的观念里,苹果已经有了它自己独特的内涵,苹果是

① 《唐律疏议·名例律》。
② 《唐律疏议·名例律》。

一种可以食用的水果,我们平常生活中太容易见到苹果,因此大多数人都不会费尽心思去思考“苹果为什么是苹果”这样的问题,但是苹果之所以能够是苹果,并不单纯因为某种东西被称为苹果,它就成为了苹果,如果有人指着橘子说,“这是苹果”,我们很快就会发现其中的谬误,因为他所指的东西我们都知道是橘子,橘子也有“橘子”所特有的内涵。除非我们在纯粹符号的立场上使用“苹果”“橘子”这样的概念,我们可以说“苹果是法”,这里的“苹果”其实已经被赋予“法”的含义,“苹果”仅仅是一个称谓而已。它只是作为一种符号而存在,作为没有意义的符号在它没有被赋予专门的意义之前可以被其他任何符号所替代。我们都很清楚,无论是古人还是现代人,在论述“法是什么”的时候所使用的“法”“礼”“刑”“律”等概念,都不是从纯粹符号的层面使用的,因此当古人称“某某是法”“某某是刑”“某某是律”的时候,他们必然有所指,也就是说某种存在必然具有了某种特质才会被古人称之为“法”“刑”“律”。在当下的中国,如果我们说“张三的命令就是法”,这句话从逻辑上没有任何问题,我们可以在这个前提下认为,张三的命令就是判断法与非法的标准,但是这仅仅是逻辑上的正确,如果我们将这句话放在中国的现实背景下来考量,那么这句话显然是错的,因为中国的法是指“国家制定或认可的,由国家强制力保证实施的行为规范”,[①]我们很容易就可以判断两个命题之间的矛盾,这就说明,我们在判断什么才是法的时候,所依据的并不是单纯的语言逻辑,而是认为符合某种理据、某种原因、某种条件的某种东西才能被称为法,这里的“某种理据、某种原因、某种条件”就是隐藏在“法是什么”的文字背后的东西,我们将其称为法的本体。法本体是法律效力的终极来源,也是从哲学意义上证成其合理性的根源所在,本体

---

① 在当前国内学界比较代表性的大学法理学教科书中,法是这样被定义的:“本书根据马克思主义经典作家对法的概念的理论阐释,吸收国内外法学研究的理论成果,把法定义为:法是由国家制定、认可并由国家保证实施的,反映由特定物质生活条件所决定的统治阶级(或人民)意志,以权利和义务为内容,以确认、保护和发展统治阶级(或人民)所期望的社会关系和社会秩序为目的的行为规范体系。”参见张文显主编:《法理学》,高等教育出版社、北京大学出版社 2007 年版,第 75 页。

赋予其合理性,法进而依据此合理性衍生出可操作性等一系列技术性内容。

研究传统中国法,了解古人对“法是什么”的界定固然重要,但是更重要的则是推究古人对法为什么是法的背后终极理据的思考,因为法的本体决定了法为什么是法,决定了法是什么样的法。因此,不同学派对于“法是什么”的表述或许相差不大,但是对于法的本体认识则经常天差地别。当我们不断追问某种规范为什么能够成为法的时候,那些停留于该规范表面上寻找答案的研究就显得捉襟见肘,难以解决问题的核心和关键,而法本体才是理解这一问题最根本的路径。我们试举一例就可以明白,现代学者经常引用韩非的观点来说明中国古人对法的理解,韩非认为:“法者,编著之图籍,设之于官府,而布之于百姓者也,”①韩非此处对法的概念界定,“图籍”是指图书,引申为书面化的文件,也可以称之为成文法;“官府”可以理解为主权者、主权机构;“设”是设立的意思,可以引申为制定,至于这个“制定”是否包含事后“认可”的可能,由于从上下文无法推断,因此暂且不将对法律的“认可”包括在内;“布”即公布,就是对民众公开,而不是秘而不宣;综合起来,我们用现代术语表示的话,韩非对法的概念界定可以转化为:“所谓法就是国家制定的,对民众公开、公布的书面规定。”对法律的这种理解看起来似乎跟现代法的差异不是很大,学界亦有人认为古代法的概念和现代法有很大共同之处,比如由国家制定、对民众公开、成文的形式等,但是如果我们能够从本体的角度切入加以考量就会发现,韩非所理解的“法是不是法”的终极标准其实是君主利益,凡是合乎君主利益的规定都可以将其转化为法律,这与现代法治的根本精神背道而驰,这就充分说明了表象上的相似并不能证明两种不同法律学说之间的一致性。恰恰相反,在某些情况下,表面上的相似却隐藏了两种法律理论观念互相对立的事实。正如有学者在谈到英国普通法和制定法的对立时说:“这两个学派之间的对立表面上是基于普通法和制定法之间的对立,但实质上反映的却是两种完全不同或对立的法律

① 《韩非子·难三》。

观:一方认为法律起源于社会现实,立法者和法官只是在发现或揭示而非创制法律的普通法理论;另一方则认为法律是主权者(国王和/或议会)意志之体现的实证主义法学理论。因此,这种对立并非简单的两种法律形式之间的对立,而是两种法律思想、法律传统的对立。如果我们把这一对立放大到世界法律体系中,就会发现它在一定程度上也是英美法与大陆法之间的对立。值得注意的是,英国这两种法律思想、法律传统对立的事实也告诉我们,在任何一个法律体系中,法律思想和法律传统都不可能是铁板一块,而很可能是多元的,最多也只是谁占优势的问题。"①英国的普通法和制定法传统的对立,背后其实是对法为什么是法,甚至说更深刻的人的判断是依靠理性还是经验等问题作为争论的底色,两种法律传统的对立只是这些更深层次问题的表面展开而已。

人们最初对法是什么的理解和认识或许是纯粹表面上的理解,是在漫长的岁月中积累起来的自发理解,但是当法被视为自觉的工具时,对法的理解就有了本体思维。如劳思光先生在论证先秦礼的制度规定及其内涵时所说:"礼取'秩序义'者,主要自是指制度而言;此固已与仪文有本末之分。但再进一步看,则以秩序或制度释'礼'时,秩序制度之根据何在,始是基本问题。"②劳氏所说"秩序制度之根据何在,始是基本问题",可以说是切中肯綮,是学术研究中所要追本溯源的重要问题,礼作为仪式、制度,其本身的规定固然重要,但是这套仪式、制度背后的根据、理据问题才是最根本的问题。众所周知,礼其实是传统中国法的一种表现形式,也就是说,法背后的根据,即本体是最为根本的问题。

法本体决定法的表现形式,亦决定法的价值追求,更决定所要采取的法律方法,可以说在法哲学的逻辑中,本体是价值、方法和运行的根本,法价值的实现、法律方法的选取以及法制的运行归根到底都受制于法本体。将对法本体的理解用语言加以表述,就形成了

① 李红海:《普通法的历史之维》,载《环球法律评论》2009 年第 2 期。

② 劳思光:《新编中国哲学史》(第 1 卷),生活·读书·新知三联书店 2015 年版,第 85 页。

法律的概念,概念仅仅是本体思维在认识表层的体现。从概念向本体的推演,是寻求“法为什么是法”的终极理据的过程;从本体向概念的展开,是“合乎什么样的理据”才能被认定为法的外在描述的过程,彼此之间知一则可以知二。无论各家各派对法本体的理解有何不同,本体最终都要外化为各种形式的法律渊源,从而在法律运行中发挥作用,如此就形成了“本体→概念→渊源”的模式。实际上理解法的本体,是对法进行概念界定的前提,自从人类能对抽象意义上的法进行概念界定开始,人类就已经形成了法学的本体思维,可以说本体是本,而概念只是用来描述这个“本”的语言方法。

古人固然没有使用法本体一词来论证法背后的终极理据,但如前所述,这并不能说明古人没有对法本体的理解。法治文明的进步,对法的理解的发展,都建立在其本体思维的发展基础之上,对法本体的新的理解、革命式的颠覆等新的创见,表面上都以批判当时的官方主导的对法的理解或社会普遍流行的对法的理解来实现。如春秋时期孔子面对礼崩乐坏的时代境遇,认为旧有的礼已经不能适应时代的发展,需要为礼引入新的根据,称:“礼云礼云,玉帛云乎哉?”①孔子认为礼不仅仅是仪式之礼,背后所考虑的是为礼注入仁的因素,这其实是将周王朝旧礼所赖以依存的本体进行了新的解读和阐发,从而形成孔子以仁为本体的法律哲学。我们必须要通过孔子这段看似简单的表达揣摩出孔子语言背后的逻辑,孔子主张“正名”,正名就是要将名与实相结合,而孔子正名的根本意图并非彻底恢复周王朝的旧礼和旧“名”,而是在正名的旗号下,为“名”赋予仁的因素,其实就是对法理据,即法本体的革新。

三、法本体的证成路径

对于法背后终极理据的不同思考是决定不同法律思想、法学流派观念差异的根本原因,不同的法学流派对法本体论证的路径和方式也不完全相同。以传统中国法哲学为例,以老子为代表的道家学派多从道生万物的角度论法本体,借助道的本原地位证成以道为法

---

① 《论语·阳货》。

本体的合理性；以孔孟为代表的先秦儒家从人天生的德性出发证成仁本体的合理性；以韩非为集大成者的法家则从君主利益的角度出发，以功利计算的方式论证法的根本理据。据此不难看出，不仅不同流派所理解的法本体不同，就连本体的证成路径都互不相同。但是，在种种不同之中，我们仍能发现中华文明独特的思维模式和认知方式，无论玄妙高深的道家法哲学，还是疏阔高远的儒家法哲学，抑或是言霸求利的法家法哲学，作为"轴心时代"人类思想精华的代表，它们都蕴含着中国人思维的一般特性——体悟式的本体思考路径。

所谓体悟式的思考路径，是指对本体的认识不借助于纯粹的逻辑推理，而是依靠天人合一的相生、相副、相动的关系便能理解本体的体验式的思考路径。这里所讲的"体悟式"纯粹是指思考问题的方式，准确地说，是思考本体相关问题的方式，这种体悟式的方式最能代表中国人对本体的思考。"这种自我反思不是概念论或观念论的理性思维，而是一种自我觉解、自我觉悟或自我直觉。所谓觉解或觉悟，就思维形式或方法而言，属于体验型直觉思维"。[①] "体验型"思维就是本书所称的"体悟式"思维。无论是道家、儒家、法家还是其他如墨家、阴阳家，中国人对世界的理解主要是经验的认识，而不是抽象的、逻辑的认识，这要追溯到中国人的世界观、自然观、天人观问题上来。中国人的宇宙观集中表现为对天人关系的理解，中国的天人关系可以归纳为"天人合一"，可以说，对法本体的体悟式认识的逻辑前提是传统中国哲学的天人合一的哲学传统。

所谓天人合一，就是天人一体，俞宣孟认为，"一体是中国哲学的特点，它是指，中国哲学并不把世界描述为分离的两个，哲学的精神——道也不游离于我们唯一的现实世界之外"[②]"'天人合一'中的天，一般来说是指自然的天，用西方哲学的眼光来看，它是属于经验世界的。'天人合一'的天或者也指天道，那么其中的人便指人道、人事。无论上述两种意义的哪一种，都主张人与自然、人事与自

---

① 蒙培元：《中国哲学主体思维》，人民出版社 1993 年版，第 13 页。

② 俞宣孟：《本体论研究》，上海人民出版社 2012 年版，第 61 页。

然规律的天道，或者是和谐统一的，或者是相互感应的，或者人应当主动追求这样的统一和谐。'天人合一'认真说来只是一种观点，虽然这种观点与哲学的形态特征也有联系，如，追求'天人合一'不只是一种认识的活动，它也包括相应的实践活动"。[①] 俞宣孟认为天人合一不仅是一种思维方式，更是一种积极的实践活动，将天人合一的认识和实践结合起来理解，在中国不存在经验世界和理性世界的两分，换句话说，我们所要追求的最高的道（囊括法本体）存在于我们可以感知到的经验世界之中，我们对经验世界里最高的道可以通过体悟的方式实现，人事与天事，人道与天道是一体的。汤一介先生认为：在中国古代的思想学说中，"唯有'天人合一'学说影响最大，它不仅是一根本性的哲学问题，而且构成了中国哲学的一种思维模式"。[②] 汤一介先生归纳了中国古代天人合一思想对现代的启示，其实亦可以视为是天人合一的下天人关系的特点："（1）我们不能把'人'和'天'看成是对立的，这是由于'人'是'天'的一部分，'人之始生，得之于天'。（2）我们不能把'天'和'人'的关系看成是一种外在关系，这是因为'天即人，人即天'，'天'和'人'是相即不离的。（3）'天'和'人'之所以有着相即不离的内在关系，皆因为'天'和'人'皆以'仁'为性。（4）'天人合一'这一哲学命题体现着'天'与'人'之间的复杂关系，它不仅包含着'人'应如何认识'天'的方面；同样也包含着'人'应该尊敬'天'的方面，因为'天'有其神圣性（神性）。"[③]根据汤一介先生的看法我们可以得出这样的结论：人与天原本就是一体，人道与天道有共同的、共通的逻辑，这种共同和共通表现为天人相副，如汉代大儒董仲舒所说："天地之符，阴阳之副，常设于身。身犹天也，数与之相参，故命与之相连也。"[④]在董仲舒看来，天地、阴阳在天地有所体现，在人身上亦有所体现，人的躯体本身就可以与天地相参，命与天地相连，之所以能出

---

① 俞宣孟：《本体论研究》，上海人民出版社2012年版，第66页。

② 汤一介：《论"天人合一"》，载《中国哲学史》2005年第2期。

③ 汤一介：《论"天人合一"》，载《中国哲学史》2005年第2期。

④ 《春秋繁露·人副天数》。

现这种情况，是因为“为人者，天也”[①]“人之为人本于天，天亦人之曾祖父也，此人之所以乃上类天也”。[②] 人和天的关系其实是直系的血缘亲属关系，天的辈分最高，是人的曾祖父，君主的地位次之，为天之子，普通民众的辈分最低，无论如何，天、君主和普通民众之间始终有着相似性，“人之为人本于天”。人要理解曾祖父的行为逻辑，理解曾祖父的内心所想，所凭借的是什么？显然不是纯粹的抽象的逻辑推演，而是体悟，人本身有喜怒哀乐，那么曾祖父也会有喜怒哀乐，想要知道作为曾祖父的天为何会高兴或者愤怒，只需要从人自身身上寻求答案就可以，这就是传统中国哲学的高明之处。蒙培元认为：“按照中国哲学的思维，客观原则即存在于主体自身之中，主体与客体、人与自然的统一需要主体的内在意识及其实践才能实现。人作为主体，不仅是万物的‘主宰’，能够与天地‘参’；而且是宇宙的中心，能够‘为天地立心’。它突出了人的主体性，但并不强调主观性。从这个意义上说，它是一种中国式的或东方式的主体思维。”[③]

因此，传统中国法本体思考的体悟式路径是指传统中国哲学中推演法本体只需要在经验世界内寻找法的终极依据，这不单纯是某一个学术流派所沿用的思路，而是整个传统中国诸子百家所共有的特点。道家学说中的“道”虽然比较抽象，但是道家的道仍然是经验世界之内的东西，它不像西方哲学如柏拉图的“理念论”那样认为在经验世界之外还存在着一个理念的世界，想要寻求真正的理解和认识就要到理念的世界去寻找。“我们知道，本体论从它产生于柏拉图时始，就是作为纯粹原理与现实世界相脱离而独立存在的。这不断引发后世提出各种问题。到了近代社会开端的时候，问题变得更加尖锐了：要么证明这两个世界之间本无鸿沟；要么，如果纯粹原理或曰本质的世界与可感世界隔绝，那么就不承认它的存在。所以作为近代理性主义认识论开端的代表人物笛卡尔，他为自己提出

---

① 《春秋繁露·为人者天》。
② 《春秋繁露·为人者天》。
③ 蒙培元：《中国哲学主体思维》，人民出版社 1993 年版，第 2 页。

的任务是要使认识清楚明白，这不是指对感觉中的事物的清楚明白，而是期望对彼岸世界的理性概念获得一种切身的把握，这种理性概念是天赋观念”。[①]“然而中国哲学以及其思维模式与之有着根本的不同，中国哲学（特别是儒家思想）认为研究‘天’（天道）不能不牵涉‘人’（人道）；研究‘人’也不能不牵涉到‘天’”。[②]道家学说的道从来就不曾超越我们所在的经验世界，恰恰相反，在老子看来，只需要通过归根、复命的方式就能体道、悟道，“天下有始，以为天下母。既得其母，以知其子；既知其子，复守其母，没身不殆”。[③]道和天下万物的关系是母子关系，了解母亲的习性、特点就能知道儿子的习性和特点，反之亦然，因此老子所谓的道与人世之间并不存在两元划分，[④]认识世界终极之道的方法就是归根、复命，《道德经》中称：“夫物芸芸，各复归其根。归根曰静，静曰复命。复命曰常，知常曰明。不知常，妄作凶。”[⑤]儒家对法本体的思想建立在对人自身德性的假设之上，孔子认为仁是人的本性之一，求仁对于人类而言并非多么困难的事，孟子认为仁、义、礼、智是人之四端，都是天生的，而体会人的此种德性的方式纯粹是基于对人的道德自觉的感知，法家对本体的思考路径就更为简单。

之所以要将传统中国法本体的思考路径单独拿出来讨论，是因为这种体悟式的路径深深影响了传统中国法哲学的发展。体悟式的思考决定了传统中国的法哲学无须借助抽象程度很高的逻辑推论就能理解法背后的理据是什么，这种理据往往都可以用人世中最简单的道理加以解释，如孔子讲仁就是爱人，礼的本体就是仁，就是让人学着爱人；孟子的论证更简单、生动，孟子认为任何人看到小孩掉到枯井之中都会施以援手，这就是人性使然，因此孟子说：“无恻隐之心，非人也；无羞恶之心，非人也；无辞让之心，非人也；无是非

① 俞宣孟：《本体论研究》，上海人民出版社2012年版，第56页。

② 汤一介：《论“天人合一”》，载《中国哲学史》2005年第2期。

③ 《道德经·第五十二章》。

④ 在道家哲学中，世界最终极的道，就是世界存在的根本理据，也是法的终极理据，质言之，寻求万物理据的过程，同时也是寻求法本体的过程，因为道家之道本身就内涵法本体在内。具体论述请参见本书第二章《道家法本体研究》。

⑤ 《道德经·第十六章》。

之心,非人也。恻隐之心,仁之端也;羞恶之心,义之端也;辞让之心,礼之端也;是非之心,智之端也。人之有是四端也,犹其有四体也。有是四端而自谓不能者,自贼者也;谓其君不能者,贼其君者也。"[①]再到后来董仲舒将儒家学说与阴阳五行相结合,糅合创立一套天人感应的系统,将人身与天象、天数相比拟,仍然是借用体悟式的认识来梳理有关理据的问题;纵使到了被称为抽象化程度较高的宋明儒学,所谓的"理""气"仍然是经验世界的产物,故而朱子论无极和太极关系,则以人骑马来论证。

传统中国人对法为什么是法的关注,更多地基于一种世俗化的视角加以考量,而非以纯粹思辨的立场考虑这一问题,由此也导致了中国法哲学发展的不足,这也为吾辈学人误解传统中国没有自己的法哲学思想埋下了伏笔。首先,传统中国思想家对法的理解和认识与今天的学者在关注的重要问题方面并没有什么两样,今天的学者关心法的本体、法的本质问题,古人也同样关注,只是古人未尝以现代学科划分为限,未尝以当代的学术术语加以表达而已,据此认为传统中国没有法哲学,是不客观、不深入的理解和看法。其次,传统中国体悟式的思维路径使得古人无须进行复杂、抽象的逻辑推演,因此在立法、司法中传统中国的法律哲学显得理论水平甚低,经常有学者借此批判中国法没有对理性、对价值、对司法原则等等内容的探讨,这亦是理解的谬误。在天人合一的背景下,中国古人理解天地万物,理解政道、法理需要的是以己观天,以天观己,从人之心、人之情、人之性出发才能理解中国的天道、人道,才能理解中国的法理。最后,体悟式的思维路径并不能解决立法、司法中的技术性细节问题,因此传统中国法律的立法水平至少在相当长的历史时期内保持在世界领先水平,如唐律对名词、概念的辨名析理,对相似罪名的界定和解释。"中国哲学是人生哲学,达到人生最高境界的方法是人生修养。这不是说中国哲学缺乏对世界的一个总体的看法,而是,在中国哲学中,人生是中心,世界是人生的周围环境,不管这个环境在空间中延伸得多远,是与人生这个中心结合为一体的。

---

① 《孟子·公孙丑上》。

在西方哲学中，也不是说没有关于人的地位和人生问题的看法，而是，人也受到人的生活经验之外的某种原则的支配。人作为万物之灵，其高明处在于，人能够认识这种一般的原理或规律。事实上，人类生活比本体论的原理所能说明的现象要复杂的多，人在社会生活中形成的伦理原则，也不是本体论原理所能涵盖的。如果说，本体论体现了逻辑必然性的特点，那么，在伦理领域起作用的，如康德所说，是意志自由的原则"。[①] 论者之言，可谓至当。

传统中国有纯粹的美学，纯粹的艺术之学，却没有纯粹的政治、法律之学，这是中国学问的一大特色。传统中国学术的纯粹程度低的问题，与学而优则仕的传统密切相关，更与中国知识分子——士人阶层本身的身份定位有关。中国的士起源于原始社会的巫觋职业，巫觋职业从产生之时起，最重要的职责就是解释天象、人事，因此可以说，中国的知识分子从发生学的角度来讲，就带有入世性，并非为了纯粹的学术研究而研究。传统中国固然有耕读不仕的知识分子，但是更多的知识分子是基于"达则兼济天下，穷则独善其身"的理想和抱负治学，儒家的三纲八目更是这一理想的典型表述，修齐治平是中国士人的政治理想，亦是学术的最高追求。这一切都要求中国的知识分子要有明确的问题关怀，由此所导致他们的论理和表述都没有彻底脱离政治，没有形成独特的学术语言。"中国哲学是实践型哲学，不是思辨型哲学，其思维方式自然是实践型的，不是思辨型的。中国人的思维具有强烈的实践特征和思辨特征，重视个人的经验和实践，属于实践理性思维，这一点很多人都已经指出了。无论儒家还是道家，无论道教还是佛教，都把重心放在实践或修行上，而不是理论思辨上，因为中国哲学的根本宗旨是如何作人而不是建立什么理论体系……归根到底，这是一个实践的问题，不是一个理论的问题"。[②] 传统中国政治、法律之学的入世性亦推动了体悟式思维路径在理解法本体方面所发挥的作用，毕竟，人道、政道、世道、天道都是密不可分的整体，以一知二，以二知三，最后复能以

① 俞宣孟：《本体论研究》，上海人民出版社 2012 年版，第 92 页。

② 蒙培元：《中国哲学主体思维》，人民出版社 1993 年版，第 8 页。

三知一,这就是中国文化圆融不分之道。此道在天则为天道,为世间一切存在的根本之理,在人则为人道,为人安身立命所需践行之准则,在法则为政教之道,以礼为尚,以刑为下,这最终就是传统中国人所理解的阴阳、仁义之道。

本章论传统中国法本体的内在逻辑,旨在梳理传统中国法本体这一命题本身所关心的对“法是什么”的追问是如何逐层展开的,因此本章所关注的重点并不在于某一家、某一派思想家对法本体的理解和认识,而是试图抽绎出传统中国法本体所关注的问题是什么,这些问题之间是否存在一定的逻辑关系,古人通过什么样的思维方式研究这些问题,这是本章所要解决的问题。法本体的内在逻辑恰恰是我们当代学人研究传统中国法所要解决的最根本的问题,因为我们已经有了丰富的研究古代法律思想、法律哲学的成果,古人对法是什么的理解和认识固然不同,但是他们思考法本体这一问题本身所要解决的问题却是一致的,如此方能把握古人思考的主线。从“法是什么”到“法为什么是法”,再到对“法为什么是法”的思考路径的考察都是法本体这一命题所内涵的研究内容。直到这一步为止,无论是思想家所理解的法本体,还是君主所理解的法本体,它们都还只存在于思维之中,并未如同桌子、椅子一样形成实体展现在人的面前,我们就不得不思考这样一个问题:这些思想家所理解的、所研究的法本体究竟是如何变成我们平常生活中所了解的律文、法理的?这就需要研究法本体的展开及其相关问题。

第七章　传统中国法本体的展开逻辑

上一章论证传统中国法哲学所蕴含的“法是什么”“法为什么是法”以及与之密切相关的“法为什么是法的证成路径”问题，这三个问题极其重要，是法哲学中最根本、最隐晦的问题，亦是法本体哲学从逻辑上必须面对和必须回答的问题。对于这三个问题的回答仅仅表明思考问题的主体对法本体有了自己的理解和认识，但这些理解和认识有可能仅仅停留在哲学思考层面。无论人们对法的理解有多少异同，对法本体的思考始终都是思维层面的存在，而不会直接以某些外在形式体现出来。对法本体的思考存在于每一位思考者意识之中，很显然，这些意识之中的法本体思考并不能作为“制度”而存在、运行。因此，对法本体的形而上思考，必然要展开、外化为可以执行、操作的“程序”，这就是本章所关注的法本体展开的相关问题。

法本体是对法的根本规定性的思考，是法之所以能成为法的根本原因，本体本身其实是形而上学的抽象思考，是将法律之理加以浓缩、抽象之后所得到的理解和认识。从根本上来讲，我们也可以将法本体及其相关理论理解为一种“理论模型”。[①] 其实现实世界纷繁复杂,并非单一的法本体理论就一定能够涵盖法制的方方面面:一方面,作为根本性规定的本体不会在法律体系的每一个方面都发挥作用,甚至不会直接出现在法律规范的表述中;[②]另一方面,对法本体的思考也不可能囊括世间一切可能性。[③] 即便如此,法本体仍然是对法的最根本认识,一切法律体系向其本源追溯都会寻找到本体这个“根”。法本体的内在逻辑其实就是法的“寻根之旅”,而法本体的展开就是由本体这个“根”向现实生活中存在的法律体系、法制体系的展开,就是法哲学由思维向实践的展开。法本体的展开,从逻辑上看至少包含三个层面的展开,即抽象的法向实在的法渊源的展开、法的本体规定性向法律价值的展开、作为理论构想的法向实际运行中的法律制度的展开。[④] 其中法律渊源的展开是法本体在“是什么”层面的展开,法律价值的展开是法本体在“为什么”层面的展开,法律制度的展开则是法本体在实践层面的展开。

---

① 作为“理论模型”,本体哲学与其他类型的哲学(甚至非哲学)从本质上看并无根本不同,它们都是构建一种认识、解释世界的理论框架,并以之为“模型”探讨我们所处的时空、世界。在研究本体论的学者眼中,本体论是最为根本的问题,最为基础的学问,与之相反的是,在那些根本不关注甚至排斥本体论的学者眼中,本体论根本毫无意义。与其说是根本观念的差异,毋宁说是“认识模型”的差异所致。

② 本体其实是对问题的思考,是一种思维,它不会直接体现出来。例如,建筑设计师依照其对“美本体”的理解而设计建筑,并不会在建筑图纸上写下“这种形态的建筑是美的”;《诗经》第一篇“关关雎鸠,在河之洲。窈窕淑女,君子好逑”。君子爱慕女子,也不会直接陈述何为“窈窕淑女”。

③ 理性,是人类文明发展至今的原生力量,但不能据此认为理性即是万能的。人类对理性的掌握,无法穷尽世间一切对象,无法延伸到世间的每一个角落。具体到法学领域而言,理性可以帮助人们建立对社会现象及其治理的规范系统,但并不能穷尽一切社会现实。更通俗地说,由于社会不断发展进步,社会的变动与法律的改变之间存在时间差,法律因此具有滞后性;虽然人类可以依靠理性进行事先规划,但是这种规划注定不是全能的。法哲学关注的问题是法学领域最根本的问题,但这并不能推论出法哲学就比其他法学分支学科,诸如法教义学、法社会学更加重要,“根本”是针对法哲学所探讨问题的深度而言。

④ 法律渊源、法律价值的研究内容从狭义上看,当属于法理学研究范畴,从较宽泛意义上看,亦可以将其视为法哲学研究的内容之一。“法价值理念及法概念之探究与确定,与法源之研究固系法理学课题之一,即法学方法论亦系法理学的重要任务。”参见杨仁寿:《法学方法论》(第2版),中国政法大学出版社2013年版,第132页。

一、法律渊源的形成

根据法本体的逻辑原理,法本体在逻辑上先于法而存在,有了对本体的理解和认识之后才能够对法进行真正意义上的概念界定。[①]“法为什么是法”这个问题在一定程度上可以等同于“法为什么具有其作为法的效力”的问题。而法概念的界定基本上就是对“法为什么是法”或者说“法为什么具有效力”这一问题进行回应,直观来看,就是对“法是什么”的表达。“是什么”在一般人的理解中首先表现为什么样的外部形状、形态及其特征。因此,法的概念是法律渊源的集中表达。提到法的形式,一般就是指法的渊源,由此形成了对法律渊源最基础的规定。

对法本体的理解和认识决定对法概念的理解,法的概念就是对抽象的本体意义上存在的法加以描述,从而让人能够直观理解法的活动的范畴。从抽象的本体意义上的法到实际存在的可以适用的法的过程,就是法的渊源形成的过程。法本体相关思考是对法的哲学理解的产物,并非浅显易懂的生活经验,因此往往存在于知识分子、专业学者对法的理解之中。将这种抽象的、专业的、隐晦的本体转化为外在的、明晰的、易于理解的法的概念本身就是一个极富创造性的活动。例如,当下中国对法律概念的界定一般为:“法是国家制定或认可的,由国家强制力保证实施的行为规范。”这一观点将法视为规范,这是明显带有实证主义色彩的法律观。那么在当下中国,最根本、最主要的法律渊源必然就是各种类型的规范,至于法理、善良风俗虽然一定程度上可作为补充,但这都是次要的。普通人可以通过法的这一概念清楚地了解到当下中国的法是什么,但是他们却未必了解这一概念背后所隐藏的法的抽象本体是什么。我们平常所说的普法,一般也就普及到概念这一层面就足够。法本体的展开和对法本体的理解有一个

---

① 当然,这里并非说在没有理解本体之前,就没有“法”相关的概念,恰恰相反,在时间意义上来说,作为符号的“法”字的产生要早于“法”的概念,最初作为符号的“法”字更多地以无意识的形式出现,那时候人类并未对“法”及其背后的规定性有自觉的理解。

重要的不同点，那就是对法本体的理解每个人都可以不尽相同，并且可以有自己独特的、不同于他人的认识，这是学术研究的正常现象。但是法本体的展开并非如此，我们一般探讨法本体的展开，更多的是针对实际法律体系中法律渊源形成层面的展开，[①]这是建立在普遍知识背景下的法本体的展开。从本体到其展开，哲学形而上的成分愈加减少，取而代之的是权力、政治因素的增加。这是因为，一个时代法律以何种形式存在，并非某位学者认为应该以什么样的形式存在就能实现这么简单。法律以何种形式存在，主要是权力博弈的结果。

那么，回归到传统中国法的视域中来，人类社会早期并没有法律存在，法律是人类社会发展到一定阶段的产物，这是目前学界的共识。[②] 传统中国法最初表现为原始习惯，这种习惯包含禁忌、信仰等多方面内容，后来形成了颇具中国特色的“礼”。礼由最初单纯的祭祀仪式逐渐向包括仪式、心理、制度在内的一体化的礼制转型，[③]“礼”可以说是中国早期法的最高形式。[④]《左传》中称：“夫礼也，天之经也，地之义也，民之行也”，[⑤]就是将礼视为人的行为“规范”来看待。类似的表述有很多，如：“礼者，天地之序也”；[⑥]“夫礼，

---

①　例外情形是学者论述法本体展开的逻辑及发展史，在这时候这仅仅是学术研究，仅仅是理论层面的探讨，而不会直接作用于法律实践。

②　关于中国法律的起源，老一辈学者普遍认为：“随着国家的形成，单纯质朴的氏族制瓦解了，维系部落成员之间关系的传统的风俗习惯由此而失去了氏族制下的权威，它对处在深刻社会变动中部落成员的束缚力日益削弱，传统的规范对人们之间形成的新的关系已无力调整，一种新的规范随着国家的出现，旧规范的削弱而形成，这就是法律规范。在中国，法律的起源和战争与祭祀有着最直接的关系。”参见李光灿、张国华主编：《中国法律思想通史》（一），山西人民出版社 2001 年版，第 19 页。

③　礼最初是典型的宗教/巫术仪式，但是后来逐渐转型为仪式、规范、制度，李泽厚如是总结礼的特点：“礼要求实践，在实践中不能违背严格的步骤。……是对社会生活的全面规范化，不仅仅是祭祀的时候，而是通过祭祀，把整个社会生活的各个方面都安排、规定好。”参见李泽厚：《由巫到礼·释礼归仁》，生活·读书·新知三联书店 2015 年版，第 97 页。

④　马小红对礼与法的关系进行过详细讨论，笔者很赞同她对礼的定性：“‘礼’在是价值体系的同时，又是治理国家的‘纲纪’、典章，并是每一个生于斯、长于斯的人的日常行为准则。”参见马小红：《礼与法：法的历史连接》，北京大学出版社 2004 年版，第 28 页。

⑤　《左传·昭公二十五年》。

⑥　《礼记·乐记》。

先王以承天之道，以治人之情”。[①] 孔子亦持有类似观点，孔子称：“一日克己复礼，天下归仁焉”，[②]“归仁”是孔子认为的最高境界，达到这一境界的最佳方式就是“复礼”。荀子素来以“隆礼重法”著称，荀子论礼说：“故先王为之制礼义以分之，使有贵贱之等，长幼之差，知愚能不能之分，皆使人载其事而各得其宜。”[③]这也就是说，最迟在春秋之前，礼是中国法的重要渊源。当然，这并非说明早期中国法只有礼一种，恰恰相反，与礼并列的还有很多不同的法律形式，如刑、律、法等等。《礼记》称：“先王慎所以感者，故礼以道其志，乐以和其声，政以一其行，刑以防其奸；礼乐政刑，其极一也。所以同民心而出治道也。”[④]这就是后世所谓的礼乐政刑综合为治，“礼、乐、政、刑四者是一个相互连接的运动着的整体，是上层建筑中完整的体系，标志着国家制度建设的进步”。[⑤] 四者之中，“礼”的地位最高，作用最为明显，“道德仁义，非礼不成；教训正俗，非礼不备；分争辨讼，非礼不决；君臣、上下、父子、兄弟，非礼不定；宦学事师，非礼不亲；班朝治军，莅官行法，非礼威严不行；祷祠祭祀，供给鬼神，非礼不诚不庄”。[⑥] 又如，“以旧礼为无所用而去之者，必有乱患。婚姻之礼废，则夫妇之道苦，而淫辟之罪多矣。乡饮酒之礼废，则长幼之序失，而争斗之狱繁矣。丧祭之礼废，则臣子之恩薄，而倍死忘生者众矣。朝觐之礼废，则君臣之位失，诸侯之行恶，而倍畔侵陵之败起矣”。[⑦] 四者之中的“刑”根据典籍的记载，则产生亦比较早，很早就有关于“大刑用甲兵”的表述。

礼乐政刑在本体意义上看，都由礼而产生，礼是根本，乐最初即为行祭祀、祈祷之礼时所作的音乐，后来发展为独立的乐感文化，政是对礼及其仪式的制度性规定，刑则是对违背礼的处罚。因此，站在这个立场上，我们就能理解孔子所谓：“道之以政，齐之以刑，民免

---

① 《礼记·礼运》。
② 《论语·颜渊》。
③ 《荀子·荣辱》。
④ 《礼记·乐记》。
⑤ 张晋藩：《中国古代综合治国的历史探析》，载《行政法学研究》2011年第2期。
⑥ 《礼记·曲礼上》。
⑦ 《礼记·经解》。

而无耻;道之以德,齐之以礼,有耻且格。”①如前文所述,德是礼的内核,在孔子学说里主要体现为仁、义、忠、恕等,其中以仁为本,而政和刑从广义上说,虽然都是法的表现形式,但其重要程度远不及德礼。如果我们这样理解的话,那么孔子以仁为本的法哲学和他的法律观就展现在眼前。当然,我们必须承认,所谓法本体的展开,只是从逻辑上说明各种法律形式如何从抽象的法实在化为法律形式,并不是说所有的法律形式都能从本体逐一推演出来。本体只是一种最终极的规定性,其实只是提供给人一种理解世界的方式。譬如说,假如我们认为人生存的根本理据是求仁或追求自由等,这并不能得出结论说人一生中任何行为都是为了这个目的,吃饭、睡觉、娱乐并不直接为了追求这些根本目的,只是说在终极意义上人类所追求的目标是求仁,或是追求自由而已。

先秦时期由于史料不足,我们无法完全了解当时法律形式的全貌,但是从战国时期开始,中国法律形式的发展脉络越来越明晰,如论者所言:“以国法的主体而言,从传说中的禹刑、汤刑、吕刑,到战国的《法经》,再到秦汉魏晋隋唐宋元明清律一以贯之,真可谓一脉相承、沿革清晰,其中唐律可视为代表。这是传统中国法的纵向构成。传统中国法的横向构成形式在历代各有不同,汉代有律、令、科、比,唐代有律、令、格、式,明清律、例并举。不过,有一点可以确定,‘律’始终是传统中国法的主干,《唐律疏议》的文本结构可以视为传统中国法内在构成的典范。”②梳理至此,还只是将法的外在形式停留在国家法这一个层面上。前面已经提到,本书所谓本体的展开,更多的是在实际法制体系内的展开,那么除国家法之外,传统中国的法律形式还有哪些?我们能否通过法本体理论加以理解和认识?

如第五章所论,传统中国自汉代以后,逐渐确立了以儒家为主的思想意识形态,但是以儒为主是从学术角度而言,站在一种普遍的知识背景立场上来看,传统中国法本体更适合称为天本体。天本

---

① 《论语·为政》。

② 张中秋:《家礼与国法的关系和原理及其意义》,载《法学》2005年第5期。

体其实就是儒家的仁本体,只是在不同话语背景下有着不同的表达形式。天本体的法哲学必然要有与之相适应的法律形式,这种形式最明显的表现就是天理。天之理实际上是由人赋予,因此天理就是人所希望的理。人所希望的理在儒家主导的传统思想背景中,集中体现为儒家之礼,也就是说天理就是礼,礼的内核是仁,这样其实就把天、人沟通起来。用董仲舒的话说,在人为喜怒哀乐,在天为冷热寒暑,天理首先表现为"王道之三纲,可求于天",三纲是最高的天理,违背三纲的行为就是违背最高法律形式的行为。三纲在传统中国颇类似现代违反宪法的行为,因此唐律列"十恶"条,凡是违背三纲者,尽在十恶之内。由天理过渡到人理有多种不同方式,各个时期人们对此理解也不尽相同,他们或从原初祭祀观念出发,或从天人感应出发,或从理一关系出发等,不一而足。[①] 很显然的是,中国古人普遍相信:从天事可以推知人事,从天道可以推知人道,其中的关键就是理。此理在天为天理,在人为人理,又称为人伦。传统中国最重要的人伦就是仁义礼智信,此五者皆出于人之德性,又皆出于人之情性,因此又可被称为人情。明太祖朱元璋称:"律设大法,礼顺人情",正是此意。由此贯通起来看,则上有天理,中有国法,下有人情;天理、国法、人情共同构成传统中国法的渊源,这种渊源的形成,与传统中国官方天本体的法哲学一以贯之。"三纲五常即是天经地义之理,自然亦就拥有无上的正当性和普适性,正如朱熹所说:'宇宙之间,一理而已。天得之而为天,地得之而为地,而凡生于天地之间者,又各得之而为性。其张之为三纲,其纪之为五常,盖皆此理之流行,无所适而不在。'即'无所适而不在'之理,自然亦是人间的情理和法理。这样,天理、国法、人情才可以相通"。[②] "从语义上说,汉字中的'法'本身就有法则、法度、法式、法律、法规、合情、合理等含义,涵括了天理、国法和人情的意义。从制度上来看,传统中国历代法典的开篇,尤其是唐代以后诸法典的《名例》篇,以及历

---

① 关于由天理过渡到人理的不同方式,具体可参见本书第五章《传统中国法的天本体研究》相关论述。

② 张中秋:《传统中国法的精神及其哲学》,载《中国法学》2014 年第 2 期。

代正史中的《刑法志》，譬如第一篇《汉书·刑法志》和最后一篇《清史稿·刑法志》，事实上都是在对天理、国法与人情一体化的来历与正当性的论证和重复”。[①] “如果再从法的实践方面来考察，传统中国留下来的司法判决和文献亦能印证这一点，至少在裁判官、当事人和文书或文献制作者的观念上，他们自己是这样认为的。还有更重要的是，生活在传统社会中的普通民众的法意识，这虽然难以界定，但把它看成是一个天理、国法、人情的混合体，大概离真实不会太远”。[②] 因此张中秋认为：“概括起来说，法是合乎情理（人情与天理）亦即具有正当性的秩序体系，包括意识、规则和习惯。”[③]可以说，张氏对传统中国法的这一界定是比较合理的，而这一套“合乎情理”的秩序体系的形成，可以说是传统中国复杂多样的法哲学共同作用的结果。

从本书来看，传统中国法的渊源可以说是前面诸章所涉及的道家、儒家、法家以及天本体的法哲学所糅合形成的产物。文化始终处于发展、变动之中，所谓发展、变动就是不断继承、吸收、借鉴、扬弃、融合、创造的过程，在历史的进程中，不存在绝对某一家、某一派、某一个人的纯粹思想，他们之间彼此的借鉴和吸收不可避免。例如，时至今日，我们已经很难区分传统中国学术中的“道”究竟是起源于道家之道，还是儒家之道。总之，众多的历史因素汇成了传统中国的学术脉络，就在这样复杂、多变的脉络中，形成了这样一条主线，这个主线里面既有道家超越性的成分所在，亦有儒家以仁为本的成分所在，同时还有法家的规则之治的成分所在，它们互相糅合，最终以官方认可的、通俗易懂的形式表现出来，就是古人所讲的天理、国法与人情。细细究来，面对此种含混、复杂的法律观，倘若我们将每一种组成部分都能尽可能回溯它的本原，这个过程就是前面第六章所论证的寻求法本体的过程；反过来，法本体向外展开的过程，就是法律概念形成的过程，

---

① 张中秋：《概括的传统中国的法理观》，载《法学家》2010 年第 2 期。
② 张中秋：《概括的传统中国的法理观》，载《法学家》2010 年第 2 期。
③ 张中秋：《概括的传统中国的法理观》，载《法学家》2010 年第 2 期。

亦是法律渊源显现的过程。

如此一来，我们就可以清楚地知道，所谓天理、国法、人情都是传统中国天本体法哲学的必然产物，那么非成文的天理、人情在古代中国被认可为法律渊源就是显而易见的道理。而恰恰就是这种显而易见的道理，学界却曾为此争论不休，[①]如果从本体的角度切入，则问题本身就迎刃而解。

二、法律价值的凸显

法本体在外在形式方面的展开，形成了法的渊源。同样的道理，抽象意义上的法本体同样可以在抽象意义上继续展开，从而形成法所追求的价值。法本体是对"法为什么是法"的规定性认识，"法为什么是法"可以等同于对"法符合何种条件才能是法"的理解，而这种所符合的条件本身就内涵法的价值性，法的价值在此得以凸显。

传统中国哲学与西方哲学最大的差别就在于中国哲学不强调对纯粹理念、理性和逻辑的探讨，取而代之的是将对人心、人生、人世的思考和万物、天地、自然紧密结合在一起。[②] 从哲学思维层面而言，中国古人更多是采取体悟式的思考方式，即认为人世是一个小的天地，天地之道与人道相同、相通。因此传统中国哲学的关注点和追求目标从来就不是抽象的、虚幻的"哲学智慧"追求，而是对修身境界、齐家境界、治国境界、平天下境界的追求，故而梁启超认为

---

① 过去学界曾过分强调礼与法的对立问题，学界就礼是不是法这类问题进行过长时间的争论，现在学界普遍认可礼就是中国古代法的形式之一。如论者所说："过于关注古代社会中礼与法的矛盾是20世纪以来解读传统法的最大失误，而导致这一失误的主要原因是我们在对传统法的整体结构、传统法中的主要概念缺少梳理的情况下，就匆匆忙忙地开始了中西法的比较。于是，中国古代法、西法、现代法混为一谈。"参见马小红：《礼与法：法的历史连接》，北京大学出版社2004年版，第13页。

② 这一点比较显著的表现就是中国文化注重对"人事"的研究，相对而言，西方文化中对纯粹知识、智慧的探讨则要多一些。如梁启超在《儒家哲学》一书中指出："中国学问不然。与其说是知识的学问，毋宁说是行为的学问。中国先哲虽不看轻知识，但不以求知识为出发点，亦不以求知识为归宿点。……中国哲学以研究人类为出发点，最主要的是人之所以为人之道，怎样才算一个人？人与人相互有什么关系？"参见梁启超：《儒家哲学》，岳麓书社2010年版，第2页。

中国哲学可以被称为人生哲学,以便与西方纯粹追求智慧的哲学作一区分。“直译的 philosophy,其含义实不适合于中国。若勉强借用,只能在上头加上个形容词,称为人生哲学”。[①] 在这样的背景下,传统中国哲学(当然包括法哲学)所关注的重点并非“为什么”,而是“应该是什么”以及“如何实践”的问题,“儒家哲学,范围广博。概括说起来,其用功所在,可以《论语》‘修己安人’一语括之。其学问最高目的,可以《庄子》‘内圣外王’一语括之”。[②] 法本体理论从根本上来看,是对法“为什么是法”的深入剖析,但是在传统中国的背景下,则主要是对法应当如何实践、应当追求何种价值的探索。传统中国法本体自身内含着对“法为什么是法”的规定性,而“为什么”往往以“法需要符合某种形式、条件”的方式展现出来。此处所需要符合的“形式、条件”亦是法所需要追求实现的形式、条件,其中便蕴含着对法律价值的追求。当法被以“是否合乎君主的利益”作为判断标准时,此种法哲学观念影响下的法便需要以君主利益为追求的最主要价值,这是不言自明的。

法本体在法律价值维度的展开主要表现在以下两个方面:

首先,法本体决定法的根本价值追求。无论是作为总体的人类群体在历史发展进程中无意识地获得的对法本体的思考,还是思想家有意识地对法本体的创造,本体从最根本的层面上决定着法的价值追求。质言之,本体所表征的理据、缘由便是法的终极追求,是理据在抽象的价值领域的展开。在此前提下,我们就可以理解以下两点:其一,不同学术流派,其本体观不同,其所追求的法的根本价值必然不同;其二,主权者的法本体观必然体现在其所立之法的价值中,通过对法律条文的剖析亦可以发现主权者的法本体观。如前几章所述,道家以道为本体,自然以“体道”为最高价值,[③]只有在“体道”的状态下,才能够达到“上德不德,是以有德”“含德比于赤子”

---

① 梁启超:《儒家哲学》,岳麓书社 2010 年版,第 2 页。

② 梁启超:《儒家哲学》,岳麓书社 2010 年版,第 4 页。

③ “体道”是老子在《道德经》中提到的观点,“体道”既是一种行为,又是老子所追求的理想状态,亦即价值。“体道”简单来说,就是要求人能够体会“道”的存在、运行及其规律,进而按照“道”的要求行事。

的最高境界。儒家以仁为本体,仁为决定“法”与“非法”的终极标准,故而在法律价值层面,儒家以“天下归仁”为终极追求,倘若世间人人皆能为仁义,则是儒家所希望的圣王之治。① 至于法家学说其道理亦然,以韩非为代表的法家以谋求君主利益为其学说之本,凡是合乎君主之利的规定才能被认定为法,其他所谓耕战、富民都是为扩充君主之利的需要,因此法家一派多以维护君主之利为其最高追求,民众财富的增加、修养的提升都是在这一大目标下的附属产物而已。断不可因为法家重“法”,就将法家学说视为与现代法治相同。

在思想家的法哲学体系中,法本体决定法律价值,在现实的政治生活中,主权者所秉有的法本体观念亦决定其法律价值的追求。②我们以唐律为例加以证明。我们都以德礼为唐律最高准则,唐律本身亦有“德礼为政教之本,刑罚为政教之用”的明确表达,③因此在唐代德礼既是法能成为法的根本理据,又是法律价值的最高形态。作为最高立法者,唐太宗李世民称:“为国之道,必须抚之以仁义,示之以威信”,④正是主权者对法本体理解的精确表达。“在唐代,占统治地位的法律思想是礼本刑辅、明刑助礼。礼是本,是纲;刑不过是礼的辅助,是实现礼所规定的目标的手段。从这样的法律思想出

---

① 曹交问孟子,“人皆可以为尧舜,有诸?”又拿自己和周文王、商汤对比,认为自己只会吃饭,没有其他能力,困惑能否成为尧舜一样的人。孟子回答曹交,告诉他只要尽力做,就一定能够达到尧舜的境界,因为尧舜之道,不过孝悌而已。孝悌,是孔子所说仁的具体表现。在孟子看来,想要做到孝悌,就如同缓慢走路一样,基本上世人都能做得到。参见:《孟子·告子章句下》。关于儒家法本体的具体内容,参见本书第三章“儒家法本体研究”。

② 思想家对价值的理解和认知,首先表现为思想及其理论体系。思想家对价值的判断和论说,不必然得到社会的认可。思想家的思想,和主权者的理解之间,存在相当的距离和鸿沟。殷海光在探讨文化与价值关系时说:“价值有属于某一个人的,或一小群人的。卓越的艺术家,时代的先驱,伟大的思想家,宗教的创建者,这些人物的价值常常是各自酝酿的。在他们的价值尚未得到众人了解与接纳时,他们的价值只是属于个人的。于是,他们受到冷漠,有时甚至受到迫害。苏格拉底,早期的皮卡索,早期的萧伯纳都是。一旦他们的价值被众人了解和接纳时,他们的价值便社会化了。”参见殷海光:《中国文化的展望》,商务印书馆 2011 年版,第 81 页。

③ 《唐律疏议·名例律》。

④ 《贞观政要·仁义》。

发,唐律的修撰不可能不以礼为指导原则。"①如前所述,德礼实际上是儒家仁本体在现实法制中的外化,以仁为本的仁义外化为德礼与政刑,仁的本体地位决定了唐律的终极价值追求不可能是以刑罚治民,而只能是以德礼教化为其尚。② 固然,唐律虽然立法技艺高明,但是较之于当下的立法技术、立法水平仍有颇多不足之处,但这并不能单纯以"刑罚取代民事调节"为批判理由,事实上,在一个具有一定立法水准的法律体系中,本体和价值之间不会存在完全的背离。既然有仁本体,就不应该得出传统中国法"以刑为主"的外部特征。然而既有的研究则经常出现互相矛盾的表述,例如讲到传统中国法的理念和精神时,常常称传统中国法是以"德主刑辅"为主导,而讲到传统中国法的体系时,又称其是"以刑为主",事实上这是两种截然相反的评价。因此有论者指出,"更重要的问题在于,其实稍加追究,就可以发现这些广为学界、社会所认可的'通说'、'定论'与客观事实有着明显的不符,通说与通说之间矛盾百出,定义与定义之间无法兼容。当'中国法律思想史'教科书将'德主刑辅'作为中华法系主导思想时,'中国法制史'的教科书却把中国古代法律发展的主线定位在'以刑为主'、'重刑轻民'上;当我们将'以刑为主'误读为重刑主义时,却又没有人解释为什么汉以来始终是儒家的仁政、德治思想占据立法、司法中的主导地位,而法家的严刑峻法一直受到批判;当我们将中国古代的'法'即为'刑'作为一个毋庸置疑的'常识'时,对严复、沈家本等近代思想家、法学家一再强调的'刑'为古代法之'一端'的观点却视而不见"。③ 这些问题萦绕

① 刘俊文:《唐代法制研究》,文津出版社1999年版,第80页。

② 英国学者马若斐在《传统中国法的精神》一书中专门提到一个概念中国法的"法律象征意义",他认为很多时候传统中国法的法律条文具有明显的象征意义,"在将法典作为行为的指南、价值评判的标准这一点上,它使得我们发现了法典制定者一个重要的目的,换言之,法典表达了统治者乃至整个社会期望实现的目标"。"正因为它们表达了立法者所期望的目的及其所倡导的价值,所以,这些条款即使从未被真正执行,也得以保留在法典之中"。参见[英]马若斐:《传统中国法的精神》,陈煜译,中国政法大学出版社2013年版,第38~41页。

③ 马小红:《中华法系中"礼""律"关系之辨正——质疑中国法律史研究中的某些定论》,载《法学研究》2014年第1期。

学界多年，倘若我们能从法本体的角度思考，则某些"定论"或许颇值商榷，这一切都可以用本体和价值之间的相互关系加以证成。如笔者所识，传统中国哲学相较于西方，并不过多涉及本体和价值的相互关系问题，而更侧重于应该追求什么样的价值，如何践行这些价值的问题。这些内容用古人的话说就是"修齐治平"的功夫。将儒家的自我修养和社会实践的纲要总结为"修齐治平"四字，而较少关注为何要修齐治平背后的原因，这是中国哲学的一大特色。

其次，从法本体到法价值的跨越，是理论层面上的跨越，而从本体到法律实效的跨越则是实践层面上的跨越。本体理论虽然内在地要求法的某种、某些价值，但这些价值能否顺利实现，在多大程度上得以实践，则是另外一个牵涉因素颇多的复杂问题。一个法律体系所追求的法的价值是什么这是一个问题，而法律体系所能真正实现的法的价值是什么，这又是另外一个问题，两者不可混淆。[①] 尤其是在技术化程度不高的法律体系中，这两者之间的矛盾和张力格外明显。法本体所希望追求的价值或许十分美好，但是法律实际所达到的效果有可能不如所愿，这都是实践中经常遇到的问题。因此，我们评价一个法律体系、一种法律哲学时，有必要将法律价值和实效进行细致区分。

例如，对孔子本人法哲学的评价，孔子所追求的仁政可以说十分美好，但是孔子本人的法哲学理论终其一生并未能付诸实践。甚至说，传统中国两千余年的儒家法制传统下，究竟有多少法制构建符合了孔子的初衷，这都是值得考量的问题。又比如，董仲舒除孔孟之学疏阔、高远故不为人主所用之弊，将儒学与阴阳家、道家、法家诸家学说融合，创设天人感应理论。同时，董氏为迎合君主所需，亦为了将儒学提升到"国教"的地位，将孔子所谓的"君使臣以礼，

---

① 理想与现实的界分，在哲学家的世界中冲击尤为强烈，冯友兰对社会与理的分析值得借鉴："我们于上章说，社会有许多种类。每种社会皆有其理。理是本然底，但专就理说，有此理亦不过有此理而已。至于实际上有无此种社会之存在，换言之，实际底社会有无依照此理以成立者，则与理无关，而与势有关。"参见冯友兰：《贞元六书》，中华书局2014年版，第153页。

臣使君以忠”的对等的“君君、臣臣、父父、子子”关系改造为“君为臣纲”的单向度关系。在这种背景下,儒家学说才被赋予“罢黜百家,独尊儒术”的地位。董氏亦知此种“君为臣纲”的学说无法限制君主权力,因此又引入“灾异谴告说”,力图用“天”的地位限制人世间君主的权力。[①] 可以说,董仲舒这套天人感应、灾异谴告的理论初衷里包含对君主权力进行限制的成分,但是实践中“天”是否真的限制了君主的独断专行,这就是另外一个需要单独讨论的问题了。[②] 这都说明,价值和实效之间普遍存在张力,这种张力可以是负面的,意思是法律最初所追求的积极价值没有实现,实现程度不够或者说根本达到了相反的效果;也可以是正面的,即法律最初所追求的价值本身或许并不具有较强的正义性,但是法制实际运行的结果却促使了正义的发展,这两种情况都是法从本体到价值跨越中可能存在的张力表现。张力的存在是不可避免的,是从理论向实践跨越的必然结果,任何法律哲学都无法避免张力的产生。即便在现代法治体系下,法所追求的价值亦无法全部实现,法律规定所希望达成的效果亦无法尽数完成。正如瞿同祖所说:“仅仅研究条文是不够的,我们也应注意法律的实效问题。条文的规定是一回事,法律的实施又是一回事。某一法律不一定能执行,成为具文。社会现实与法律条文之间,往往存在着一定的差距。”[③]但是从另外一个角度来看,对

---

① 如金耀基所言:“董氏的君权神授说,最大的精神则在以天权限制君权。”参见金耀基:《中国民本思想史》,法律出版社 2008 年版,第 108 页。

② 对董仲舒天人感应、君权神授的法哲学、政治哲学,历来褒贬不一。持负面评价者,如章太炎,章氏称自从董仲舒倡导天人感应的灾异学说之后,“谶纬蜂起,怪说布彰,曾不须臾,而巫蛊之祸作,则仲舒为之前导也。自尔或以天变灾异,宰相赐死,亲藩废黜;巫道辞法,鬼事干政,尽汉一代,其政事兼循神道。夫仲舒之讬于孔子,犹宫崇、张道陵之讬于老聃,今之倡孔教者,又规摩仲舒而为之矣”。参见章太炎:《驳建立孔教议》,载《章太炎全集》(四),上海人民出版社 1985 年版,第 196 页。持正面评价者,如梁启超,梁氏认为:“夫人主者,无论何人,无论何时,夫安能无能失德?则虽灾变日起,而无不可附会。但使稍自爱者,能恐惧一二,修省一二,则生民之祸,其亦可以稍弭。此孔子言灾异之微意也。虽其术虚渺迂远,断不足以收匡正之实效,然用心盖良苦矣。江都最知此义,故其对天人策,三致意焉。汉初大儒之言灾异,大率宗此旨也。”梁氏此处所说“江都”,正是董仲舒,因为曾任江都相,故以“江都”指称。参见梁启超:《论中国学术思想变迁之势》,上海古籍出版社 2001 年版,第 64 页。

③ 瞿同祖:《中国法律与中国社会》,中华书局 1981 年版,第 2 页。

张力幅度的削减,从而将张力控制在合适的区间范围内,是评价法制发展水平的重要标准之一。在优良的法制体系里,应该尽可能实现法本体所规定的法律价值,保证法律条文规定可操作性。人类法制文明的发展演进,一方面表现为法本体所表征的正义水平的提升;另一方面表现为法律制度、法律体系的技术化水平的提升,技术水平的提升就是为了解决本体、价值和现实的张力而存在。

三、法律技术的适用

法本体在形而下层面的展开,形成了现实生活中所能切实感受到的作为法律渊源的法,[①]法本体在形而上层面上的展开,形成了法律所追求的价值。无论是本体到渊源的展开,抑或是本体到价值的展开,都更多地停留在"非技术性"的层面。换句话说,这两者都在某种程度上可以直接表明法律哲学本身所希望达到的效果。例如,本体影响下的法律渊源,完全可以按照法哲学的构想加以创设。老子秉持道本体的法哲学,在其构想中,最高境界的法就是道,"法治"的状态就是体道的状态。因此可以小国寡民,民众鸡犬之声相闻,老死不相往来,道由是成为老子哲学中最高级的法律渊源。作为法律渊源的道,大可以在老子创设道家哲学时就加以明确。倘若老子是立法者,更可以直接通过立法权力给道直接赋予至高无上的法律地位。这种对法律渊源的认可来源于其法哲学学说的构想,不同法哲学家、不同主权者都可以"任意地"创设法律渊源。例如,在神权法社会中,神意、神启被当作最高级的法律渊源;在君主集权体制的社会中,君主意志、命令虽然要经过部分行政官僚的"限制",但仍然是效力级别最高的法律渊源。上述一切都说明一个问题:法律渊源可以从理论确立之初就加以确定。法律价值与法律渊源在这一点上十分相似,一种法律哲学要追求何种法律价值,是法哲学

---

① 这里所谓的"切实感受到"并非专指成文法,在现代中国成文法固然是法律渊源最基础、最主要的表现形式,在传统中国社会早期,成文法不存在的时候,民众必然存在着"禁忌意识""规则意识",这都是对法的"切实感受",待成文法出现之后,虽然成文法是传统中国法的枝干,但是除此之外,古人亦受到非成文法形式的天理、人情的规范,故而此处称法本体展开为可以"切实感受到"的法律渊源。

创立时就要考虑的问题,法本体直接决定法律价值的追求。换句话说,法律价值从最初就受制于本体,并且得到了本体的促成。以上所论法律渊源和法律价值都是本书所谓“非技术性”的存在,不需要经过任何技术性的环节即可设定。① 然而,法律价值能否实现,能否达到最初预想的效果,就不再是“非技术性”的问题,而转化为“技术性”问题。从法本体到法律价值的实现,贯彻这一过程始终的是法律技术。唯有优良法律技术的保障,才能实现法本体所追求的法律价值。因此可以说,法本体决定法律技术,法律技术反过来影响法本体的现实展开。

具体而言,法本体决定法律技术的选择和发展方向。法律技术从法律运行的阶段来看,可以分为立法技术、司法技术等等,法律运行的任何阶段都需要相应法律技术的配合才能实现。法本体对法律技术的决定性体现在对法的根本规定性的限定。换句话说,法律技术从表面上看是为了保障法律的有序运行,从根本上看是为了实现作为本体的法的终极理据。一般意义上包括法律解释、法律推理等内容在内的法律方法都是表层意义上的技术性内容,这些技术的根本则在于促成本体的展开。本体观的差异决定了不同法律哲学的差异,不同法律哲学所适用的法律技术亦差别迥异。例如,神权法法律体系中,神意、神启是法的本体,因此对宗教典籍的解读、诠释,对神意的解释成为立法、司法中的重要技术,这是非神权法法律体系中所没有的。又如,在自然法法律传统中,对自然法的理解和认识虽然多有不同,但是“自然”却深深地影响了法律技术的发展。如卢梭提出的社会契约论,就是将契约和自然加以联系,这种理解和认识在非自然法国家中亦不曾存在。具体到传统中国,自汉以后的传统中国法逐渐形成并确立以仁为本体的法律传统。仁为统一

---

① 这里所说的法律价值和法律渊源可以直接设定,是针对法律价值和法律渊源的内容而言,而非实际效果而言。法哲学家、主权者可以直接设定并予以公开其法哲学的价值追求,如宣称其立法的目的及哲学是为了个人利益,或是为了国家利益,或是为了其他各种利益,都可以自行设定。法律渊源的设定同理。法律价值和法律渊源在设定层面可以自主决定,因为这还只是个人/国家自我意识的初步外化,无须相对人的认可与接受。设定何种法律价值和法律渊源是一回事,至于相对人是否信赖所设定的法律价值,是否援引其法律渊源又是另一回事。

圆融之概念，仁内涵仁义两方面，仁义分别代表阴阳/德刑等等，[①]其中仁为主，义为辅，由此形成了传统中国礼、刑并用的法律制度。礼刑并用作为宏观的法律技术原则在唐律中可以说体现得淋漓尽致，《唐律疏议》称："德礼为政教之本，刑罚为政教之用，犹昏晓阳秋相须而成者也。"[②]具体到唐律各篇章，则又对礼、刑的不同效力等级、不同条件的适用作了详尽的规定，这都是受仁本体的法哲学影响所致。关于唐律律文和礼的复杂关系，有论者称："在唐代，占统治地位的法律思想是礼本刑辅、明刑助礼。礼是本，是纲；刑不过是礼的辅助，是实现礼所规定的目标的手段。从这样的法律思想出发，唐律的修撰不可能不以礼为指导原则。"[③]从司法角度而言，礼也深刻地影响了唐代的法制运行，"古代法律的实施，有两个重要的环节，一是对律文的解释，一是律文的具体执行。唐律有统一的、官方的解释，这就是《律疏》，也即为今传之《唐律疏议》。它是唐高宗永徽三年命长孙无忌等人编纂的，翌年十月正式颁行。史曰'自是断狱者皆引疏分析之'，可见《律疏》对于唐律的实施具有关键的作用。而《律疏》完全以礼为理论基础，这首先表现在《律疏》常常根据礼义来解释律的一些概念，譬如在解释名例律十恶条'四曰恶逆'中的'夫'时，《律疏》说：'依礼，有三月庙见，有未庙见，或就婚等三种之夫，并同夫法'"。[④] 因此论者称："上述清楚地说明，《律疏》的全部法律理论体系确实是建立在礼的理论基础之上的。而通过《律疏》的折射，唐律中的礼的色彩自然也就越加浓厚了。……综上所述，第一，唐律的修纂乃以礼为指导原则；第二，唐律的条文大多源出于礼；第三，唐律的实施在相当大的程度上为礼所左右。"[⑤]以上都是从唐律律文所表现出的律和礼的复杂关系，至于法制运行中的，以礼断狱的例子更是数量繁多，后世所谓的情、理、法协同，就是

---

① 关于仁展开为仁义的相关论述具体可参见本书第三章《儒家法本体研究》和第五章《传统中国法的天本体研究》相关内容。

② 《唐律疏议·名例律》。

③ 刘俊文：《唐代法制研究》，文津出版社 1999 年版，第 80 页。

④ 刘俊文：《唐代法制研究》，文津出版社 1999 年版，第 88 页。

⑤ 刘俊文：《唐代法制研究》，文津出版社 1999 年版，第 92 ~ 94 页。

对唐宋法制的经典描述。唐律的例子表明,仁为礼之本,因此建基于仁本体之下的唐代法制,无论从立法的技术还是执法技术都处处体现受到仁/礼的影响。

法律技术的适用受到法本体的影响,反过来,法律技术亦会制约法本体在不同层面的展开,在一些法律体系中,法律技术水平较高,因此对法律价值的实现程度比较高。另有一些法律制度下,法律技术自身的局限导致法本体所决定的法律价值无法实现,甚至出现了与立法本意相左的状况,法律的运行陷入混乱之中,整个法律制度进入崩溃的境地,这种本意和实效之间的巨大鸿沟我们称其为张力。张力的存在是作为理论的法本体学说和作为法律实践的法律技术适用之间所与生俱来的矛盾所致,亦即前文所说理论构想和实践操作之间的矛盾所致。我们都知道现实社会中各种制度的运行不完全以人的意志而转移、变化,因此本体构想亦不能直接决定法律在现实维度内的发展。法律运行张力的存在虽然无法从根本上避免,但是可以通过提升法律技术尽可能缩小本体构想和法律实效之间的张力,这是提升法律技术最主要的目的和动因。试举一例便可明白,现代法理学常说法律解释有很多种分类方法,如扩张解释、限缩解释等,法律解释的出现就是法律技术水平提升的表现。法律制定之后,社会仍在不断发展、进步,许多立法时所不曾出现的新的状况、事件不断发生,已经制定的法律必然不能完全追随社会变动的步伐,加之立法者立法时本身可能存在一些纰漏,这都需要事后对法律进行一定程度上的修补,而法律解释则是目前看来,成本最小,最不影响整个法律体系稳定的方法。倘若没有法律解释,则法律运行就面临两种情况:其一,废止错误的、不合时宜的法律,以新法取而代之,但是社会变动迅速,新状况层出不穷,这种方法在很多时候未必妥当;其二,短时间内任用旧法,这势必会将法律运行引入混乱之中。法律解释的出现,则适时地修正了旧法本身的部分问题,实际上将法律运行的张力加以缩减,保证法律制度的稳定运行。

法律张力在微观层面表现为对法律运行的影响,在宏观的制度层面则会影响整个国家建制以及国家命运的走向。综观整个传统中国社会，新中国成立之初，主权者往往或废除前朝苛法，或承前朝旧律加以改造，或着力编纂法典，以求立法平准，司法公平；待到朝代末期，司法不公，各机构之间矛盾层出，法律运行受到包括君主、官僚在内的各部分势力的干涉，法制崩溃，国家亦由此崩坏而亡，这是中国历代王朝留给后人的印象。清末律学大家沈家本如是说："夫盛衰之故，非偶然矣。清明之世，其法多平。陵夷之世，其法多颇。则法学之盛衰，与政之治忽，实息息相通。然当学之盛也，不能必政之皆盛，而当学之衰也，可决其政之必衰。"①

法本体是法律哲学中最根本、最基础的哲学思考，亦是研究法学必须要思考的最形而上的学问，本体论是法哲学方法论、价值论、运行论的基础和前提。法本体本身是对法终极理据的思考，这种思考在形而下层面的展开，形成了外在的法律渊源，即将抽象的对法的思考转化为具象的外在的法律规范的过程；法本体在形而上层面的展开，形成了法律价值论，法所追求的价值从根本上皆本于法本体，因此法本体论至关重要。但是这并非意味着，法本体就自然而然地决定了世间一切法律的实际发展，在法本体和本体展开的法律渊源、法律价值之间，还存在着无法避免的张力，弥合构想和实效之间的张力，就要依靠法律技术的不断进步。因此从法本体构想到法律价值实现的过程，就是法律运行的过程，在这个过程中，法律技术发挥着重要的作用，这都是法本体外在展开所蕴含的道理。

---

① （清）沈家本：《法学盛衰说》，载《历代刑法考　附寄簃文存·寄簃文存卷三》，中华书局1985年版，第2143页。

第八章　传统中国法本体的运行逻辑

——以董仲舒春秋决狱为例的考察

传统中国法哲学以法本体论为根基，在此基础上形成涵盖法本体论、法律方法论、法律价值论的有机、系统的法哲学体系。此法哲学体系并非纯粹思辨、脱离现实的理论构想，它更多的是一种可以实际运行，并借此深刻影响社会实践的体系。从最根本的本体构想到法律价值的追求，再到法律方法的选取、法制的实际运行状况等诸多方面，法的运行都蕴含其间，实为一不可或缺的因素。

法的运行逻辑和法本体的运行逻辑存在相通之处，但此两者并非一事，[①]法的运行逻辑关注法从产生、制定到付诸实践诸过程中如何一步步运行等相关问题，而法本体的运行逻辑则关注本体在展开为外在的法律渊源、法律价值之后是否得以实现、

① 目前学界对传统中国法的运行逻辑有过不同角度、不同层次、不同程度的研究，尤其以对明清法律的运行研究成果最为显著；但是法的运行逻辑和法本体的运行逻辑切入点和根本关注点并不相同，法本体的运行逻辑关注的是法本体是否在法制运行中得以体现、在多大程度上体现、以何种方式体现等问题。

如何一步步真正得以实现等一系列问题。质言之，法本体的运行逻辑就是在前述若干章节所论述的从法本体的内在逻辑到法本体的展开逻辑的基础上，研究法本体如何“运行”的问题。本体作为对法的终极理据的思考，从本质上说是思想形式的一种，因此本章着力于在前几章基础上，沟通本体→展开→运行的完整逻辑。有关法本体运行的抽象解读已经在前述诸章节中加以论证，故而本章以汉代大儒董仲舒春秋决狱的法律实践为例，阐明作为抽象思考的法本体如何运行并得以影响司法实践。

春秋决狱为汉代法制进程中的大事件，学界素来或从犯罪动机、犯罪构成要件等刑法角度切入，或从汉代法律儒家化的角度切入，都取得了丰硕的研究成果。本章试图从董仲舒本人的法哲学理论出发，证明董氏采纳春秋决狱之计符合其法本体的理论逻辑，引礼入法实际上是董氏“仁－仁义法－礼法模式”中不可或缺的重要环节。我们都知道，凡有精深思虑的思想者，其思想体系本身的逻辑、思想与实践行为三者之间往往有着内在的一致性，这种“一致性”是评价一位思想家思想是否形成体系的重要指标。就董仲舒而言，既有研究多从现代法学角度对其春秋决狱的指导思想与实践加以研判，固然不失为良法，但站在其思想枢机之处，借其法哲学本体的展开，对董氏本人春秋决狱的案件加以分析，更能从根本上把握董仲舒的法哲学思想和法律实践两者间的互动，既解释了其春秋决狱的理论依据问题，又印证了其法哲学思想的可行性与实践性。

一、董仲舒春秋决狱案件分析

“汉时去古未远，论事者多傅以经义”。[①] 这是汉代司法裁判的普遍状况。程树德考稽坟典，搜罗春秋决狱案例，作《春秋决狱考》，据其考证可知，目前存世以经义决狱的案例本就不多，董仲舒本人亲自以经义治狱的案例更只有 6 件，可谓寥寥。但是，就仅存的六则案例来看，如果结合董氏本人法哲学的思考路向，则不难发现其经义决狱之道实际上与其法哲学思想本身共同构成了完整的

① 程树德：《九朝律考》，中华书局 1963 年版，第 163 页。

理论和实践的体系。

经过对现存六则董氏本人以经义决狱的裁判进行分析，我们发现这些案件都有一个基本共同点，此亦是经义决狱这一裁判方式得以存在和出现的前提，那就是：若严格依照汉时成文法，六则案件本身的裁判结果较董氏引入经义决狱所得裁判处刑为重，简单地说就是依照汉成文法的裁判与董氏引入经义之后的裁判结果大不相同，董仲舒为纠汉时成文法严苛之倾向，才引入经义决狱。由于存世案件数量不大，我们得以将六则案件逐一详细分析。

案件一：父为子隐[①]

“时有疑狱曰：甲无子，拾道旁弃儿乙养之，以为子。及乙长，有罪杀人，以状语甲，甲藏匿乙，甲当何论？仲舒断曰：甲无子，振活养乙，虽非所生，谁与易之。诗云：螟蛉有子，蜾赢负之。春秋之义，父为子隐，甲宜匿乙而不当坐”。[②]

以现代法的眼光来看，这个案件案情并不复杂：甲所收养子乙杀人，甲藏匿乙，问当对甲如何裁判。按汉时成文法，有“亲亲得相首匿”之规定，只是此规定出于汉宣帝地节四年，董氏所处时代尚未有此规定。甲的藏匿行为确然明了，无可辩驳，对于本案来说，问题的关键在于：甲究竟能否算作乙的父亲？倘若甲不算乙父，则甲隐匿罪犯的行为必然违法。董仲舒所处时代必然没有关于收养的明确法律规定，不然，亦不会因此而陷入困境，亦可知汉代法律相对后世唐明律而言仍是素朴简单之至，此为背景。董氏对案件的分析相当值得推敲：首先，这个案件的冲突点究竟是什么？是对甲乙的父子关系是否成立有争议，这一点毫无疑问。但是董仲舒作出裁判时，并不以汉时成文法规定为立场，而是站在甲的立场上思考问题。其次，如果我们站在甲的立场上看问题的话，那么甲的行为应该如何定性？甲振活养乙和隐匿罪犯的行为是本案最明显的两个事实，甲养乙是因为自己无子，因此捡路旁弃子乙抚养，这一行为没有任

① 程树德原考案件并无名称，案件名字为笔者所拟，为方便区分和评述，以下五则案件亦同。

② 程树德：《九朝律考》，中华书局1963年版，第164页。

何问题，亦不为汉时法所禁止。在董仲舒看来，甲收养弃儿的行为，甲无子固然是一个重要因素，但是甲在乙长大这些年的抚养行为实际上合乎儒家仁爱的本意。这里抛开孟子善端说不谈，只看董仲舒本人的论述，董氏说："仁，憯怛爱人"，[①]甲的收养行为完全符合董氏的追求。再推而广之，甲隐匿养子的行为亦是为了全父子相隐之情，这仍是一种外推的、爱人的行为，就是前文所讲仁义法仁的一面，同时亦是一种施加于自身的求义的行为，也就是说站在甲的立场上看，其行为合乎仁、义的要求。说甲的行为合乎义并不是指其隐匿任何罪犯的行为都成立，在本案中仅仅指隐匿其养子乙的行为。该案件既然专由董仲舒解决，说明此案的审判人员亦觉察出不承认甲乙间的父子关系并将甲按照隐匿一般人加以论处的行为不太妥当。孤立地分析单一案例说服力不大，试看接下来的几则案件。

案件二：乞子杖父

"甲有子乙以乞丙，乙后长大，而丙所成育。甲因酒色谓乙曰：汝是吾子，乙怒杖甲二十。甲以乙本是其子，不胜其忿，自告县官。仲舒断之曰：甲生乙，不能长育，以乞丙，于义已绝矣。虽杖甲，不应坐"。[②]

本案案情同样简单明了，甲虽为乙生父，但乙既未受其抚养之恩，亦不知其为自己生父，甲在此状况下说"汝是吾子"，乙爱父心切，杖击甲。儒家素有"父母之仇，不共戴天"之说，甲对乙宣称是其父，在乙看来已然是对自己父亲的侮辱，乙杖击甲出于孝心，是对仁道的发扬，这样的行为完全合乎董氏理论，亦是后人所谓"本直者，其论轻"之意。至于乙本身的问题，则在于不能行自我约束之义法，没有明了事实真相（甲为乙生父这一真相远超乙的判断能力所能决定），对甲实施了伤害行为。但是很明显，在阳仁阴义、仁主义从的情况下，义要从属于仁，对案件总体的定性也要依据是否合乎仁来判断。

① 《春秋繁露·必仁且智》。

② 程树德：《九朝律考》，中华书局1963年版，第164页。

案件三：不谏君猎

“君猎得麑，使大夫持以归。大夫道见其母随而鸣，感而纵之。君愠，议罪未定，君病恐死，欲托孤，乃觉之，大夫其仁乎，遇麑以恩，况人乎，乃释之，以为子傅。于议何如？仲舒曰：君子不麛不卵，大夫不谏，使持归，非义也。然而中感母恩，虽废君命，徙之可也”。①

考董氏春秋决狱之案，不能纯粹从现代刑法理论入手，毕竟时空背景不同，对法的理解亦不尽相同，这一点在本案中表现极其明显。全案围绕君猎麑展开，所谓“麑”，即幼鹿，根据儒家经义，幼鸟、幼兽皆不得捕杀，该君主猎麑的行为本身就不合乎仁法，大夫此时就应该谏言君主，大夫未行此责，是为不义，即所提到的“大夫不谏，使持归，非义也”。不过此次不义的行为在本案中并没有被追究，本案所关注的关键点在于另外一项“不义”之举——大夫私自释放幼鹿的行为。这样一来，本案又形成了一个仁、义对抗的局面：大夫释放幼鹿是基于仁的要求和感染，合乎仁法；其私自释放的行为又不合乎为臣子之义，两者权衡，董氏的裁判仍然是“徙之可也”，即大夫虽然未能行义法，但是仍无罪。

案件四：盗武库兵

“甲为武库卒，盗强弩弦，一时与弓异处，当何论？论曰，兵所居比司马，阑入者髡，重武备、责精兵也，弩蘖机郭，弦轴异处，盗之不至，盗武库兵陈。论曰、大车无輗，小车无軏，何以行之？甲盗武库兵，当弃世乎？曰虽与弩异处，不得弦不可谓弩，矢射不中，与无矢同，不入与无镞同。律曰，此边鄙兵所臧直百钱者，当坐弃世”。②

本案是现存六则案例中比较特殊的一例。首先，案件全文并未出现其他案件中类似依据儒家经义或根据“义”的判断。现存六则案件中，父为子隐、救父误殴、未葬许嫁三案中都明确引用了儒家经义和典故，乞子杖父和不谏君猎两案中，虽未明确指出违反儒家经义的具体内容，但是都与“义”相关。其次，其他案件中都有仁与义的冲突，并且行为人都坚持了求仁的取向，才有了后续董仲舒的决

① 程树德：《九朝律考》，中华书局 1963 年版，第 164 页。

② 程树德：《九朝律考》，中华书局 1963 年版，第 164 页。

狱。而本案中武库卒甲的行为从一开始定性就很明确，即盗窃行为，这一行为本身既违反了仁法，亦违法了义法。最后，由于武库卒甲的行为于仁、于义都是违法行为，本案论争中心只在于弩弓和弩弦分开之后如何界定的问题。综合来看，该案件涉及的争论与其他五例颇不相同，并且该案件定性从一开始就无争议。

案件五：救父误殴

“甲父乙与丙争言相斗，丙以佩刀刺乙，甲即以杖击丙，误伤乙，甲当何论？或曰殴父也，当枭首。论曰：臣愚以父子至亲也，闻其斗，莫不有怵怅之心，扶杖而救之，非所以欲诟父也。春秋之义，许止父病，进药于其父而卒，君子原心，教而不诛。甲非律所谓殴父，不当坐”。[①]

本案往往被视为董仲舒春秋决狱的代表性案例，因为案中出现了“君子原心”的表述，董氏春秋决狱的方式历来被称为“原心定罪”。甲为救父，不小心误伤其父，本案件以现代刑法视角考察自然十分简单，但是传统中国法所沿用的对犯罪定罪量刑的标准、思维方式都与现代刑法有一定差异，不能简单地以现代刑法理论加以分析。首先，甲的行为初衷，亦即董氏所称“原心”的“心”是什么？是出于父子至亲的亲情，这种亲情恰是仁爱他人的情感基础。其次，甲的“过错”在于误伤其父，按汉时成文法，詈骂、殴打父母都为法所不容。甲误伤其父，其“正我”的义法没有坚持好，但是其“爱人”的仁法却笃定无疑。质言之，甲的行为初衷是为了保护其父，只是在操作过程中误伤其父而已，因此董氏对其定性仍是不当坐，这正是所谓“本直者，其论轻”。与之相反，假设甲的初衷和动机是为了殴打、殴杀其父，趁乙与人争斗之时，以保护乙为幌子而殴打、殴杀其父，则又是另外一种情况，此时甲的行为虽然看起来合乎义，但是从根本的仁的立场而言仍是站不住脚的。

案例六：未葬许嫁

“甲夫乙将船，会海风盛，船没溺流死亡，不得葬。四月，甲母丙

---

① 程树德：《九朝律考》，中华书局 1963 年版，第 164 页。

即嫁甲，欲皆何论。或曰，甲夫死未葬，法无许嫁，以私为人妻，当弃世。议曰：臣愚、以为春秋之义，言夫人归于齐，言夫死无男，有更嫁之道也。妇人无专制擅恣之行，听从为顺，嫁之者归也，甲又尊者所嫁，无淫行之心，非私为人妻也。明决于事，皆无罪名，不当坐”。①

此案中甲为全孝敬之德，唯有听从尊者之意改嫁他人。对于甲而言，改嫁的行为固然形式上存在一些瑕疵，即甲夫尚未入葬。只是一来甲夫死于海中，茫茫波涛难觅尸骨，二来甲又是尊者所嫁，甲本人并无自专改嫁之意。仁义两者相较，甲从仁而废义，亦不当坐。此案与前述案件类似，故不赘言。

我们将程树德考证的六则春秋决狱案例根据对仁、义的遵守或违背为标准进行区分，制作了如下表格，其中“仁”和“义”两栏中的“○”表示行为符合仁或者义的准则，“×”表示行为违反仁或者义的准则，裁判一栏中的“○”表示董仲舒给予正面（无罪或轻罪）评价，“×”表示董氏给予负面（有罪）评价。具体如下表：

仁	义	裁判	案例	总计
○	○	○	无	0
○	×	○	父为子隐、乞子杖父、不谏君猎、救父误殴、未葬许嫁	5
×	○	×	无	0
×	×	×	盗武库兵	1

据上表可知，现存董仲舒本人亲自负责的六则春秋决狱案件基本都围绕仁义法范畴展开，仁和义之所以在司法实践中形成龃龉，是因为仁、义的贯彻在一定情况下产生矛盾。以董氏的法哲学逻辑来看，春秋决狱所要解决的其实就是仁和义的效力层次问题。从上表统计可知，春秋决狱主要涉及三类问题：其一，合乎仁同时又合乎义的行为，在董氏理解中理所当然无罪；其二，对于合乎仁却违背义的行为如何裁断，是董仲舒春秋决狱所要解决的主要问题，一般而言，此种情况的裁决则要以仁为准；其三，同时违反仁和义则显然有

① 程树德：《九朝律考》，中华书局1963年版，第164～165页。

罪。在现存六则案件中,唯一没有出现的情况是违背仁却符合义的案例。之所以此类案件没有出现,原因在于一种行为一旦违背仁,则不可能合乎义,即使有,也是表面上符合义,即从根源上讲行为人的行为只是为了私利而放弃对"仁"的追求,是将"仁"施加到"我"身上的表现,据前文所讲董仲舒对"人""我"的区分可知,这种施加在自己身上的"仁"根本就不能称其为仁。如此一来可以得出结论:春秋决狱的案件定性以仁、义为主要判断标准,并以仁为最终依据,合乎仁的行为无论其是否合乎义都会被认可,合乎义的行为只有在不违背仁的情况下才会被给予正面评价,一旦行为违背了仁的原则,无论这项行为是否合乎义都不影响对行为本身的否定性评价。

二、为什么仁义成为决狱的标准

根据对董仲舒本人亲自治狱的案件进行研究我们发现,董仲舒断案的标准是行为是否合乎仁义,那么问题是,为什么董仲舒以是否合乎仁义作为行为判断的标准,而不是其他原则或准则？对于这一问题的探讨是研究汉代春秋决狱或法律儒家化无法回避的问题。本书主要从法哲学的立场出发,认为董仲舒之所以用仁义作为评判标准,是由董氏本人的法哲学所决定的,更准确地说,是由其法哲学中的本体思想影响所致。根据法哲学的一般原理我们知道,有什么样的本体思维,就会有与之相应的法律方法,因此董仲舒用春秋决狱的治狱方法,其实是其法哲学本体思维作用的结果。

法本体就是法的终极理据,就此处而言,即董仲舒所理解的某种存在为什么能够被称为法的缘由或内在理据。这种缘由、理据可以是超越于现实世界的绝对的、纯粹的存在,如理念;也可以体现为对法的技术性规定,如法律是统治者的命令。在传统中国,某种存在为什么是法,或者说法为什么是法,在根本上和人为什么能够成为人这一问题是一致的。我们将董仲舒对本体的推演路径称之为体悟式路径。所谓体悟,意思是人、万物、天地自然同源而出,其生化之机、运行之理乃经验可感知,并且此经验与古人的天地、阴阳、五行观念合辙,无须再行引入纯粹逻辑的概念,由身之所处、所感可以体验得知,称为体悟式。体悟式理解世界的方式与西方所理解的理性和经验二分的世界不一样,体悟式的中国认知模式无须穷尽理性的力量,于进退揖让、洒扫应对之中自能体会人伦日用之大道。正如《易经》有云:“大人者,与天地合其德,与日月合其明,与四时合其序,与鬼神合其吉凶。”[①]中国人参天地化育的思想观念促成了传统中国以天理、国法、人情并举的法律观念。具体来说,董仲舒身为汉代群儒之首,极力倡言天人合一,认为人与万物、自然处于运化的同一路向。董仲舒本人并未将经验世界与本体世界人为分离,而是坚信天人相通、天人感应,从而在根本上否定了有独立于现实世界的纯粹理念的可能,这种体悟式的认识正是董仲舒的法哲学能够明确而又有效地被应用到春秋决狱实践中的重要原因。

综观董仲舒《春秋繁露》全书,单就出现频率而言,能称为统率生化之意者非“天”莫属。在现存的十七卷、七十九篇篇目中,“天”在《春秋繁露》篇目中出现了11次之多,这足以说明天的重要地位。董仲舒论万物生成仍沿袭先民“天生烝民”的观念,董仲舒指出:“天地者,万物之本、先祖之所出也。”[②]所谓“本”就是本原、根本,万物(包括人类先祖)从根本上说源于天地,天地在万物存在之前就已经存在。“无天而生,未之有也。天者,万物之祖,万物非天不生”。[③] 可见董仲舒宇宙论的起点就是天生万物,万物脱离了天都无法产生,“所谓‘祖’无疑就是最早、最古老的根源,没有比天更早更高的本原了。由此表明,天为宇宙之本原是不成问题的了”。[④]

既然天是万物本原,那么,天有没有自身的属性,如果有的话,天的属性是什么?成为董仲舒接下来要考虑的问题。董仲舒指出,“为人者,天也”,[⑤]“人之为人本于天,天亦人之曾祖父也,此人之所以乃上类天也”。[⑥] 因为人由天创造,天亦是人的曾祖父,所以在中

---

① 《易经·乾卦》。
② 《春秋繁露·观德》。
③ 《春秋繁露·顺命》。
④ 王永祥:《董仲舒评传》,南京大学出版社2002年版,第98页。
⑤ 《春秋繁露·为人者天》。
⑥ 《春秋繁露·为人者天》。

国传统的宗法社会中，人的行为理所当然需要遵从曾祖父——天的意志，这一点连君主帝王都不能例外，“受命之君，天意之所予也。故号为天子者，宜视天如父，事天以孝道也”。[①] 董氏继而指出，作为人之曾祖父的天，其行为处事同样受内心的指引，而天心就是仁，“霸王之道，皆本于仁。仁，天心”。董氏将仁作为天心，视为宇宙创生者的心意所在，作为天心的仁是天行事最终的依据，那么仁自然亦是终极理据所在。因此有论者认为“仁学本体论”到了“汉唐时代则把仁在人世的显现扩大到了宇宙，建立了天心为仁的观念”。[②] 据此推演就会发现原来天道、人道最终纯本乎仁，董仲舒也得以重拾儒家仁学核心，仁在天那里发挥心的能力，成为人伦日常的终极理据。劳思光因此说：“董仲舒所倡天人相应之说，实此一普遍风气之特殊表现，并非董氏之独创。天人相应之说既兴，价值根源遂归一于‘天’。德行标准不在于自觉内部，而寄于天道，以人合天，乃为有德。于是，儒学被改塑为一‘宇宙论中心之哲学’。”[③]冯契说得更明白：“他以为五常的中心是‘仁’，而仁本来就是天的属性。”[④]试举一例就能明白仁在董氏学说中的根本性地位：在论证刑、德关系时董仲舒指出“为政而任刑，谓之逆天，非王道也”。[⑤] 为政任刑是逆天而行，逆天就是违背天意（天心），就是违仁而行，所以董仲舒认为这一举动不合王道。王道终极理据或曰评判标准仍然是儒家一脉相承的仁本体，可见孔孟道统传至董仲舒，亦不过是经由董氏杂糅阴阳五行进行改造而已，儒家本意未尝被抛弃。

董仲舒树立了天至高无上的地位，天既能创生宇宙，又是人的曾祖父，天像每一个活生生的个体一样，有喜怒哀乐，有喜恶，天心的属性是仁，最终董氏想阐明的是：“是故王者唯天之施，施其时而成之，法其命而循之诸人，法其数而已起事，治其道而以出法，治其

---

① 《春秋繁露·深察名号》。

② 陈来：《仁学本体论》，载《文史哲》2014 年第 4 期。

③ 劳思光：《新编中国哲学史》（第 2 卷），生活·读书·新知三联书店 2015 年版，第 15 页。

④ 冯契：《中国古代哲学的逻辑发展》（中），东方出版中心 2009 年版，第 285 页。

⑤ 《春秋繁露·阳尊阴卑》。

志而归之于仁。”[①]王者循天则时，法天立道，借此制定世间各项法则，治道法则最终则“归之于仁”。人世间一切善恶的终极准则就是——仁，这是董仲舒作为儒生的根本追求。这样我们就能理解董氏亲自治狱的案件最高的判断标准都是仁，凡是符合儒家仁道追求的，董氏都给予了正面评价，即使有些行为看起来违反了当时法律规定，董仲舒仍然给予无罪或轻罪的裁判。这说明在董仲舒的思想体系中，仁是最高级的准则，其效力远超任何成文法。

三、春秋决狱：法本体的运行实践

董氏以经义决狱，一则是当时时代风潮下，为将儒家经义引入官方法制不得已而为之，一则是其仁义法哲学在实践中的具体体现。如前所述，有什么样的哲学就有什么样的世界观，也因此有相配套的方法论，董仲舒本人的春秋决狱就是建基于其仁义法本体基础上的法律方法。

考察董仲舒所处的时代背景，虽然秦法之弊已然为世人所知，如汉初贾谊《过秦论》所言：“然秦以区区之地，致万乘之势，序八州而朝同列，百有余年矣；然后以六合为家，殽函为宫；一夫作难而七庙隳，身死人手，为天下笑者，何也？仁义不施而攻守之势异也。”[②]汉初执政者普遍都认识到秦二世而亡的原因在于“仁义不施”，虽然法制经过汉初高祖约法三章削除秦朝苛刑，但是汉初法制仍然有大量秦法残余，如何应对秦法之弊成为儒家不得不面对的难题。另外一个背景是，秦朝以法为教，以吏为师以后，儒家地位一落千丈，如何重塑儒家地位，成为广大儒生所面临的更难解决的问题。虽然汉初有叔孙通这样的儒生，但是很明显，很多儒生认为叔孙通的举止行为根本不配被称为儒家。秦法残暴的余烬与儒家卑下的地位，成为董仲舒构建其学说心头笃疾。所谓时势比人强，身处汉代隆兴时候的董仲舒，如果再像先秦孔孟一样直接讲求疏阔高远的儒家仁道、仁义，儒家思想的传播、儒家地位的树立都会遇到重大阻力。正

---

① 《春秋繁露・王道通三》。

② （汉）贾谊：《新书・过秦上》。

因为此，董仲舒才杂糅阴阳、五行、儒、道、法诸家学说，建立起一个囊括天人万物、无所不包的思想体系，试图利用这个体系打动汉武帝。被汉武帝征召“天人三策”之后，董仲舒能参与朝廷疑难案件的处理，这是趁机将儒家政道理想注入判决，以潜在的形式对抗法家学说的有效手段，很明显，董仲舒面对的是以成文法为代表的法家思想，如何调和儒法两家思想的冲突，这是董仲舒需要考量的问题。事实证明，董仲舒的确成功地利用了这一手段。[①]

前文所述在董仲舒的思想体系中，天创生万物，为万物的主宰，因此天心就是人心、人道的标准，也是世间一切行为必须遵守的规则。而天心，按照董仲舒的解释，就是仁。在传统中国哲学看来，心具有十分重要的意义，“它首先标志着人的存在。心就是人之所以为人之所在，或者说，心是人性的真正承担者”。[②] 也就是说，董仲舒所理解的人，是具有仁性，能践行仁道的人，那么违反仁道的行为肯定就是不能被接受、不能被认可的行为，也就是现代所谓“违法”“非法”的行为。董仲舒正是站在其仁义的哲学立场上进行决狱，力图将儒家一以贯之的仁义精髓注入司法实践中。但是，天意为仁还只是一个抽象的哲学命题，董仲舒不能据此直接断狱，因此董氏有必要将作为仁的天意一步步扩充到现实的人生境界。须知人生、社会的运行变化并不以哲学家构建的理论体系为圭臬，董仲舒必须通过论证，证明天心和人心统一。故而董仲舒学说中仁本体不断展开的过程，即是其内在德性不断展开以“合天”的过程，实际上亦是其政道伦理逐渐明晰的过程。仁本体作为正当性与价值渊源推动诸多外在仪式与规范的产生，法就在这一过程中逐渐显现。故而有论者指出，“‘天人相应’即以‘天’之规律及意志作为价值根源……天人相应之说，则半涉及‘天’之意志，半涉及‘天’之规律。以此作为价值

---

① 金耀基在《中国民本思想史》一书中对董仲舒之理论形式上类似法家而实际仍是儒家这一问题有精彩论断。“在董氏的君权神授说的哲学体系里面，君王的地位初看是极崇高的，权柄是极伟大的。……这完全是一幅法家商韩心目中的君王的图像了。然而，董氏是最反对法家的大儒（他推明孔氏，目的即在打击法家，所谓罢黜百家者，严格言之，仅在排斥法家一家而已）。”金耀基：《中国民本思想史》，法律出版社 2008 年版，第 106 页。

② 蒙培元：《中国哲学主体思维》，人民出版社 1993 年版，第 12 页。

德性之根源，孔孟原意湮没不见。而混杂宇宙论上学观点之德性理论，遂渐渐出现”。[①]

董仲舒认为天创生宇宙万物，天地之间存在着阴阳两种气，两种气各有不同的属性、功能和运行逻辑。简单地说，阳气性仁、阴气性戾，阳气主生、阴气主杀，因此春秋相较，春天阳气盛，因此万物生发，秋天阴气盛，因此万物开始凋零，这都是董仲舒从自然现象中归纳出的质朴经验。阴阳二气交合生成了万物，当然也生成了最初的人，因此人性中就蕴含着与天地阴阳二气同质的“性”。董仲舒说：“身之名，取诸天。天两有阴阳之施，身亦两有贪、仁之性。”[②]人并不是生来就是圣贤，而是有仁的一面，也有贪的一面，就像天地万物都有阳有阴一样。之所以说董仲舒的法哲学根源是仁，原因就在这里。仁是阳气的反映，传统中国哲学体系中，阴阳虽然在特定情况下可以相互转化，但是从总体上而言，阳始终居于主要地位。具体到董仲舒的人性论，董氏认为人性中的仁是最主要的，当然人性中也存在着贪婪的恶性，但是这种恶就像天地间的阴不能胜过阳一样，是一种附属地位的存在。儒家学说的核心是仁，具体发扬仁的手段之一就是教化，这一点在董仲舒的学说中也一样。董氏主张要对人性中的仁加以发扬，对人性中的恶加以克制，其实这就是对孔子仁道的发扬。杨伯峻认为孔子的仁道可以分为积极面和消极面，所谓积极面就是“己欲立而立人，己欲达而达人”，消极面就是“己所不欲，勿施于人”。[③] 董仲舒继承孔子之道，将爱人视为仁的积极面，将正我，即克制恶视为仁的消极面。

---

① 这是劳思光在《新编中国哲学史》一书中对董仲舒哲学所做的评价，值得一提的是，劳思光本人对包括董仲舒哲学在内的汉代哲学评价甚低，认为汉代哲学由心性论退回到宇宙论；但是劳氏对汉代哲学特征之概括实乃切中肯綮之论。此处劳氏所言“混杂宇宙论及形上学观点”即宇宙论与本书所谓本体论的糅合，劳氏虽是负面评价，却也直指董仲舒学说本体论与宇宙论混合的逻辑进路。参见劳思光：《新编中国哲学史》（第2卷），生活·读书·新知三联书店2015年版，第16页。

② 《春秋繁露·深察名号》。

③ 杨伯峻认为：“孔子自己曾给‘恕’下了定义：‘己所不欲，勿施于人。’（15·24）这是‘仁’的消极面。另一面是积极面：‘己欲立而立人，己欲达而达人’。（6·30）”参见杨伯峻：《论语译注》，中华书局2009年版，第16页。

董仲舒继承了孔子的观念,认为仁就是爱人。“仁者,憯怛爱人”。[①] 人为什么不能完全发扬人性中的仁呢?原因在于“不能义者,利败之也”,[②]一切都是由于利对仁的破坏,利实际上催生了人性中贪的一面,所以董仲舒说:“天有阴阳禁,身有情欲栣。”[③]苏舆在《春秋繁露》注疏中指出,“天道好阳而恶阴。此云‘阴阳禁’,盖谓禁阴不使干阳,文便尔”。[④] 因此阴阳禁的要义在于发阳而抑阴,情欲栣的要义则在于:“栣情欲之恶,不使伤善,斯善胜矣。治己之所以贵克也。”[⑤]据此来看,对待自身最重要法则的是克己。何为克己?在董仲舒看来,克己即行义:“《春秋》之所治,人与我也。所以治人与我者,仁与义也。以仁安人,以义正我。”[⑥]董氏将仁义进行了区分,认为“仁之法在爱人,不在爱我;义之法在正我,不在爱人”。[⑦] 对仁、义进行人、我的区分,是董仲舒的原创。践行仁的要求即惨怛爱人,此时的爱应施加给他人,而非施加于自身;践行义的要求是“义云者,非谓正人,谓正我”。据此来看,“仁谓往,义谓来;仁大远,义大近。爱在人,谓之仁;义在我,谓之义。仁主人,义主我也”。[⑧] 董仲舒仁主人之说与此一致,都讲求仁外推的一面,而义则主我,是内收的一面。如此一来仁义就形成了主从、内外、人我的区分。

我们至此才能对董仲舒所理解的“法”进行界定:即只有合乎仁义法理据的规范才能被称为“法”。[⑨] 就其理据来源的不同,“法”

---

① 《春秋繁露·必仁且智》。

② 《春秋繁露·玉英》。

③ 《春秋繁露·深察名号》。

④ (清)苏舆:《春秋繁露义证》,中华书局1992年版,第296页。

⑤ (清)苏舆:《春秋繁露义证》,中华书局1992年版,第296页。

⑥ 《春秋繁露·仁义法》。

⑦ 《春秋繁露·仁义法》。

⑧ 《春秋繁露·仁义法》。

⑨ 此处“法”是为了回答“何为古人所理解的法”这一问题而言。这里要指出的是,其实很多现在看起来难以解答的问题,在古人观念中或许根本不是问题,例如对礼、刑的认识,古人无须思考礼是否由国家制定,并以国家强制力保证实施,对古人而言,礼具有约束性是自然而然的。所以我们必须要从古人的观念出发,运用“内部视角”加以省察,对董仲舒所理解的何为法这一问题,也要以董氏理解的法本体作为判断依据。

可以分为两类,即基于仁的“法”和基于义的“法”,仁“法”主外推的仁爱,义“法”主内收的自我克制,仁“法”即为德、礼,义“法”即为政、刑。亦是所谓“圣人法天而立道,亦溥爱而亡私,布德施仁以厚之,设谊立礼以导之”。[①] 从这个角度出发,我们或许能够理解传统中国人对德、礼、政、刑的认识。如孔子所谓“道之以政,齐之以刑,民免而无耻;道之以德,齐之以礼,有耻且格”。[②] 政、刑的根本目的在于以外在的规范约束人之行为,即正我;德、礼的目的则在于外推人之仁爱之心,即爱人。依照董仲舒仁本体的法哲学观念,这四者同为具有规范性的法,只是其侧重各有不同。

如上所述,董仲舒之所以能够成功地进行春秋决狱,有两个非常重要的原因:其一就在于董氏自己构建了一套完善、系统的法哲学体系,这套体系以儒家仁道为本,扩充到仁义、礼法,既符合儒家传统,又能得到皇帝认可,因此董仲舒在世时即被尊为大儒;其二则是时势造就,董仲舒能以解决疑难案件为朝廷所认可,借此机会,董氏以儒家经义引入到对案件的判决中来,名为剖析疑难,实为申说其孔孟之道,达则兼济天下,是儒家一以贯之的传统。[③] 据《汉书·应劭传》载:“故胶西相董仲舒老病致仕,朝廷每有政议,数遣廷尉张汤亲至陋巷,问其得失。于是作《春秋决狱》二百三十二事,动以经对,言之详矣”,董仲舒之所以能“言之详矣”,足以说明董氏对以《春秋》为代表的儒家经义理解之深厚。《春秋决狱》有二百三十二事,历史斗转星移,文献散落,吾辈今人无法遍睹董仲舒所留下的裁判,但是就仅存的六则案例仍可看出董氏本人明确而又详细的思考进路。当然,董仲舒并未在春秋决狱的判决中进行过多论述,我们参以董氏本人的《春秋繁露》,与治狱判决加以比照,则不难明白董

---

① 《汉书·卷五十六·董仲舒传》。

② 《论语·为政》。

③ 韦政通对儒家传统士大夫的论说很有道理,“像在儒家传统里,一个思想性的人物,支持他生活一个最强烈的因素,不是思想本身的探索,而是历史文化的使命和社会风教的责任,如能得君行道,那才是儒者最高愿望的实现,著书立说只不过是人生余事”。董仲舒正是这样一个人物,他和千百年来的儒家士大夫一样,有经世济民的理想和抱负。参见韦政通:《我对中国思想史的几点认识》,载韦政通:《中国思想史方法论文选集》,上海人民出版社 2009 年版,第 158 页。

氏将其仁义法哲学现实化的努力。

再细细分析，现存六则董氏亲自治狱的案件，都是仁、义对立以至于时人所不能决的案件，这类案件为何会成为疑难？由此可见，董仲舒所处的时代，既有的汉法已经不能消弭诸多社会矛盾，亟须一种法制的变革与推进，这一切都为董氏引经决狱提供了良好契机，亦预示着一个礼法合流、引礼入法的全新时代即将到来。

第九章　传统中国法哲学何以可能

传统中国法滥觞于上古三代，启承辗转，推演无穷，至于唐代，蔚为大观，直至明清。清末鸦片战争以降，百五十年，中华学人奋起于救亡、复兴大业之中，筚路蓝缕，于学术上博引东西百家之长，于思想上推究世界各家主义，以期能救吾国于水火，扶大厦于将倾。自兹于是，政法理论、实践延转无穷，既有中体西用、君主立宪、民主共和诸说，又有新刑法、民法等之制定。传统中国法固有的理论和实践亦在清末以降的改革中支离破碎、分崩离析，时至今日，固有法与外来法仍未能妥善融合。

然则中国法学之为学术，发展至今，就其“身份合法性”问题而言，仍存在诸多不能自我圆融之处，凡此问题表面看似是单纯的学科身份之争，其背后的根源实为近代以来学术话语、甚或是思维方式之争。当下的法学研究虽然兴盛，学科内部却存在着严重的对话不足与研究用力不平衡。所谓对话不足，单就本论题而言，表现为法理学、法哲学与中国法律史学对话的贫乏、甚至缺乏。[①] 所谓研究用力不平衡是指法理学与法史学虽然同为法学最基础的理论学科，但是，法理学与法史学，尤其是中国法律史学所处的学科地位不可同日而语，这一点通过每年法理、法史发表的论文数量可见一斑。[②] 一个粗略却不至谬误的认识是，法理学偏向抽绎理论，法史学侧重爬梳历史，如此界定或许不够严谨，却能展示出两学科之间的差异。[③] 然而，学界虽有所谓法理、法史不分家之说，却主要是针对法理与西法史而言。[④] 当

---

① 关于法理学和法哲学的关系，学界一般存在两种观点：一种观点认为法理学和法哲学可以通用，如博登海默所著法理学著作即名为《法理学：法律哲学与法律方法》；另一种观点则认为法理学和法哲学关注的问题不完全一致，法理学多从法学家的理论和视角研究法律问题，而法哲学则是从哲学家的立场审视法及其背后的理据等问题。参见［德］考夫曼：《法律哲学》，刘幸义等译，法律出版社2004年版，第10页。另可参见严存生：《法理学、法哲学关系辨析》，载《法律科学》2000年第5期；黄文艺：《法哲学解说》，载《法学研究》2000年第5期。在中国，法理学是法学基础核心课程之一，法哲学通常被视为法理学的一个分支，因此本书使用“法理学”一词时，实际上是指包含法哲学研究方向在内的作为法学基础学科的法理学，单独使用“法哲学”一词时，则专指不同于法理学的法哲学。

② 虽然论文发表数量并不必然等同于科研实际状况，但论文发表数量的过度悬殊足以表明两者学科地位的差异。根据中国法学创新网的统计，“2012～2014年，16种CLSCI期刊共发表论文4326篇，其中法律史学科共发表论文215篇，占论文总数的4.97%，低于民法学、法理学、刑法学、经济法学、大国际法学、刑事诉讼法学、宪法学、行政法学、民事诉讼法学、商法学”。包括西法史在内的中西法律史发文仅占4.97%，而法理学则占发文总数的14.89%。参见《法律史学2012－2014年CLSCI论文数据分析》，载http://www.fxcxw.org.cn/dyna/content.php?id=9376，最后访问日期：2020年3月10日。

③ 法理学的基本功能应该是通过对现在以及历史上存在的法的现象进行研究，从中抽绎出法的基本原理，法史学则更侧重于通过对历史上存在的制度、材料进行梳理，力图还原历史原貌，为今日的学术研究提供借鉴。参见张中秋：《如何使法史学有思想和影响》，载《法学》2013年第5期。

④ 当下中国的法理学研究固然有怀抱中国问题意识并以中国本土法律现象为研究对象的中国法理学研究，但是这种关切到中国问题的法理学研究仍然未居主要地位，根据中国法学创新网对最近几年法理学在法学核心期刊发表论文数可以大致得出这样的结论。固然，论文发表数量当然不能完全代表学界学人研究的重点和兴趣所在，但是这是在可操作的办法下最为简单、最为有力的证据。所谓对中国法理学的关注，学界基本从1949年之后开始研究，偶有部分学者的研究回溯到清末民初。对古代中国的法律思想、法律实践所进行的法理学研究非常稀少，能称为真正的“法”哲学的研究更是凤毛麟角，在仅有的一些研究中，大多只是冠以法哲学之名，仔细分析就会发现，其实所谓的法哲学无非是中国古代哲学或中国古代法律思想史的改写版，这是由于中国古代法哲学的研究对象、中国古代法哲学的体系等问题尚未明晰的缘故。

然,20世纪90年代兴起的法律文化热潮中将中法史与文化理论相结合,以及后来对中法史进行的法社会学研究都可以称为是结合法理与法史的例证。但是,法理学尤其是法哲学与中法史结合的不足显而易见,表现为对中国法律史的法哲学分析不足,因此相关研究成果极其稀少,仅有的部分研究成果也呈现出碎片化、非系统化的特点。[①] 法理学、法史学交流不足的背后,蕴含着这样的一种焦虑,即能否用法哲学的视野和方法研究中国法律史,传统中国有没有法哲学,甚或说传统中国有没有法哲学思想?这一系列问题自近代西方话语入主吾国便即存在,至今未能得出明确解答。积弊甚久又不加解决,势必造成当下此种折衷的风气与局面,即法理学研究者排斥(或忽略)对传统中国法进行法理学、法哲学分析;[②]中法史研究者在一定程度上对以西方概念、话语、体系研究传统中国法的行为表示排斥与担忧;除此之外,更令人担忧的是一些学者以正视历史、还原历史为名,实际上却做着肢解历史、曲解历史之事。[③] 如此一来,对传统中国法理学、法哲学的研究就陷入两难境地,究竟是做还是不做?如果要做,合理性何在?方法何在?意义何在?这一系列的疑问,或许代表着想结合法理学与(中国)法史学于一体的诸多

---

① 碎片化也好,非系统化也罢,并非仅仅表明单一的"传统中国法哲学"研究水平不足,在此背后深蕴这样的危机:即刻下的研究者整体上尚未形成立足于自我国族传统的法哲学观念和体系。试想吾辈学人研习西方法哲学之目的在于加深对今日之西方法的理解和认识,而对本国传统法哲学最基本的框架竟无一星半点认识,可乎?

② 法理学者的排斥行为十分常见,一些学者往往以传统中国思想不够成熟、没有现代法治的基本观念、概念等理由拒斥对传统中国法进行法理学分析;同时,亦有一部分学者有意或无意地忽略了对传统中国法进行法理学分析。原因其实非常简单,法理学本来就是继受自西方的学科,西方固有的法理学体系中根本没有传统中国法理学的位置,当代中国的法理学教科书中,传统中国法登场的机会亦是少之又少,无非是在讲到法的概念时引用许慎的概念,或略微阐释韩非、管子、商鞅对法概念的理解,与其说是对传统中国法概念界定不足,毋宁说,引用韩非、商鞅、管子的法概念其实是法理学者刻意为之的结果,是为了使传统中国法概念更契合现今狭义的实证法观念而有选择地筛选的结果,这一现象在国内各种版本的法理学教材中十分常见。

③ 一些学者对传统中国法哲学的忽视是在毫无意识的状况下发生的,由于学科视野的限制或者其他诸多原因,导致一些研究者不能从根本上理解古今"法"概念的异同,以今日之法的框架比附传统中国法,却声称这是最忠于历史的研究。

学人的疑问,更代表着百余年来中国学术自身“身份合法性”的焦虑与疑问。

一、传统中国法哲学是否可能

法史学与法哲学对话之不足,首先是由于两学科研究话语不同所致,相比而言,法史学中传统中国法的词语、概念还能“一息尚存”,法哲学则尽是西方或译自西方的术语。[①] 既然是学术研究,必然需要借用语言文字传达其意指,从而使人易知,这便不能用类似宗教入定、内视等功夫发扬本意,[②]但是中西语言文字纷繁各异,差异甚多,中国为象形、表意文字,西方则是拼音文字,基本的逻辑机制就全然不同,所以许多语词、甚至词根的差异都会形成阻隔,使中西交流在某些方面有隔雾看花之感;[③]即便纯本于中国而言,许多表达古今亦大不相同。由于法哲学本身即为西方舶来之概念,无论是中国古代有无法哲学,抑或是用法哲学的方法研习传统中国法是否可能,其背后都牵涉语言及其意指问题。但从字面上看,有些概念中西虽然类似,但却并非一回事,同样,有些表达虽然全

① 之所以说法史学中传统中国的词语、概念仅仅是“一息尚存”,是因为法史学中所应用的最基本的概念和思维框架其实仍然是舶来自西方的,如现代意义上的法的概念,以及由此衍生出的法的渊源的概念以及最基本的民法、刑法、行政法等部门法的划分,在法史学研究中都已司空见惯,而真正在被使用的传统中国法的一些概念,如礼、法、刑、律、令、格、式等等,其实也是在被今人以所谓法学思维(其实就是西法思维)所理解和认知的状况下使用,因此,从这一立场来看,声称最尊重历史的法史学领域中,内生于传统中国法的词语、概念亦仅能称得上是“一息尚存”而已。当然,此处举此例证并非批判法史学对传统中国法固有词语、概念使用不足,而是为了说明,在当下的背景下,“一息尚存”是时局的必然结果,详见后文论述。

② 宗教或类宗教的仪式、修行中经常有入冥、入定的直觉体验,这种体验的获得无须也无法直接借用语言加以启示,更有甚者,例如禅宗的拈花微笑的典故,就直接超越了通过语言文字表意的阶段。

③ 某个词,或者词根的差异都会对学术研究存在重要影响,比如说“onto”一词,对其不同理解和翻译直接影响了近现代中国哲学界对西方哲学本体论这一根本问题的理解和看法,单就“onto”一词是译“是”、还是“存在”等概念,早就成为一段学术公案。参见俞宣孟:《本体论研究》,上海人民出版社 2011 年版,第 14 ~ 19 页。另可参见孙周兴与王路针对“being”一词的翻译所进行的讨论,参见孙周兴:《存在与超越:西方哲学汉译的困境及其语言哲学意蕴》,载《中国社会科学》2012 年第 9 期;王路:《西方哲学汉译的困境与超越——回应孙周兴教授的批评》,载《中国社会科学》2013 年第 4 期。

然不同,但是其意指却相同。虽然中国古时也有与他国互相交流,吸收、融合他族、他国语言的可证之史,如佛教对中国传统语言的影响即是一明证。[①] 但是,真正大规模接受西方语言则是鸦片战后之事。[②] 鸦片战争及之后的甲午战争,一改过去文化交流的面貌,西学以其强势凌虐传统话语。彼时学人辗转于欧美、日本诸国,目睹西方诸学,翻译、引进西方学说者甚多,从而造成了大量西方词语、概念的涌入,国破家亡的境遇中,一时间亦无机缘深思延用西方话语是否合适,以西释中、以西破中成为一时风气和主流做法。此潮流持续发酵,至于新文化运动,竟有试图彻底废除汉字、汉语的主张,令人唏嘘不已。[③] 从种种方面来看,清末以降的西学运动极大地改变了中国固有语言习惯,由此成为近现代中国学术一鲜明特色。时至今日,语言不断发展变化,试图回到固有之语言习惯,已然不可能;[④]但是语言不能回到过去,并不必然可以推理出这样的结论,即我们可以不加选择、不加辩证地使用当下中西杂糅的语言、概念,这一点对于学术研究格外重要。能否回到过去的境遇和状况是一回事;刻下存在的概念、语言是

---

① 现代汉语词汇的发展曾融合了西域诸语言、佛教语言以及西方词汇,现在看来,佛教宗教用语如菩提、摩诃、伽蓝等词缘于印度显而易见,“但是,还有一类的佛教用语,它们深入到汉语的血液里,令人不能再意识到他们的来源”,这种词汇在日常生活中很常见,例如世界、现在、结果、魔鬼等词,皆来源于佛教用语。参见王力:《汉语史稿》,中华书局2004年版,第587～597页。普通民众对这些词的使用,充分证明了语言的发展和可塑性,当然,语言的发展变化并非仅体现为词汇的变化,诸如语音、语法亦须网罗其中。

② 王力曾指出,“佛教词汇的输入中国,在历史上算一件大事,但是,比起西洋词汇的输入,那就要差千百倍”。参见王力:《汉语史稿》,中华书局2004年版,第598页。

③ 主张废除汉字最激进者当属钱玄同,钱氏曾通信陈独秀指出:“中国文字,论其字形,则非拼音而为象形文字之末流,不便于识,不便于写;论其字义,则意义含糊,文法极不精密;论其在今日学问上之应用,则新理新事新物之名词,一无所有;论其过去之历史,则千分之九百九十九为记载孔门学说及道教妖言之记号。此种文字,则断断不能适用于二十世纪之新时代。”参见钱玄同:《中国今后之文字问题》,载《新青年》第四卷第四号,第354页。

④ 所谓“固有语言习惯”,本身就是流变的,语言作为交流的工具、思想的表达符号,伴随社会不断发展而变化,即使是近代西方文化大规模入侵之前的明清语言习惯,也是受到各种语言、习惯影响之后的结果。参见王力:《汉语史稿》,中华书局2004年版,第594～597页。

否合理又是另外一回事，断不可因无法回到过去，便认为时下的状况即是合理的。[①] 职是之故，对近代以来的法学话语进行辩证说明，就显得格外重要。

语言的差异直接影响了思考的方式与习惯，甚至造成了中西古今文明对一些根本问题的思虑差异。现代法学无疑是舶来品，从概念到体系纯本乎西方，传统中国是否有法哲学？能否用西方概念与话语研究传统中国法？这两个问题实际上是近代以来中国法学乃至中国学术一直面临的问题。[②] 探讨传统中国有无法哲学的前提是对什么是法哲学以及法哲学研究的话语、框架能否适用于传统中国法进行说明，如若不然，无论是对中国古代有法哲学，还是对中国古代无法哲学的探讨都会陷入逻辑困境，即"中国古代有无法哲学"这一命题本身就包含着这样一个前提：存在能用来研究中国古代的所谓的法哲学，这与西方哲学中"非存在之谜"如出一辙，[③]因此必须首先对法哲学本身进行分析研究。与本书所探讨的中国传统法

---

① 语言无法回到过去，并非说无法用过去之语言表达意旨，对于许多学者而言，出于其研究所需，或由于个人表达习惯，沿用古代表达方式并非不可，只是在整个社会范围内使语言回到过去则不太现实。此是由人类之语言、思维发展所致，纵然近代中国语言的变迁是武力混合着中西知识改变的结果，但是历经一百多年的发展，从时下"重返"古代语言，也是绝对不可能的。因为近代语言融合的历史已经成为语言发展中的一个重要阶段，更何况，"重返"古代语言，是回到先秦，还是明清，也将成为问题。

② 中国法学面临的问题是传统中国有没有法学、有没有法哲学、有没有权利、义务的问题，中国学术面临的问题是传统中国有没有哲学、经济学等类似的问题，背后都是这样一个共同的原因，即西方强势话语下，我们只能以西方标准为圭臬，只有符合西方标准的学问、学科，我们才有信心称"有"。

③ 所谓"非存在之谜"其实是西方哲学中一个很重要的问题，《语言与哲学——当代英美与德法传统比较研究》一书介绍道："设想甲乙两人正在争论存不存在飞马，甲认为存在，乙认为不存在，这时甲问乙一句：'你坚持认为不存在的东西到底是什么呀？'乙只得回答：'是飞马。'这种回答本身就使人感到有一种被称为'飞马'的东西，只不过他没有存在的属性，或者说，它的存在性弱于现实中确实有的别的事物。"这一问题是西方长期以来本体论问题衍生出的重要议题，也是近代以来分析哲学所尝试解决的哲学问题。参见徐友渔、周国平、陈嘉映、尚杰著：《语言与哲学——当代英美与德法传统比较研究》，生活·读书·新知三联书店1996年版，第94～98页。这里引用这一问题的目的在于，指出不对法哲学进行概念分析而径直探讨法哲学思想存在与否可能会面临一些问题，质言之，只有在厘清本问题的基础上，才能继续进行中国古代有无法哲学的探索和研究。

法哲学研究是否可能的问题类似，早在2002年，中国哲学界就产生了一场声势浩大的关于“中国哲学合法性”的争论。① 虽然历经数年之久，中国哲学这一中西交通、或曰西方强势文化入主下形成的学科，其身份认定问题，仍未能从根源上解决。对于传统中国法哲学是否可能的问题，又何尝不是如此。极端地肯定与否定，其局限与弊端都显而易见，折衷说自身亦是一种瑕疵，或许，时事与时局造就的美丽错误，只能慢慢延续。②

法哲学首先作为法学的一门基础学科出现，中国古代并无专门研究法律现象及其背后原理的专门学科，这应没有疑义。“众所周知，中国古代并没有‘法理学’、‘法律哲学’这样的概念和学

① 对于“中国哲学合法性”的争论，在笔者看来其实是中国哲学研究者自觉意识的爆发，无论如何，这一用西方框架、话语研究中国传统文化的做法本身就面临着反思的必然结果。

② 如前所述，在清末以降的时局背景下，当时的学者往往是有着明确的求学目的，即救亡图存，可以确定的是，紧迫的时间、动乱的时局、强烈的救亡理想都使得当时的学人无力理性、冷静地分析大量援引西方话语将会造成什么样的后果，李泽厚曾指出五四运动前后是救亡压倒启蒙，正是此意。“国家独立富强，人民吃饱穿暖，不再受外国侵略者的欺压侮辱，这个头号主旋律总是那样地刺激人心，萦绕入耳，使五四前后所谓‘从宇宙观到人生观，从个人理想到人类的未来’这种种启蒙所特有的思索、困惑、烦恼，使所谓‘从孔教问题、妇女问题一直到劳动问题、社会改造问题；从文字上的文学问题一直到人生观的改造问题，都在这一时期兴起，萦绕着新时代的中国社会思想’，都很快地被搁置在一旁，已经没有闲暇没有工夫来仔细思考、研究、讨论它们了”。参见李泽厚：《中国现代思想史论》，生活·读书·新知三联书店2008年版，第30页。与之类似，有论者认为“哲学”引入中国，本身就是历史性的错误：“胡适所确立的这个经典范式本身或许即是一个历史性的‘错误’：中国有中国的传统学术和学术传统，西方有西方的传统学术和学术传统，为什么一定要用西方的传统学术和学术传统来重新规划（甚至取代）中国的传统学术和学术传统？从思想史来看，这个问题身后的背景是近代以降中西古今之辨的一个结果。从东西文化的交流（这种交流在当时不如说是相遇）来看，是西方强势文化扩张的全球化以及东方弱势文化主动接受西方文化的全球化的一个后果。从当时学术界的心态来说，这是科学救国、教育救国、文化救国、学术救国等民族自强的一种反映。”参见彭永捷：《论中国哲学学科存在的合法性危机——关于中国哲学学科的知识社会学考察》，载《中国人民大学学报》2003年第2期。如论者所言，晚清以降的时局下，中西文明的交会已成定局，彼时学人于混乱、仓促的时局下引入西方话语，此种话语发展至今，早已融入百年学统，成为“新”中国传统中的一部分，哲学如此，法学如此，其他学科亦是如此，故称之为时局的“错误”，只是时至今日，对于这一“错误”本身对错的判断早已失去了意义，我们所要做的是如何在这百五十年以来的“新”传统基础上继续思考关切自身的真正的中国问题。

科门类"。[①] 学科划分本身即为西方学术研究所采用的方式，西方早在亚里士多德时期就将学科进行了细密划分，而中国古代则一直为圆融不分的状态。中国现代意义上的法学名称乃缘于明治维新后的日本，"当时中国人通过翻译日本的法学著作，将日本的'法学'一词以及其观念引入了中国"，[②]哲学名称亦是清末黄遵宪从日本学者西周处借用而来，现代意义上的法学、哲学二字皆由日本传入我国，遑论法哲学学科在古代之存在。[③]

纵然如此，却不能据此便认为中国古代没有关于对法律产生、运行与发展的理性化、哲学化思考，这种思考，用现代术语表示，即为法理学、法哲学之思想，只是这种思考和认识并未以现代的学术话语和体系表达。[④] 因此有论者指出，"由此观之，传统中国没有系

---

① 程燎原：《中国近代"法理学"、"法律哲学"名词考述》，载《现代法学》2008 年第 2 期。对于中国古代没有法理学、法哲学学科划分这一问题，学界观点基本类似，例如，何勤华认为"在中国，近代法理学的诞生与成长，是与清末修律以及西法东渐的过程相一致的。换言之，中国近代法理学，并不是中国传统社会自然发展的产物，而是在接受外国法理学的影响之下形成的"。张中秋亦认为"在现代学科体系中，法理学原是西方科学知识的一部分，这是不争的事实"。参见何勤华：《中国近代法理学的诞生与成长》，载《中国法学》2005 年第 3 期；张中秋：《概括的传统中国的法理观——以中国法律传统对构建中国法理学的意义为视点》，载《法学家》2010 年第 2 期。此类论断学界基本达成共识，这是因为包括法学、哲学、社会学、经济学在内的众多现代学科，其形成都是在清末以后舶来自西方，中国自古确实没有如斯划分。

② 何勤华：《中国法学史》（第 1 卷），法律出版社 2006 年版，第 12 页。

③ 现代意义上的法学、哲学由明治维新后的日本传入我国，其实不止这些，包括经济学、社会学等概念也来自近代日本。此处强调这些词的现代意义，是因为一些词语我国古代也有相同表达，但是其古今意思并不一致，例如，《南齐书·孔稚珪传》就有"寻古之名流，多有法学"的表达，但是其意指与现代意义上作为学科的法学并不相同，故而强调法学二字的现代意义。与之类似，日本对法学等词的理解也存在明治维新前后的差异问题。关于法学二字的古今含义，参见何勤华：《中国法学史》（第 1 卷），法律出版社 2006 年版，第 2 ~ 10 页、第 23 ~ 25 页。

④ 古代亦有其专门的学术话语与学术表达用于研究相关刑名法律问题，例如，晋代张斐在《注律表》就对常见易混淆的一些基本概念进行了辨析："其知而犯之谓之故，意以为然谓之失，违忠欺上谓之谩，背信藏巧谓之诈，亏礼废节谓之不敬，两讼相趣谓之斗，两和相害谓之戏，无变斩击谓之贼，不意误犯谓之过失，逆节绝理谓之不道，陵上僭贵谓之恶逆，将害未发谓之戕，唱首先言谓之造意，二人对议谓之谋，制众建计谓之率，不和谓之强，攻恶谓之略，三人谓之群，取非其物谓之盗，货财之利谓之赃：凡二十者，律义之较名也。"参见（唐）房玄龄等撰：《晋书·卷三十·刑法》，中华书局 1974 年版，第 928 页。此种分析在《唐律疏议》的疏、议中更是常见，此不赘述。

统的法理学，但不能说没有法理"。[①] 这种认识是颇有见地的，其实对于哲学来说，"百姓日用而不知"的状况十分常见，或许这正是哲学与国族文化心理融合的明证。法哲学思想并非仅仅存在于法学家、哲学家的论著中，毋宁说是法学家、哲学家将其表达出来而已，在恰恰在民众内心最隐约幽暗处，法哲学、哲学的思想与精神，蛰居甚久，在不经意间吐露心机，这也这是德国法学家萨维尼所力陈民族秉性之重要性的缘由所在。[②] 与之类似，梁启超在其《中国法理学发达史论》一文中亦有如斯观点，"我以数万万神圣之国民，建数千年绵延之帝国，故能有独立伟大之法系，宜也。然人有恒言，学说者事实之母也。既有法系，则必有法理以为之原。故研究我国之法理学，非徒我国学者所当有事，抑亦全世界学者所当有事也"。[③] 梁氏此论立意高远，颇值得细细品味："学说者事实之母也。"梁氏意指诸多事实要有理论所指引，先行肯定了理论的重要意义，从而在此基础上指出，法理乃法系之所本，欲了解中华法系，必先了解中华法之法理。从文章来看，梁氏所谓法理与今日法理类似，在今人研究成果中，亦有学者探究了传统中国的法观念、法理想、法运行等内容，实质上亦是对传统中国法哲学的分析。[④]

---

① 张中秋：《概括的传统中国的法理观》，载《法学家》2010年第2期。

② 许章润在《论立法与法学的当代使命》中译本序言中曾指出："正因为此，立法的任务不外在于找出民族的'共同信念'与'共同意识'，经由立法形式善予保存与肯认。凡此深蕴于心、确定无疑而堪褒扬者，不仅形诸典章文物，更落实为千万民众日复一日的洒扫应对。"许章润此言原本是针对萨维尼所言民族存在以及性格（being and character of the people）与法律之关系而发，但是萨维尼晚年所用之民族精神（volkgeist）则实际上亦涵盖法哲学最根本的本体问题，所以许章润此言作为对法哲学的论述亦可。参见［德］弗里德里希·卡尔·冯·萨维尼：《论立法与法学的当代使命》，许章润译，中国法制出版社2001年版，第7～11页。

③ 梁启超：《中国法理学发达史论》，载《饮冰室合集·饮冰室文集之十五》，中华书局1989年版，第42页。

④ 对于传统中国有无法理学学科及法理等问题，张中秋论述至当，颇值参考，本书不再赘述。参考张中秋《概括的传统中国法理观》"传统中国有法理"一节。另外，张中秋在文章引注中援引刘得宽对何为法理的看法，可以看出其对法理学和法哲学的界定实为一事。"法理为物之道理，故法理为所有法源之基础，成为制定法、习惯法、判例法等法源之最根底之物"。刘得宽对法理的解释显然是在法理学、法哲学通用的基础上使用的，参见刘得宽：《法学入门》，中国政法大学出版社2006年版，第21页。以上请参见张中秋：《概括的传统中国的法理观》，载《法学家》2010年第2期。

在对何为法哲学进行爬梳的基础上，才能对传统中国有无法哲学进行分析，如此一来，我们就会发现，古代典籍中出现的法理、法哲学名词或许只是有法哲学之名，却无其实；字义上与法哲学无涉的论断或许才是真正对法哲学的探讨，字面上的相同并不证明其具有可比较的意义，这种状况在西方也很常见，登特列夫就曾指出，中世纪的自然法和古希腊的自然法观念，除了表达相同之外，没有任何相同之处。[①]

其实近现代许多学者都是在默认传统中国有法理、法哲学思想的前提下对传统中国法进行研究，如若不然，对传统中国法所谓法理据、法价值的探讨就无从下手。吴经熊在《中国新旧法制在哲学上之基础》一文中曾指出："一、研究任何法则必须把握它的哲学基础，如不能把握哲学基础，即不能了解其根本精神。二、我国旧法制之阴阳五行不平等的观念要完全摒除，要建立一个完全平等的思想体系，同时对于我中华固有道德的精神也要充分发挥。"[②]吴经熊此言虽然没有将法哲学连用，但综观前后行文来看，吴经熊所谓法制的哲学基础即是法哲学的本体论问题，其意旨在说明研究一种法制首先要了解其哲学基础，那么不证自明的是，吴经熊此言的前提是中国古代必有关于对法制之哲学，或曰法哲学的思考和认识，这是吴氏立论的前提。对于吴氏的立论前提，除了从吴氏文章本身推究之外，还可以从当时学者对其文字的评价中了解一二。蔡枢衡曾撰文指出："在个人狭隘的视野内，中国旧法制之哲学的考察，似乎还只吴经熊博士所著《法律哲学研究》一书中的《中国旧法制哲学的基础》一文。"[③]蔡枢衡对吴氏旧法制的哲学基础进行评判，亦提出自己的观点，比如他认为"这个判断善恶的标准是中国旧法制形成并维持的第三个因素"[④]，并且"这个因素才是旧法制的内容、本质或依据"。[⑤] 吴经熊、蔡枢衡两位大家所讨论法制之哲学、依据，高

---

① 参见登特列夫：《自然法：法律哲学导论》，李日章、梁捷、王利译，新星出版社2008年版，第5页。

② 吴经熊：《法律哲学研究》，清华大学出版社2005年版，第70页。

③ 蔡枢衡：《中国法理自觉的发展》，清华大学出版社2005年版，第68页。

④ 蔡枢衡：《中国法理自觉的发展》，清华大学出版社2005年版，第70页。

⑤ 蔡枢衡：《中国法理自觉的发展》，清华大学出版社2005年版，第70页。

屋建瓴,即是采用了我们所谓法哲学的研究视野与方法。①

纠结于古今中西概念的异同之辨,虽为研究所需,却终非研究的目的与归宿。所谓传统中国法哲学者,其自身内涵与法意早已不在各种法律规范本身,文本背后所蕴含的阴阳动静之机,道德运化之理,方是研究着眼点所在。传统中国文明的性状与社会运行皆与西方有较大差别,单从学术来看,便不似西方学科划分之缜密,以至于数千年来,中国竟无独立的科学、哲学门类,也无怪乎西方学者对中国文化的误解和谬误甚深。但是法哲学毕竟不同于部门法,由于其高度的抽象性,恰可少受概念、语言的影响,毕竟人类思考的模式或许不尽相同,但是思考的方式却呈现出内在的一致性,这也是不同种类的人类文明能够对话、交流的深层次原因。所以说传统中国法哲学的体系建构究竟如何,才是亟待解决的重要议题。

二、传统中国法哲学如何可能

如前所述,百年时局所造成的"美丽错误",吾辈现今或已无法改变,试图彻底摆脱现代话语体系重新沿用传统概念进行研究亦属痴人说梦。但是,这并非表明针对传统中国法的法哲学研究无法进行,我们所进行的传统中国法哲学的研究亦非单纯地寻章摘句以比附西方法哲学,如论者所言,这实际上应该是建立在"真"知基础上对中西文化的会通。② 传统中国自有礼法刑律等规范,在这些规范背后,自有其产生、发展、变化的道理、原理,这些道理、原理就是我

---

①　蔡枢衡在其《中国法理自觉的发展》一书中对法律本质、法律的依据、法律合理之原因都进行了探讨,这些问题都是法哲学研究的核心内容,此处引证蔡氏观点,旨在表明民国一代法学家对法哲学之关注与使用。参见蔡枢衡:《中国法理自觉的发展》,清华大学出版社 2005 年版,第 67 ~ 72 页。

②　程燎原认为在近代"用'洋货'观照'故物',已成为具有重大影响与意义的思想学术路向,但也应该克服其'强为比附'的结习。"换言之,在持有基本原则、立场的情况下,用"洋货"观照"故物"是有意义和可行性的,"但必须承认,中西学术,例如法理思想、法律学术,在问题意识、名词概念、思想系统及其价值观念等等方面,有许多共通性的因素,但也存在不少极为复杂的差异。有些差异还是根基性、根本性的。因此,既不能动辄在'故物'中去发现、证实'洋货',也不能动辄用'洋货'来诠证、论评'故物'"。因此论者认为,"在近现代思想学术背景下,一条重要而艰辛的途径,就是会通"。参见程燎原:《"洋货"观照下的"故物"——中国近代论评法家"法治"思想的路向与歧见》,载《现代法学》2011 年第 3 期。

们所谓传统中国法哲学的研究对象。所谓传统中国法哲学的研究，并非用现代人的眼光为古人“创造”一个名为“法哲学”的研究领域，而是从历史、思想、制度、实践中抽绎有关于法的道理、原理，审视古人对法之理的理解和认识，促成我们深刻理解传统中国法，从而在此基础上，审视现代中国法与传统中国法的异同之处。传统中国法哲学应容纳何物、其体系应该是什么样子，就成为研究传统中国法哲学亟待解决的问题。所谓传统中国法哲学何以可能，就本书而言，则专指传统中国法哲学的内在逻辑体系何以可能。

人类的思维和意识总会具有一定程度上的共性，这种共性不仅体现在中西文明在某种程度上的共通，亦体现在古今文明在某种程度上的共通，这一共通亦是不同时间、不同地域、不同类型的人类文明可以交流的深层文化原因。依据人类认识事物的一般规律，传统中国法哲学范畴可以划分为本体论、价值论、方法论和运行论四部分，此四者彼此联系，构成了传统中国法哲学完善圆融的整体，此四者之名则大致表示出其所涵盖的内容。[①] 传统中国法哲学中最根本的问题是法本体问题，即法是什么、法之终极理据是什么的问题，围绕法的终极理据的本体问题不断深入，法价值论、方法论、运行论等问题都渐次展开。因此要研究传统中国法哲学，首先就要构建或曰

---

① 将传统中国法哲学体系划分为本体论、价值论、方法论、运行论的做法，似乎横看侧看都是受西方法哲学体系影响的产物，好像笔者本人也未能逃脱前文所述“比附”的桎梏；但是事实并非如此。首先，本书所称传统中国法哲学的四个组成部分实际上是就其实质意义而言，颇有实大于名的意味，故而此本体论、价值论、方法论、运行论之名，亦可以依据传统中国的概念改为道论、律学之理、刑名等类似名称，再进一步说，甚至将其称之为法之 A 理论、法之 B 理论、法之 C 理论等，都对研究没有太大影响。之所以延用西方法哲学中的本体论、价值论、方法论、运行论之名，是为了融合中西法哲学、法理学而刻意为之。在笔者有限的阅读范围内，笔者发现，对西方法理学、法哲学的发展史一般学法者都颇为熟悉，但是对中国古代的礼、法、刑、律与现今法的关系、古代三纲五常、天人感应观念与现今法哲学的关系，非专业研读法史者皆不能决，这即是法理学与法律史研究中的沟通不足所致。如果西方法律思想史、法理学(法理学本身在当下的中国，实际上就表现为西方法理学和现代法理学的结合，对于中国古代法之理则少见论述)延用西方固有之学术框架，研读中国法律史的学者亦坚持以德、礼、刑、律的概念加以研究传统中国法，这样实际上无形中加大了一般习法者理解中西法律思想、中西法理学的难度。即刻下的法学教育，法理学相较于部门法已然是学生不太愿关注的冷门学问，法律史尤其是中国法律思想史更是如此，这样势必造成法学学生不能理解中国古代法的状况的发生。

还原以本体论为基础的传统中国法哲学体系，这一体系应当是内生于传统中国文化之中的圆融、自洽、自足的体系，而非比附西方得来的法哲学体系。当下的法学研究中，研究者通常是先为传统中国法构建一个理论模型，进而在此基础上从汗牛充栋的史料中寻找证据以附会现代法（西方法）理论模型，最典型的问题莫过于对古代何为法的探究。[①] 这样的一种思路，实际上是以现代人的眼光考察古人，势必造成对历史理解的错位。[②] 现代学者往往纠结于如何将没有动用国家权威制定的礼纳入法的范畴中来，并为此头痛不已，事实上这些问题在古人生活的世界中根本就是不成问题的“问题”。[③] 因此，我们应该从法的本体问题出发，站在古人的立场，运用“内部视角”分析古人据何种理据、缘何种缘由相信某种规范、德性、天意具有“法”的效力并信赖之，这一理据、缘由即是我们所说的法本体；继而在此基础上考察法本体如何一步步展开成为各种外在的规范并规范古人的生活。[④] 所以说传统中国法哲学的研究，其首要之

① 在实证法律观影响下，对传统中国法的理解显得格外困难：如果将法视为“国家制定或认可的，由国家强制力保证实施的行为规范”的话，那么关于古代的礼、天理、人情的定位就很困难，学者念及希腊、罗马皆以自然法为理所当然之现象，何以到传统中国就不能理解天理、人情作为“法”存在？

② 事实上，完全舍弃现代人的眼光去审视古代是不可能的，身为现代人，我们必然受到现代知识、意识的影响，就比如对法的理解这一问题，即使在最宽泛的意义上去理解古代法，我们也往往将其限定为规范（尽管这种规范可以是不成文的，可以是自然法、天意甚至神启）。但是，即便如此，我们亦应尽可能运用“内部视角”还原古人的理解和认识，这一点其实在很大程度上与“历史能否被认识”的历史哲学问题相似。参见［英］沃尔什：《历史哲学——导论》，何兆武、张文杰译，广西师范大学出版社 2001 年版，第 1～122 页。

③ 古人黄口小儿皆知礼情圭臬之存在，进退揖让皆要合乎情、合乎礼，这种黄口小儿亦能尽知之理却随着历史的断裂、学术话语的改弦更张成为现今纠缠不清的学术问题，个中缘由、中间滋味，颇耐寻味。例如，蒙学读物《三字经》中就有“三纲者：君臣义，父子亲，夫妇顺”“曰仁义，理智信，此五常，不容紊”。《千字文》亦有诸如“乐殊贵贱，礼别尊卑。上和下睦，夫唱妇随”等类似的表达。

④ 所谓“内部视角”，是指从文本作者的固有话语中寻找一起点或支点，继而以此为基础，寻求作者学说的内在逻辑，并逐层抽丝剥茧，重现作者思考路径的方法。与内部视角相对应的是研究中的描述性视角，运用描述性视角的研究往往将文本作者的思想分为若干部分，并将各个部分分别加以描述，但是描述性视角在处理诸如各部分思想内部是否存在逻辑关系、存在何种逻辑、借助何种论证模式将各个部分内容连接等类似问题时，则显得不够深入，不能够抓住文本作者本身的逻辑起点，从而导致被分开的各部分思想之间逻辑性不强，对作者思想理解不够深入等问题。

处就是从法本体入手，从古人最坚信的理据出发，推演出古人笃信的规范世界，之后才可将这些规范纳入法学的世界加以考察，这亦是从法哲学入手和一般法律思想史、法律制度史入手研究传统中国法的区别所在。①

了解了古人观念中的法本体为何，接下来就要考察法本体展开的相关问题，即作为理据的抽象的法本体如何表现为具有规范效力的规范、情、理，这就是所谓的传统中国法渊源的问题。与现代法本体理论一样，传统中国法本体本身并不能直接作为裁判依据加以援用，本体必须外化为某种渊源方可，②这些渊源在现代表现为宪法、法律、规章、法理以及学说等，在古代则表现为天理、人情、礼法、家法族规等内容。也就是说，传统中国法的渊源根植于其法本体思考，其法本体决定了作为根本、终极理据的本体自身以何种形式存在和表现的问题。由于不同学派、不同思想家的学说不同，对法本体的理解也就不同，对外在的法渊源的认识自然也就不相同；思想家的理论学说与官方的理论学说又不完全一致，官方所采纳的理论往往是杂糅诸家，取其所欲之处为之，这也从另外一个角度解释了为何官方法哲学与被称为传统中国正统学术的儒家法哲学类似却又有所区别的问题。

法本体论的思考着力于对法是何物、法为何具有效力的终极考察，其实人类对法本体的思考并非随着法的出现而同时产生，毋宁说是在法不自觉地出现之后，人类对法律现象及其原理的事后追认与修正，质言之，包括法本体在内的法哲学、法学都是法律现象产生

---

① 法律思想史、法律制度史往往是事先设立好模型，进而以此模型为基准进行研究；而法哲学则应尽可能避免用现成的基准加以评判。如考夫曼所言，法哲学是法学家问，哲学家答。问到的首要问题就是什么是法，更深层次的问题必是为什么我们称之为法的东西是法，这就是从法哲学入手，从本体论入手最重要的原因。法理学和法哲学的区分在这里就很明显，一般而言，法理学很难跳出法学基本概念、框架，而法哲学则更多地思考法基本概念背后的东西，如考夫曼就认为“法律信条论一直在体制内论证，并不触及现行体制。反之，法律哲学并不局限于现行法范围内，而是对现行法采取超越体制的立场”。参见[德]考夫曼：《法律哲学》，刘幸义等译，法律出版社2004年版，第10页。

② 例如，传统中国不能以仁、仁义直接作为裁判依据，却可以用体现仁义的礼、天理加以裁判，这种现象在古代的裁判中数量相当多，如《名公书判清明集》就有大量记载。

之后才有的事。其实上述观念从根本上否定了神创法、圣人制法的可能,实则为今人普遍史观审视下的观念。古人则从一开始就弃上述路径于不顾,以神创法、圣人制法为论证起点。古人斯举,一则为认识能力所囿,不能认识历史之发展,如孔子言"始作俑者"即是此类;一则为理论所需,居高位者需要将历史运行的方向掌握于自己手中,故而这一事后追认的法本体即一跃而成为先于法的存在,实际上是为树立法的价值意指而对本体加以追认。法起源之初,古人尚不能理解法现象为何物,亦不知所需遵循的规则为何物,自然更无法理解法背后之本体缘由,嗣后巫觋逐渐依靠窥天意、行占卜等事获得解释自然、社会现象的能力和权力,集传播知识、兴化道德与建立信仰的任务于一身,开始借由客观存在之法推演法律价值之说,法律价值论与法本体之间的关系此时逐渐形成。法的价值由其本体所决定,古人亦认识到了这一点,因此对法律所追求之价值的否定,往往从攻讦其法本体理论入手。韩非否定儒家仁义之说,即从儒家素来坚持的厚古薄今史观入手,就是明证。① 不同学派、不同思想家之间,对法价值的认识差别亦基于其本体思维的差异而产生,尽管古人没有将本体思维或者与之类似的表达明示于纸上,但是这是人类思维过程中的必然结果。正因为儒家以仁立其学说之本,后世儒者往往坚持从仁(学)中开辟儒家所希望的社会价值,从而形成卓有特色的仁(学)本体论,自然也就形成了以仁为价值追求的仁学价值论体系。②

法价值的实现,必然要借助一定的手段与方法,对于这些方法的思考和研究,便是传统中国法哲学中的方法论。向来学界多言传统中国学术重视经验的技术而忽略思辨和深层次的追问,故而对方

① 儒家善复古,讥易常,假托古人言志是儒家一贯的论证思路,古代三皇五帝时期,三皇五帝皆有圣人之德,能行仁爱之政,因此遵循古道即是信守仁学之说,借三皇五帝论证其学说的合理性,这是儒家复古背后隐含的逻辑。韩非打破古代美好的幻象即否定了儒家仁说的合理性,实际上就是对其从本体论论证路径上的否定。

② 儒家以仁为本体是从普遍意义上而言,具体而言不同时期、不同思想家的表述与论证模式迥异甚多,例如先秦孔孟的疏阔之论、汉儒董仲舒糅合阴阳五行的天人感应说、宋儒宏大的思辨化论说各有特点,但是从根本而言,传统中国儒家仍然坚持仁为其根本。参见陈来:《仁学本体论》,生活·读书·新知三联书店 2014 年版,第 29~100 页。

法论的探讨,当是传统中国法哲学中比较重要亦显而易见的内容之一。法律方法有广义、狭义之分,但是无论广义、狭义,法律方法对国家法律制定、实施的作用无疑是巨大的。法本体思维决定了采取何种方法实现其所追求的价值,这是毫无疑问的。儒家重德礼、轻政刑,法家重刑,道家讲求无为,这都扎根于其不同流派的本体思维差异,因此离开本体论,单纯考察诸家学说中为何有偏重于德礼、有偏重于政刑者,虽能探求一二端倪,却难以真正把握其差异之所从生,犹如缘木求鱼一般。本体论与价值论和方法论之间的关系并非单向度的,而是可以反向运行。价值的实现并非凭借本体思维的凭空构想即可实现,它是古人在漫长的岁月中不断思考、实践、修正的产物。价值本身即内涵对方法的某种要求,因此我们可以说,法律方法的选择,其实是本体和价值共同作用的结果;反过来,方法的正确与否,又深深地影响了法价值能否实现以及在何种程度上的实现。

传统法哲学的本体论、价值论、方法论形成了动态的系统,之所以称其为动态,是因为上述三者之间的关系,除了理论上的互动,现实生活中法的效力的发挥、法价值的实现还受到诸多因素影响,这里就必须引入运行论的观念。诚如瞿同祖所言"仅仅研究条文是不够的,我们也应注意法律的实效问题。条文的规定是一回事,法律的实施又是一回事。某一法律不一定能执行,成为具文。社会现实与法律条文之间,往往存在着一定的差距"。[①] 瞿氏此言虽然主要是针对法律条文的规定与法律实施之间的关系而言,但法律条文背后即是以法本体之思考为据,又以法价值之实现为目标的法哲学思维,方有此法律条文之规定与法律方法之选取,故而瞿氏此言又可为本体、价值、方法与运行动态互动关系之明证。法哲学自然是讲求思辨性、理论性的知识,但是思辨与理论本身并不完全脱离实践,在传统中国更是如此。理论构想在很多时候都无法完全转化为实践,理论构想者的目的及其所追求的价值也就无法如愿达成。例如,西汉名儒董仲舒推演阴阳五行,倡导天人感应,其本来之意是

---

① 瞿同祖:《中国法律与中国社会》,中华书局1981年版,第2页。

“屈民而伸君,屈君而伸天”,通过引入阴阳灾异学说为君主树立最高的法则,在董氏的理论构想中,自君主以至百姓都可以践行儒家仁德。董氏以天人三策获得汉武帝认可,其学说亦被“采纳”,但是其理论在实际中运行的结果如何,是否与其本意相互龃龉,历史已经为我们提供了明证。董氏之例,恰恰说明了理论构想与实际运行之间存在张力,与之类似,官方法哲学的实际运行亦与其理论构想存在张力,如何处理这一张力,一旦理论构想与实际运行出现较大偏差,如何化解矛盾,就成了法运行论所要解决的问题,亦是传统中国历代王朝所试图解决的问题。

前述法的本体、价值、方法与运行之间的关系可以用如下图表示:本体展开借由某种方法实现其价值的过程,即是传统中国法本体的运行过程;反之,借由法价值我们亦可反推传统中国法的本体;本体决定方法和价值,同时也受到方法和价值本身的影响。这样的一个系统处于不断变动之中,从而导致前文所说的“张力”,张力的解决机制本身就内在于法存在、生成、运行之中,亦是衡量法制优良的重要标准之一。

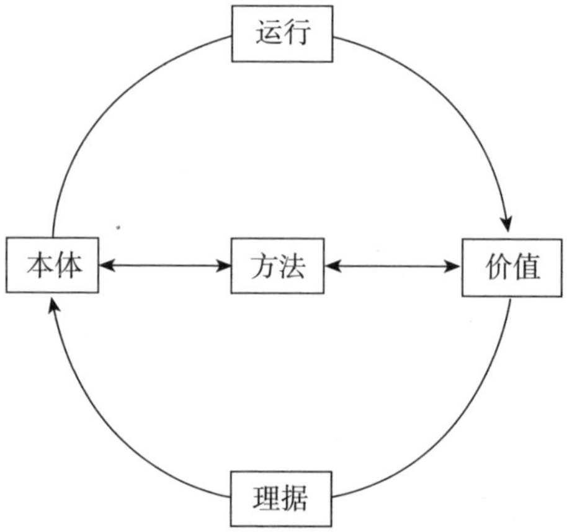

传统中国法哲学诸范畴往往杂糅一处,不似西方有独立的学科划分和严密的逻辑体系,乍看之下,本体、价值、方法与运行论之划分或许让人立刻联想到对西方法哲学体系的比附。但是,如果我们冷静分析就会发现,人类文明蕴含诸多共性,从整个人类文明发展

史来看，人类思维的产生及其运行模式基本一致。传统中国法哲学对这些问题的关注和回答很多方面隐含在经学、史、子学之中，以传统中国经史合参的学术形式表现出来，但是这种深深扎根于传统土壤中的思维和意识，确是存在无疑的。假设置身古人所处的时代，推演其法理据或许并非难事，只是世事转换，斗转星移间传统话语与现代话语断裂甚多，加之西学侵入，诸多原本不是问题的问题亦随之而来，因此吾辈探究传统中国法哲学则显得格外困难。此处略举律学为例，律学为中国本土生长的学问，汉代律学家很多同时亦是经学家，虽然后世律学不似汉魏兴盛，仍然绵延至有清一代。律学家多有对罪名、犯罪构成、定罪量刑的研究，这一研究是极其精细的，与之同时，其理论却未必体现在律学著作中，律学的理论基础往往存在于经学之中，儒家出身的律学家往往以经学为依据阐明律意。西方的法哲学、中国的刑名律学从概念上看都是作为符号存在，符号背后有其意义，意义所关切的问题实则中西一致，只是意义所指代的对象在中西有所差异而已。

三、传统中国法哲学之意义

当下的中国学界，提及法学，众人皆知法学为舶来之学，亦过于坚信法学为舶来之学，其后果便是对西学过分依赖，而在某种程度上忽视了对作为立身之本的自身传统加以考察。倘若法哲学这套话语“强加”于传统中国根本是风马牛不相及，那么很难想象在这样与西方路径迥异的中国国情下，没有“中国法哲学”的“中国”法学如何能够建立，又如何能一步步发展；倘若传统中国法哲学这一命题不至谬误百出的话，为何又少有人关注？关注传统中国法哲学，非为证明泰西之有，吾国早已有之，亦非亦步亦趋比附西学，而是为现代人理解传统中国法提供一条新的路径，借由法哲学路径重新审阅历史，为的是在根本上将法哲学与道德哲学、政治哲学独立，以法学基本问题意识审视传统中国法。至于传统中国法哲学的诸多是与非，那就早已经超越了能否谈论传统中国法哲学、如何谈论传统中国法哲学以及谈论传统中国法哲学的意义何在这些基本问题了。

(一)建立具有真正中国问题意识的中国法哲学

传统中国法哲学的研究是中国法理学、法哲学具备中国问题意识的真正起步。当下的中国法理学、法哲学,基本上由西方法理学和当代中国法理学两部分组成,所谓当代中国法理学是指1949年之后的法理学,也就是说当下的法理学研究忽视、回避了对传统中国法理学的考察。与之类似,中国法律史的研究亦基本上以1949年为限度,法理学与中法史学科之间似乎达成了某种“共识”,1949年以前的研究多由中法史承担,1949年之后的思想、理论研究多由法理学承担,两者的交叉点多存在于清末民国这一中西学说交汇的历史时期。[①] 法理学与中法史的“地牌”划分直接导致了这样的问题出现,即中国的法理学研究缺乏中国问题意识,[②]尤其缺乏历史问题意识。中国问题意识的缺乏表现为对中国问题关注的不足,(中国)历史问题意识的缺乏表现为对传统的忽视和排斥,这里的忽视和排斥并非为传统“复辟”意义上的排斥,而是研究者缺乏对传统的关怀和关注。即便批判传统中国法哲学,亦应从研究传统中国法哲学入手,这本应是常识,如此看来,这种忽视和回避实乃缺乏担当的体现。更值得关注的是,打着从传统寻求资源、不加审慎研究,只是寻章摘句地援用传统的做法,本身恰恰是缺乏历史问题意识的表现,这种做法不把历史看作严肃的事实,而仅仅以自身之需要裁量

---

① 这里以1949年作为划分标准只是一个粗略的标准,法律史有很多学者关注建国之后某一时期的研究,如土改时期等,法理学亦有部分学者关注鸦片战后到1949年新中国成立前这一段时期,只是从整体上来看,仍以1949年划分比较恰当。

② “而当下中国的法律哲学,最为欠缺的恰恰就是理论含量与思想的力量,一种启自中国问题的焦虑与思虑。一句话归总,缺乏问题、缺乏真实的问题,不论是实践意义上的还是理论意义上的,构成了凡此转述性文字的致命伤”。许章润此言一针见血,指出当下中国法哲学研究中的重大问题,研究西方学说、理论固然有必要,倘若中国法学没有对作为立身之本的传统中国法哲学的关注、研究、借鉴、反思,那么如许章润所说“启自中国问题的焦虑与思虑”又从何而来?这一点许章润教授已经说得非常透彻,兹录如下:“此种知识论的梳理竟启发于并托付给何种问题意识,或者,竟然无任何问题意识?如此命笔,以他人之焦虑为自家之思虑,将他人之难题误当作当下之问题,而形诸字纸上的课题,不但放弃了寻找基本原理的努力,而且更为要命的是,丧失了在境性思考的能力,使得洋洋文字,最好的结局不过是展示综合各家各派法意学思的橱窗,法学知识的粲然有序的优美拼盘,自郐以下的,只能流为一种有限的知识冗余,华丽,光鲜,涂脂抹粉,貌似深奥,唯独了无生息。”参见许章润:《中国法哲学欠缺问题意识》,载《法制日报》2011年6月18日,第7版。

历史。职是之故，研究传统中国法哲学，实乃真正决意关注中国法学的开始，古国步履蹒跚至于今日，欲医其疾患，当了解其过往身体状况，此当是人尽皆知之理。

固然，关注中国问题并不必然等于关注传统中国，但是，对传统中国法的法哲学探究和分析，是体会内生于中国本土的、一以贯之的法律思维、法律哲学的必经之路。批判传统固然可以，但不可全然借由孟德斯鸠、韦伯等西方学者的理论批判传统，唯有关注传统中国法哲学的性状及其流变，才能了解深蕴于民间习惯、乡土风俗之中的传统残留，只要我们还承认传统文明在当代仍有残留，那么对传统中国法哲学的研究就大有价值。诸如普通百姓对杀人偿命、大义灭亲等案件的认知态度，仍不能摆脱传统法哲学之影响，对此类问题的研究，早已经超越传统中国法哲学本身，实乃关涉当下中国法治建设及未来法治发展走向的重大议题。

（二）以法学的“内部视角”重新认识传统中国法

传统中国法哲学的研究有助于我们以法学的“内部视角”重新认识传统中国法，这是此前研究所不具备之能力。法哲学要求我们以最广阔的视野、最根本的问题思虑审视传统中国的规范，这就使得我们不能单纯以古代刑、律为考察对象，法哲学亦要求我们坚持法哲学自有之逻辑，从本体出发，不断推演其展开、运行之道以加深对传统中国“法”现象的理解和认识，这里的“法”应该是真正法哲学意义上的法，亦是真正能够被纳入到法学视野中的法。已有的许多研究往往将法与政治、道德一概而论，虽然名为法律思想史，其内容与政治思想史并无本质差别。将法思想史与政治思想史混同，必然导致对传统中国法现象及其规律理解的偏差甚至谬误。

未曾受过系统法学训练的人，一提到法，往往脑海中首先会浮现出刑法、民法、合同法、保险法等部门法的具体形象，他们并不能从中抽绎出法的本质与特征，亦不能据此抽象的本质与特征对某一规范是否是所谓的法加以考察，这种从法律规范的形式推究法律本质的思维模式其实正是法律学人受法学（当然包括法理学、法哲学）训练的结果。审视现代法，我们都能很清楚地知道宪法、法律、法规都是法，为何一谈到传统中国的礼、法、天理就乱作一团？这正是没有将中国法自身的哲学思维应用到中法史研究中的弊端，换句话说，目前的中法史研究对古代法律渊源的理解实际上是因果颠倒的认识，是以现代法（西方法）为模型的比附认识，而非从内生于传统中国法理据、原理出发所进行的法律渊源划分。纯粹以中国固有的礼、刑、律研究中法史，自然有其可取之处，却不能从根本上解释礼、法差异问题。除此之外，一直以来的人头式的法律思想史在梳理单个人物思想时不啻为行之有效的研究方法，但弊端是普通读者很难把孔子的德治、礼治、人治思想与董仲舒的天人感应、三纲五常在法学的框架内进行比较好地结合与理解，质言之，人头式的思想史研究其实是用描述性视角对文本作者的思想进行分析，并未能深入到作者思想内部，更没能将中国数千年思想史以一共同的关注点为基点加以考察。① 如此便能理解前引吴经熊与蔡枢衡两位大家为何都谈到传统中国法的哲学基础，唯有运用“内部视角”的哲学化考察，方能深入理解此哲学基础，吴氏业已发觉阴阳五行对中国法哲学及法律发展之影响，故指出要废除阴阳观，建立平等观，因为在阴阳观的哲学基础下，阳主阴从，高低尊卑是天道自然之义，在此背景下，西方的平等就根本就无法实现。

传统中国法本体以其自有之逻辑外化为传统中国固有之礼法规范，传统中国法哲学经由千年历史，延续至今，余韵不绝。清末以降，时局百年，中西文明在华夏大地交会杂糅。时至今日，吾辈学人推究传统中国法哲学一则以还原传统法之原貌，避免比附式的法学研究，一则为了带着真正的历史问题意识重新审视传统中国法。无论固有法哲学优劣与否，都应深入发掘其根本之意，以促进现代学人真正理解传统性与现代性相互交织的当下中国法哲学，这才是研究之意旨所在。

---

① 例如，如果我们以传统中国法本体为基点对中国法律思想史进行梳理的话，就会发现：孔子认为法的终极依据是仁，孟子在孔子的基础上将其发展为仁义说，到了董仲舒那里，董仲舒杂糅阴阳五行，宣称天人感应，但是其理论最终的落脚点是屈民伸君、屈君伸天，君民都要以天意为行为依据。天意者何？董仲舒说，仁就是天之心，可见董仲舒天人感应的宇宙论框架下仍然是孔孟的仁学法本体论。经由这样的梳理，读者便能清晰地了解孔子、孟子、董仲舒思想中的一脉相承之处，再细细思量，亦会发现三者思想中的差异，此不赘述。这便是旧有研究相较于传统中国法哲学的研究所不具有之功。

结　论

传统中国法本体关注传统中国法是什么以及传统中国法的终极理据是什么等问题,试图站在法本体这一基源问题的基础上,重新思考传统中国法的渊源、价值等相关问题。法本体虽然隐晦,不似一般法律规范般易于知晓,但是吾辈学人只要把握古人体悟式的思考进路,将法置于天人之间加以推究,便仍能得古人本意。

中国学术传统中,对法本体影响较大的流派主要有道家、儒家、法家三派。道家创始人老子以道为本体的哲学对传统中国影响甚深,在老子学说中,道既是天地万物的本原,又是法的终极理据,道赋予世间一切规则以效力,体道成为老子法哲学的终极追求。儒家一派肇端自孔子,孔子赋予礼以仁的内涵,从而开创了儒家仁本体的法哲学。孔子之学经由后世诸儒开发,最终形成仁→仁义(阴阳)→礼法的模式,此亦是汉以后传统中国法哲学的基本模式。法家之学简明强力,以君主利益为最终依归,只有合乎君主利益的规定才有可能被上升到法的高度。道家、儒家、法家三派学说在先秦时期各有侧重,各有所长。汉以后,诸家学说逐渐融合,互有借鉴。三家思想分合不断,主要以知识精英为其主体,在知识精英之外,另有主权者以及普通民众亦有意识或无意识地参与到思想的发展史中。历代王朝法律的制定,并非是纯粹的学术活动,更是主权者与知识精英及其各自内部互相博弈的结果,知识精英的学说被采纳的过程,亦是主权者吸收、改变、融合诸家思想的过程。此外,知识精英本身也呈现出对普通民众的依靠和脱离之间的矛盾。以上知识精英、主权者和普通民众之间的相互关系决定了必须通过另外一种更能为各阶层所共同接受的话语来描述政道法理,天的法哲学由此而生,成为沟通天人,弥合主权者、知识精英与普通民众的桥梁。

传统中国法本体研究的目的不仅仅在于梳理传统中国法本体的发展史,更主要的目标是厘清法本体的内在逻辑、展开逻辑以及其运行逻辑。作为法哲学的根基和核心,法本体论本身有其内在的问题意识。从逻辑层面上,对法本体的追问呈现出从“法是什么”到“法为什么是法”逐渐深入的特点,在回答“法为什么是法”的时候就必然涉及证成“法为什么是法”的理论路径问题,这三者是法本体内在逻辑的必然要求。“法是什么”在形而下的层面展开成为法律渊源,法的终极理据在形而上的层面展开成为法律价值,为了实现法所追求的价值,必须要借助各种不同的技术性手段,法律方法由此产生。从法本体的规定性,到法律在制度层面的运行,再到法律价值的实现是一个动态的过程,此过程即是法律运行论所关注的内容。质言之,传统中国法哲学不是纯粹思辨的学问,而是具有现实关怀,思考现实政道法制的学问。综合来看,传统中国法哲学是包含本体论、价值论、方法论、运行论的动态、有机、圆融的体系,其中以本体论为本,本体决定法的价值追求,同时决定为实现某种追求所采取之方法,方法选取得当与否,直接影响法律的运行,进而影响法律价值能否实现。

传统中国法本体一词虽然是舶来自西方的概念,但是对法进行本体思考的逻辑确确实实是古今中西所共有。吾辈学人引入“他山之石”,其意并不在于比附式地研究历史。传统中国法本体以其自有之逻辑外化为传统中国固有之礼法规范,唯有厘清此逻辑,方能真正得以一窥传统中国法之面貌,才能明了传统中国法制与现代法治文明之间的差异。更为重要的是,清末以降,时局百年,中西文明在华夏大地交会杂糅,对“法是什么”“法应该是什么”的追问,在当下的中国仍有研究价值和意义。只有在充分理解这些问题的基础上,方能建立真正关切中国问题、具有中国问题意识的中国法哲学,此正是研究之意旨所在。

参考文献

古籍类

1.(魏)王弼注,楼宇烈校释:《老子道德经注校释》,中华书局 2008 年版。

2.(唐)房玄龄等撰:《晋书》,中华书局 1974 年版。

3.(宋)周敦颐:《周敦颐集》,陈克明点校,中华书局 2009 年版。

4.(宋)张载:《张载集》,章锡琛点校,中华书局 1978 年版。

5.(宋)程颐、程颢:《二程集》,王孝鱼点校,中华书局 2004 年版。

6.(宋)朱熹:《四书章句集注》,中华书局 2012 年版。

7.(宋)陈淳:《北溪字义》,熊国祯、高流水点校,中华书局 1983 年版。

8.(清)孙星衍:《尚书今古文注疏》,中华书局 1986 年版。

9.(清)戴震:《孟子字义疏证》,何文光整理,中华书局 1982 年版。

10.(清)苏舆:《春秋繁露义证》,中华书局 1992 年版。

11.(清)陈立:《白虎通疏证》,吴则虞点校,中华书局 1994 年版。

12.（清）皮希瑞：《经学历史》，周予同注释，中华书局 2011 年版。

13.（清）王先慎：《韩非子集解》，钟哲点校，中华书局 1998 年版。

14. 杨伯峻：《论语译注》，中华书局 2009 年版。

15. 杨伯峻：《孟子译注》，中华书局 2010 年版。

16. 陈鼓应：《老子注译及评介》，中华书局 1984 年版。

17. 谭业谦：《公孙龙子译注》，中华书局 1997 年版。

著作类

1. [德]弗里德里希·卡尔·冯·萨维尼：《论立法与法学的当代使命》，许章润译，中国法制出版社 2001 年版。

2. [德]弗里德里希·卡尔·冯·萨维尼：《当代罗马法体系Ⅰ》，朱虎译，中国法制出版社 2010 年版。

3. [德]卡尔·恩吉施：《法律思维导论》（修订版），郑永流译，法律出版社 2014 年版。

4. [德]阿图尔·考夫曼、温弗里德·哈斯默尔主编：《当代法哲学和法律理论导论》，郑永流译，法律出版社 2013 年版。

5. [德]齐佩利乌斯：《法学方法论》，金振豹译，法律出版社 2012 年版。

6. [德]卡尔·施密特：《论法学思维的三种模式》，苏慧婕译，中国法制出版社 2012 年版。

7. [德]卡尔·拉伦茨：《法学方法论》，陈爱娥译，商务印书馆 2003 年版。

8. [德]马克斯·韦伯：《中国的宗教：儒教与道教》，康乐、简惠美译，广西师范大学出版社 2010 年版。

9. [美]杨庆堃：《中国社会中的宗教：宗教的现代社会功能与其历史因素之研究》，范丽珠等译，上海人民出版社 2007 年版。

10. [美]约翰·罗尔斯：《正义论》，何怀宏、何包钢、廖申白译，中国社会科学出版社 1988 年版。

11.［日］沟口雄三:《中国的思维世界》,刁榴、牟坚等译,生活·读书·新知三联书店2014年版。

12.［日］仁井田陞:《中国法制史》,牟发松译,上海古籍出版社2011年版。

13.［日］大木雅夫:《东西方的法观念比较》,华夏、战宪斌译,北京大学出版社2004年版。

14.［日］滋贺秀三:《中国家族法原理》,张建国、李力译,商务印书馆2013年版。

15.［日］寺田浩明:《权利与冤抑——寺田浩明中国法史论集》,王亚新等译,清华大学出版社2012年版。

16.［日］高见泽磨:《现代中国的纠纷与法》,何勤华、李秀清、曲洋译,法律出版社2003年版。

17.［日］穗积重远、［美］Roland R. Foulke:《〈法理学大纲〉与〈法律哲学ABC〉》,李鹤鸣、施宪民译,中国政法大学出版社2005年版。

18.［英］麦克斯·穆勒:《宗教的起源与发展》,金泽译,陈观胜校,上海人民出版社1989年版。

19.［英］卡·波普尔:《历史主义贫困论》,何林、赵平译,中国社会科学出版社1998年版。

20.［英］沃尔什:《历史哲学——导论》,何兆武、张文杰译,广西师范大学出版社2001年版。

21.［英］亚当·弗格森:《道德哲学原理》,孙飞宇、田耕译,上海人民出版社2005年版。

22.蔡枢衡:《中国法理自觉的发展》,清华大学出版社2005年版。

23.陈顾远:《中国法制史概要》,商务印书馆2012年版。

24.陈来:《仁学本体论》,生活·读书·新知三联书店2014年版。

25.陈梦家:《殷墟卜辞综述》,中华书局1988年版。

26.方东美:《生生之德:哲学论文集》,中华书局2013年版。

27.方潇:《天学与法律——天学视域下中国古代法律“则天”

之本源路径及其意义探究》,北京大学出版社 2014 年版。

28. 冯契:《中国古代哲学的逻辑发展》,东方出版中心 2009 年版。

29. 冯友兰:《中国哲学史》,中华书局 2014 年版。

30. 冯友兰:《贞元六书》,中华书局 2014 年版。

31. 冯友兰:《中国哲学简史》,北京大学出版社 2010 年版。

32. 顾颉刚:《秦汉的方士与儒生》,上海古籍出版社 2007 年版。

33. 高明士:《律令法与天下法》,上海古籍出版社 2013 年版。

34. 何勤华:《中国法学史》(第 1 卷 · 修订本),法律出版社 2006 年版。

35. 黄源盛:《汉唐法制与儒家传统》,元照出版公司 2009 年版。

36. 江山:《法哲学要论》,中国经济出版社 2014 年版。

37. 金岳霖:《论道》,商务印书馆 2015 年版。

38. 劳思光:《新编中国哲学史》,生活 · 读书 · 新知三联书店 2015 年版。

39. 李泽厚:《论语今读》,生活 · 读书 · 新知三联书店 2008 年版。

40. 李泽厚:《说儒学四期》,上海译文出版社 2012 年版。

41. 李泽厚:《由巫到礼 · 释礼归仁》,生活 · 读书 · 新知三联书店 2015 年版。

42. 李泽厚:《中国古代思想史论》,生活 · 读书 · 新知三联书店 2009 年版。

43. 李泽厚:《中国现代思想史论》,生活 · 读书 · 新知三联书店 2009 年版。

44. 李泽厚、刘绪源:《该中国哲学登场了? 李泽厚 2010 年谈话录》,上海译文出版社 2011 年版。

45. 李泽厚、刘绪源:《中国哲学如何登场? 李泽厚 2011 年谈话录》,上海译文出版社 2012 年版。

46. 梁启超:《饮冰室合集》,中华书局 1989 年版。

47. 梁漱溟:《东西文化及其哲学》,商务印书馆 1997 年版。

48. 梁漱溟:《中国文化要义》,上海人民出版社 2011 年版。

49. 梁漱溟:《人心与人生》,上海人民出版社 2011 年版。

50. 梁治平:《法律的文化解释》,生活·读书·新知三联书店 1998 年版。

51. 梁治平:《法意与人情》,中国法制出版社 2004 年版。

52. 梁治平:《寻找自然秩序中的和谐》,上海人民出版社 1991 年版。

53. 林端:《儒家伦理与法律文化——社会学观点的探索》,中国政法大学出版社 2002 年版。

54. 林端:《韦伯论中国传统法律:韦伯比较社会学的批判》,中国政法大学出版社 2014 年版。

55. 刘得宽:《法学入门》,中国政法大学出版社 2006 年版。

56. 陆心国:《晋书刑法志注释》,群众出版社 1986 年版。

57. 马小红:《礼与法:法的历史连接》,北京大学出版社 2004 年版。

58. 蒙培元:《理学范畴系统》,人民出版社 1989 年版。

59. 蒙培元:《中国哲学主体思维》,人民出版社 1993 年版。

60. 钱穆:《中国思想史》,台北,学生书局 1988 年版。

61. 瞿同祖:《中国法律与中国社会》,中华书局 2003 年版。

62. 任继愈主编:《中国哲学史》,人民出版社 2010 年版。

63. 任继愈主编:《中国哲学发展史》(秦汉),人民出版社 1985 年版。

64. 宋大琦:《程朱礼法学研究》,山东人民出版社 2009 年版。

65. 苏力:《法治及其本土资源》(第 3 版),北京大学出版社 2015 年版。

66. 田默迪:《东西方之间的法律哲学——吴经熊早期法律哲学思想之比较研究》,中国政法大学出版社 2004 年版。

67. 王力:《汉语史稿》,中华书局 2004 年版。

68. 王振先:《中国古代法理学》,商务印书馆 1929 年版。

69. 韦政通:《中国思想史》,台北,水牛出版社 1986 年版。

70. 韦政通:《传统与现代之间》,中华书局 2011 年版。

71. 韦政通编:《中国思想史方法论文选集》,上海人民出版社

2009 年版。

72. 吴经熊:《法律哲学研究》,清华大学出版社 2005 年版。

73. 武树臣:《儒家法律传统》,法律出版社 2003 年版。

74. 许章润:《汉语法学论纲》,广西师范大学出版社 2014 年版。

75. 杨国荣:《善的历程——儒家价值体系研究》,华东师范大学出版社 2009 年版。

76. 杨鹤皋:《中国法律思想通史》,湘潭大学出版社 2011 年版。

77. 杨鸿烈:《中国法律思想史》,中国政法大学出版社 2004 年版。

78. 杨鸿烈:《中国法律发达史》,中国政法大学出版社 2009 年版。

79. 杨仁寿:《法学方法论》,中国政法大学出版社 2013 年版。

80. 王永祥:《董仲舒评传》,南京大学出版社 2002 年版。

81. 徐友渔、周国平、陈嘉映等:《语言与哲学——当代英美与德法传统比较研究》,生活·读书·新知三联书店 1996 年版。

82. 俞荣根:《儒家法思想通论》(修订版),广西人民出版社 1992 年版。

83. 俞宣孟:《本体论研究》(第 3 版),上海人民出版社 2012 年版。

84. 余英时:《论天人之际:中国古代思想起源试探》,中华书局 2014 年版。

85. 余治平:《唯天为大——建基于信念本体的董仲舒哲学研究》,商务印书馆 2003 年版。

86. 张岱年:《张岱年全集》,河北人民出版社 1996 年版。

87. 张岱年:《中国哲学史方法论发凡》,中华书局 2012 年版。

88. 张君劢:《新儒家思想史》,中国人民大学出版社 2006 年版。

89. 章启群:《星空与帝国——秦汉思想史与占星学》,商务印书馆 2013 年版。

90. 张文显:《二十世纪西方法哲学思潮研究》,法律出版社 2006 年版。

91. 张文显:《法哲学范畴研究》,中国政法大学出版社 2001

年版。

92. 张中秋:《原理及其意义:探索中国法律文化之道》(第2版),中国政法大学出版社2015年版。

93. 张中秋编:《道与法:中国传统法哲学新探》,中国政法大学出版社2016年版。

94. 周桂钿:《董学探微》,北京师范大学出版社2008年版。

论文类

1. 公丕祥:《关于法哲学本体论的思考》,载《中外法学》1992年第1期。

2. 张中秋:《传统中国法的精神及其哲学》,载《中国法学》2014年第2期。

3. 张中秋:《传统中国的法秩序及其构成原理与意义》,载《中国法学》2012年第3期。

4. 张中秋:《如何使法史学有思想和影响》,载《法学》2013年第5期。

5. 张中秋:《传统中国法特征新论》,载《政法论坛》2015年第5期。

6. 张中秋:《为什么说〈唐律疏议〉是一部优秀的法典》,载《政法论坛》2013年第3期。

7. 张中秋:《中华法系与罗马法的原理及其哲学比较——以〈唐律疏议〉与〈法学阶梯〉为对象的探索》,载《政法论坛》2010年第2期。

8. 张中秋:《概括的传统中国的法理观——以中国法律传统对构建中国法理学的意义为视点》,载《法学家》2010年第2期。

9. 张中秋:《期待中国新法学——读许章润教授新著〈汉语法学论纲〉有感》,载《中国法律评论》2015年第3期。

10. 武夫波:《论老子法哲学中的道本体》,载《中国诠释学》第十五辑。

11. 武夫波:《董仲舒法本体论初探》,载张中秋主编《道与法:中国传统法哲学新探》,中国政法大学出版社2016年版。

12. 武夫波:《春秋决狱的法哲学研究》,载陈煜主编:《新路集》(第 7 集),中国政法大学出版社 2018 年版。

13. 严存生:《法理学、法哲学关系辨析》,载《法律科学》2000 年第 5 期。

14. 黄文艺:《法哲学解说》,载《法学研究》2000 年第 5 期。

15. 许章润:《法哲学欠缺问题意识》,载《法制日报》2011 年 6 月 18 日,第 7 版。

16. 何勤华:《中国近代法理学的诞生与成长》,载《中国法学》2005 年第 3 期。

17. 程燎原:《中国近代"法理学"、"法律哲学"名词考述》,载《现代法学》2008 年第 2 期。

18. 黄宗智:《中西法律如何融合?——道德、权利与实用》,载《中外法学》2010 年第 5 期。

19. 胡水君:《中国法治的人文道路》,载《法学研究》2012 年第 3 期。

20. 苏力:《"法"的故事》,载《读书》1998 年第 7 期。

21. 武树臣:《仁 · 太极图 · 佥(法)——中国古代法哲学探源》,载《法学杂志》2015 年第 9 期。

22. 陈锐:《〈晋书 · 刑法志〉中的法哲学》,载《政法论丛》2014 年第 2 期。

23. 陈锐:《从系统论的观点看唐律疏议》,载《华东政法大学学报》2012 年第 1 期。

24. 屠凯:《戴东原的法哲学》,载《清华法律评论》2014 年第 1 期。

25. 王志强:《中国法律史叙事中的"判例"》,载《中国社会科学》2010 年第 5 期。

26. 王志强:《南宋司法裁判中的价值取向——南宋书判初探》,载《中国社会科学》1998 年第 6 期。

27. 苏亦工:《得形忘意:从唐律情结到民法典情结》,载《中国社会科学》2005 年第 1 期。

28. 吴元元:《神灵信仰、信息甄别与古代清官断案》,载《中国社会科学》2006 年第 6 期。

29. 陈金钊:《探寻"中国法哲学"的意义》,载《湖北大学学报》(哲学社会科学版)2014 年第 1 期。

30. 陈金钊:《"中国法哲学"及其法治思维的形成》,载《河南财经政法大学学报》2014 年第 2 期。

31. 向世陵:《中国哲学的"本体"概念与"本体论"》,载《哲学研究》2010 年第 9 期。

32. 谢荣华:《中国古代哲学中的"本体"概念考辨》,载《中国哲学史》2005 年第 1 期。

33. 孙周兴:《存在与超越:西方哲学汉译的困境及其语言哲学意蕴》,载《中国社会科学》2012 年第 9 期。

34. 王路:《西方哲学汉译的困境与超越——回应孙周兴教授的批评》,载《中国社会科学》2013 年第 4 期。

35. 陈来:《论李泽厚的情本体哲学》,载《复旦学报》(社会科学版)2014 年第 3 期。

36. 章启群:《"天人"如何"合一"?——用思想史的逻辑推演》,载《哲学研究》2012 年第 3 期。

37. 许春华:《老子之道是存在本体与价值本体的统一》,载《哲学研究》2011 年第 11 期。

38. 亨里克·斯内德:《韩非子与西方法哲学的正义:一种非比较的方法》,侯俊杰译,载《哲学研究》2014 年第 3 期。

39. 彭永捷:《论中国哲学学科存在的合法性危机——关于中国哲学学科的知识社会学考察》,载《中国人民大学学报》2003 年第 2 期。

40. 方朝晖:《知识、道德与传统儒学的现代方向》,载《中国社会科学》2005 年第 3 期。

41. 晁福林:《先秦时期"德"观念的起源及其发展》,载《中国社会科学》2005 年第 4 期。

42. 李景林:《儒家的丧祭理论与终极关怀》,载《中国社会科学》2004 年第 2 期。

43. 杨泽波:《从以天论德看儒家道德的宗教作用》,载《中国社会科学》2006 年第 3 期。

44. 夏甄陶:《天人之分与天人合一》,载《哲学研究》2002 年第 6 期。

45. 汤一介:《论“天人合一”》,载《中国哲学史》2005 年第 2 期。

46. 李红海:《普通法的历史之维》,载《环球法律评论》2009 年第 2 期。

47. 汤一介:《论儒家的礼法合治》,载《北京大学学报》(哲学社会科学版)2012 年第 3 期。

后　记

文字背后，总是隐藏作者无数思考、尝试与改变，本书亦如此。

本书是在我的博士论文基础上修改而来，回首间不觉已是数地辗转，几载时光。

2014 年，我原计划以唐律的法哲学为博士论文研究方向，业师张中秋教授认为我已有能力把研究范围拓宽一些，而非仅止步于唐律。老师告诉我："要做大学问，做真学问"，正是老师的信任和鼓励，才有了传统中国法本体这样一个宏大且抽象的选题。老师的教诲，亦成为我治学最重要的原则。即便在博士毕业后，老师对我的引导和关心也从未停止。2017 年 8 月的一天，老师早上给我打电话，说他又把我的论文从头到尾看了一遍，并给我写下了三页纸的意见。于是，跨越数千里，师生二人在电话前讨论学术，让我真切理解老师所言"思想是学术之王"的意义。

博士论文撰写期间，我亦受张晋藩先生教诲良多。张先生耄耋之年，对晚辈的鼓励与指点，让人铭记于心。先生对"新"研究的支持更让人深感高山仰止，成为催趁晚辈努力的动力。

2015 年 9 月，我获国家留学基金委资助，前往日本东京大学东洋文化研究所联合培养，日方导师高见泽磨教授以实际行动促进两国文化交流。高见泽磨老师主动将他认为对我研究有帮助的文章、著作做成目录索引赠送给我,留学期间老师对我研究的指点,让我受益颇多。

博士论文的写作过程,如今看来是一段十足惬意的时光,人生难得有足够的时间和空间持续思考同一个问题。在法大,北京的春朝秋暮,蓟门烟树,都融入笔下的"终极理据"之中。在东大,东京的云霞明灭,赤门古木,如同思想史般蜿蜒奔腾,让人流连。

本书从选题到立论、行文,都与传统法律史研究有一定差异,以至于论文答辩时,五位答辩老师一致表态:"我没看懂你的论文。"但是,老师们仍能认可我的意见,让人感受到他们对学术的尊重和对学术后进的支持。

如果说作者的使命是把书的灵魂从思想倾注到纸上,那么出版人的工作就是赋予一本书鲜活的生命。本书的出版,离不开他们的努力。非常感谢法律出版社学术分社孙东育社长的支持以及屈瑶编辑的玉润,她们为本书出版帮助甚多。

如今已是而立,这本小书,也算是对自己十数年求学生涯的总结。不过,教学相长,学,总是无止境的。想必此时,法大精致小巧的校园内,食堂前面的杨树,应该已是鹅黄新绿。又想起同学们的话:"春天到了,快到交论文的时候了。"

武 波

2020 年 3 月于重庆

图书在版编目(CIP)数据

传统中国法本体研究 / 武夫波著. -- 北京 : 法律出版社, 2020

ISBN 978 - 7 - 5197 - 4310 - 9

Ⅰ. ①传… Ⅱ. ①武… Ⅲ. ①法哲学 - 研究 - 中国 Ⅳ. ①D920.0

中国版本图书馆 CIP 数据核字(2020)第 037868 号

传统中国法本体研究
CHUANTONG ZHONGGUOFA BENTI YANJIU

武夫波 著

责任编辑 屈 瑶
装帧设计 臧晓飞

出版 法律出版社
总发行 中国法律图书有限公司
经销 新华书店
印刷 天津嘉恒印务有限公司
责任校对 杨锦华
责任印制 陶 松

编辑统筹 学术·对外出版分社
开本 710 毫米×1000 毫米 1/16
印张 15
字数 205 千
版本 2020 年 3 月第 1 版
印次 2020 年 3 月第 1 次印刷

法律出版社/北京市丰台区莲花池西里 7 号(100073)
网址/www.lawpress.com.cn
投稿邮箱/info@lawpress.com.cn
举报维权邮箱/jbwq@lawpress.com.cn
销售热线/400 - 660 - 8393
咨询电话/010 - 63939796

中国法律图书有限公司/北京市丰台区莲花池西里 7 号(100073)
全国各地中法图分、子公司销售电话:
统一销售客服/400 - 660 - 8393/6393
第一法律书店/010 - 83938432/8433
西安分公司/029 - 85330678
重庆分公司/023 - 67453036
上海分公司/021 - 62071639/1636
深圳分公司/0755 - 83072995

书号:ISBN 978 - 7 - 5197 - 4310 - 9
定价:85.00 元
(如有缺页或倒装,中国法律图书有限公司负责退换)